Kleidung als geistiger Ausdruck? Als Fetisch? – Ganz gewiß. Und als kuriose – bisweilen sogar prächtige – Illustration zur Kunstgeschichte. Ein reiches Thema. Vom Lendenschurz zum Gehrock, vom Bauernkittel zur großen Abendrobe, immer dokumentiert die Kleidung durch zahllose Verwandlungen ihre Funktion als Schutz, als rituelles Zeichen, als gesellschaftliches Merkmal. Doch Mode entsteht erst dann, wenn sich die Kostümwandlungen ihrer selbst bewußt werden, wenn deutlich wird, daß sie eine Absicht ausdrücken – mögen sie auch den Gesetzen des wirtschaftlichen und sozialen Gefüges gehorchen. Diese unendlich verzweigten Einflüsse zu entwirren, heißt zum Teil auch in die Psyche des Modemenschen eindringen, des ewigen Narziß, des zu allen Opfern bereiten Dandy, des heroischen Anbeters der Schönheit.

Wie Modeströmungen entstehen und wie sie technisch und ästhetisch verwirklicht werden, das ist von Gabrielle Wittkop-Ménardeau zuverlässig dokumentiert. Faszinierend im Detail und reichhaltig in der Illustration wird von der europäischen Kleidung berichtet, von der minoischen Zeit bis zum Vorabend des Zweiten Weltkrieges, wobei das Material eher thematisch als chronologisch geordnet ist.

insel taschenbuch 774

Wittkop-Ménardeau

Unsere Kleidung

Gabrielle Wittkop-Ménardeau

UNSERE KLEIDUNG

Aus der Geschichte der Moden
bis zum Jahr 1939
Mit zahlreichen Abbildungen

Insel Verlag

Umschlagabbildung:
Tamara de Lempicka, Junges Mädchen in Grün, 1927
Paris, Musée National d'Art Moderne, Centre National
d'art et de culture Georges Pompidou

insel taschenbuch 774
Erste Auflage 1985

Erstausgabe
Vertrieb durch den Suhrkamp Taschenbuch Verlag
Umschlag nach Entwürfen von Willy Fleckhaus
Satz: LibroSatz, Kriftel
Druck: Nomos Verlagsgesellschaft, Baden-Baden
Printed in Germany

1 2 3 4 5 6 - 90 89 88 87 86 85

George Bryan *Beau* Brummel,
Dandy, Konsul, Glücksspieler, Wüstling,
Spitalinsasse und Märtyrer der Chimäre,
in memoriam.

MODE, KLEID UND TIEFERE BEDEUTUNG

»Fashion, a despot whom the wise ridicule and obey.«

Ambrose Bierce, The Devil's Dictionary

Mode ist Herausforderung, zuweilen sogar Skandal. Ihre scheinbare Blindheit aber ist die einer Schlafwandlerin: sie verirrt sich niemals, und ihre vorgeblichen Absurditäten beruhen nur auf Fehlauslegungen des Betrachters. Sie bewegt sich nach strikten wirtschaftlichen und sozialen Gesetzen, sie folgt den subtilsten Schwingungen der Sittengeschichte, nur daß ihre Wege schwierig zu erkennen sind. Sie ist der schillernde Ausdruck eines kollektiven Fetischismus, die facettenreiche Äußerung des Erfindungsgeistes und noch vieles mehr. Zum ersten Mal kommt der Begriff Mode im Frankreich des 15. Jahrhunderts vor, abgeleitet vom lateinischen *modus* – einem sehr flexiblen Wort, das ebensogut Art und Weise wie auch Regel und Maßstab bedeutet –, während er in den germanischen Ländern erst gegen 1630 auftaucht. Die Sache selbst ist sehr viel älter, da die Mode ihren Namen verdient, wenn die Kostümwandlungen sich ihrer selbst bewußt werden oder zu werden glauben.

Nichts ist weniger eitel als die Eitelkeiten: der Mensch wählt die Aufmachung auf Grund seines Wesens, seiner ureigensten Regungen, des Bildes, das er sich vom Kosmos macht. Schon der Neandertaler lehnte die völlige Nacktheit ab, – man hat die Scheibe gefunden, auf der er den gelben Ocker und die rote Erde zerrieb, um seinen Körper damit zu bemalen.

Gewiß hat es von Anbeginn an Überschneidungen von Kleidungsstück und Schmuckstück gegeben. Beide stellen ein Moment individueller Aufwertung dar, ein Mittel zu erotischer Faszination, genau wie das Federkleid des Paradiesvogels. Jedenfalls wurde damit auch eine Auskunft gegeben, ein einordnender Hinweis auf Alter und sozialen Rang, auf kriegerische oder sexuelle Absichten, und dem Steinzeitmenschen dienten sie dazu, sich vorzustellen oder einen Todesfall anzukündigen. Auf Grund solcher Angaben mag sich sehr rasch eine hierarchische Selektion ergeben haben, da der Balg des erlegten Tieres sehr beredt Aufschluß über die Erfolge gab, die dem Jäger innerhalb der Horde die Einstufung verliehen. Der hierarchische Vorrang entsprach auch der energetischen Assimilierung an die Eigenschaften der erlegten Beutetiere und glich einem Fetisch. Einem Fetisch, der sich durch die Kleidung manifestierte. So bildete sich ein zusammenhängendes System von Ursache und Wirkung heraus und war in sich selbst schlüssig. Außerdem schützte die Kleidung auch vor Kälte, gegen den Regen und manchmal auch vor Stößen. Der Steinzeitmensch verstand die Felle so zu bearbeiten, daß sie ihre Geschmeidigkeit und thermischen Qualitäten bewahrten; man hat steinerne Schabeinstrumente gefunden, die er verwendete, ebenso Nadeln aus Knochen, mit denen er nähen konnte. Mit dem sozialen Indiz verknüpft, rief ein ästhetischer Kodex den Wunsch nach Verbesserungen und damit auch Stammesreglementierungen hervor. Es gab bereits Handelsbeziehungen zum mindesten den Schmuck betreffend, denn man hat mesolithische Schmuckstücke aus Bernstein und Muscheln mehrere tausend Kilometer vom Ort entfernt aufgefunden, von dem der Bernstein und die Muscheln stammten.

Während das Schamgefühl des Tieres spezifisch homogene

Formen annimmt, variiert das des Menschen je nach Epoche und Gegend, wobei die tabuisierten Zonen mit den verschiedenen Kulturen wechseln. Man kann daraus folgern, daß nicht die Scham dazu geführt hat, sich zu bedecken, sondern daß sie eher aus Konventionen bei der Art, sich zu kleiden, entstanden ist, nachdem der Mensch die Gepflogenheit angenommen hatte, gewisse Körperpartien zu verbergen; es ist also ein Prozeß, bei dem in entscheidender Weise der klimatische Zwang eine Rolle gespielt haben muß; zum mindesten war es der Fall, bis in den modernen Zeiten der mehr oder weniger künstliche, jahreszeitlich orientierte Stil erfunden wurde, der sehr viel mehr von den willkürlichen Moden als von der Schutzfunktion der Kleidung abhängt.

Die Einführung des neolithischen Webstuhls stellt in der Geschichte der Bekleidung den größten Vorwärtsschritt dar. Wahrscheinlich zunächst in Gegenden getan, die zu heiß für das ständige Tragen von Pelzwerk waren. Neben dem klimatischen Einfluß auf die Wärmequalität des Materials wirkten sich gleichzeitig auch auf die lokalen Verfügbarkeiten und die technischen Entwicklungen aus. Der Hanf, der mit dem Komplex der Agrarkultur verknüpft ist, tauchte alsbald auch in Europa auf und gestattete Herstellungsformen, die gegenüber der paläolithischen Methode des Flechtens von wilden Fasern oder Lederriemen unendlich verfeinert waren; letztere verschwanden übrigens nicht völlig und hielten sich zum Beispiel in Skandinavien noch sehr lange. Während der Webstuhl das ganze Mittelmeerbecken eroberte, pflegte man im Norden vor allem die Fellbearbeitung; da weniger kostspielig und dem Klima besser angepaßt als die Textilien, dienten die Felle dem Hirten, dem Schmied zur Bekleidung. Die meist nordischen Sklaven sind auf den Denkmälern der römischen Antike in Pelze und

Felle gekleidet dargestellt. Nachdem er das Weben erlernt hatte, sollte der neolithische Mensch alsbald auch das Färben lernen, und Weben und Färben führten ihrerseits dazu, daß er ein reiches Spiel mit Ornamenten entfaltete. Dank der neuen Unterscheidungsmerkmale war der Wunsch nach Heraushebung, wie das Sozialprestige ihn zu erwecken pflegt, jetzt in der Lage, ständig neue gewebte oder gefärbte Muster, neue überraschende Effekte zu verlangen. Die Mode war geboren, spontan oder doch beinahe spontan wie die Perle.

Die Geschichte des Kostüms und die der Moden, da beide fast nicht voneinander zu trennen sind, haben sich nie global entwickelt, sondern sie gliedern sich auf, je nachdem wie sich jeweils auch die verschiedenen sozialen Schichten entwickelten. Es handelt sich um ein in Fragmente zerfallendes Phänomen; Fragmente, die ihrerseits wieder einem ständigen Austausch unterlagen, wie ihn Kriege, Migrationen, Handelsverträge, Fürstenhochzeiten und die Seereisen der Entdecker mit sich brachten. So zeigen sich manche formale Rückgriffe unter analogen historischen Voraussetzungen, und die abenteuerlichen Frisuren im späten Rom feiern ihre Urständ in denen, die unmittelbar der französischen Revolution vorausgehen. Je höher die Kultur eines Volkes, desto größer sein Kleiderluxus, wenn auch dieser Luxus, zuweilen sogar in Übertriebenheit verfallend, nicht unbedingt mit allgemeiner Prosperität Hand in Hand gehen muß. Epochen kriegerischer Wirren, etwa die Zeit des hundertjährigen Krieges oder das Directoire, haben Moden gekannt, die das Wahnwitzige streiften.

Andererseits fällt einem bei der Beschäftigung mit der Kostümgeschichte auf, wie häufig Entwicklungen konvergieren: offensichtlich voneinander völlig unabhängige Faktoren bewirken in mehr oder weniger regelmäßigen Abständen das Entstehen einer einheitlichen Stilrichtung. Das Genie der großen Modeschöpfer besteht vor allem darin, in den Wind zu bringen, was schon in der Luft lag und die offizielle Kodifizierung einer unbewußt von den Eliten angeregten provisorischen Ästhetik auszusprechen.

Tausend Moden gibt es in einer Mode, die selbst tausendfach in einem Trend bei dem Sich-Kleiden besteht; mag man auch die Formen nivellieren und standardisieren wollen, niemand trägt dieselben Sachen auf gleiche Weise; es gibt eine ständige Wechselbeziehung zwischen dem Menschen und seiner Kleidung. So unterliegt Malte Laurids Brigge der Macht einer Maskierung, die ihm eine neue Gestik, absonderliche Gedanken, eine unbekannte Identität diktiert. »Ich lernte damals den Einfluß kennen, der unmittelbar von einer bestimmten Tracht ausgehen kann. Kaum hatte ich einen dieser Anzüge angelegt, mußte ich mir eingestehen, daß er mich in seine Macht bekam; daß er mir meine Bewegungen, meinen Gesichtsausdruck, ja sogar meine Einfälle vorschrieb; meine Hand, über die die Spitzenmanschette fiel und wieder fiel, war durchaus nicht meine gewöhnliche Hand; sie bewegte sich wie ein Akteur, ja, ich möchte sagen, sie sah sich selber zu, so übertrieben das auch klingt. Diese Verstellungen gingen indessen nie so weit, daß ich mich mir selber entfremdet fühlte.«

Wenn keine menschliche Leistung in der Entfaltung von Phantasie und erfinderischem Luxus glänzender ist als das Kostüm, so verursacht auch keine mehr Zwang und Frustrationen. Die Mode, in der Jean Cocteau »eine seltsame Religion« sah, hat ihre Missionare und ihre Märtyrer. Um schön zu sein, muß man leiden, sagt man. Petrarca trägt zu enge Schuhe und sein Gang wird davon ebenso lächerlich wie qualvoll. Beau Brummel stirbt, von allen verlassen, in einem Hospiz der

Normandie. Eine Pariserin mit Wespentaille kommt vom Ball nach Hause, um zu sterben, das Korsett hat ihr den Brustkorb eingedrückt und drei Rippen haben ihre Leber durchbohrt.

Gewiß ist die Geschichte des Kostüms die eines Konformismus. Doch sie ist auch noch etwas anderes: vielleicht die lange Erzählung von einer sehnsüchtigen Suche, einer Transzendenz, eines der Bilder des Menschen auf den schwierigen Wegen der Schönheit.

NATUR UND KULTUR

»Niemals bin ich, glaube ich, so prächtig gewesen. Ich trug eine Weste, eine seidene Kniehose und schwarze Strümpfe, nebst einem zimt-bronze-farbenen Frack, einer sehr gut geknüpften Krawatte und einem herrlichen Jabot. Niemals, glaube ich, war meine Häßlichkeit durch meine Physiognomie mehr kaschiert.« Stendhal

Der Körper und die Zivilisation

Inmitten des Ägäischen Meeres, in gleicher Entfernung von der griechischen Halbinsel und von Asien, liegt das minoische Kreta für den Handelsverkehr an bevorzugter Stelle. Einerseits übt die kleine Seemacht starke politische Ausstrahlung auf Mykene aus; andererseits macht sie bei Syrien und Ägypten Anleihen, die sie im Tiegel einer autonomen Kultur sich anverwandelt. Diese Kultur ist durch Materialismus gekennzeichnet, so daß die Fresken und Statuen von Knossos uns Darstellungen zeigen, die – anders als etwa jene der ägyptischen Kunst – vor Symbol, Anekdote und Mythos das rein Körperliche vorherrschen lassen. Statt auf irgendwelche asketische Schematisierung abzuzielen, verherrlichen diese Darstellungen aufs äußerste das sehr sinnliche Bild eines Körpers, der durch das mächtige Mittel der Kleidung hochstilisiert wird.

Das kretische Kostüm zeichnete sich vor allem durch chromatischen Reichtum, durch äußerste Einschnürung der Taille und durch Volant-Röcke aus. Die männliche Bekleidung bestand aus einem um die Hüften geschlungenen Lendenschurz, dessen vordere Stoffbahn häufig als Borte ein Glasperlennetz trug, während das aus Syrien stammende Kleid, wie es scheint, nur ausnahmsweise getragen wurde. Wettkämpfer und Krieger trugen zuweilen sehr kurze oder aber breite, bis zu den Knien reichende Hosen. Doch alle, Männer wie Frauen, sind mit einer eng vom Gürtel umfaßten Taille dargestellt. Aus Leder, wie der Panzer der Krieger oder manche Reisemäntel, erinnert der Gürtel an ein Korsett, reich verziert und einen oder zwei Wülste bildend; den Männern verleiht er ein zweideutiges Aussehen, hebt die weiblichen Formen hervor und schiebt den Busen gewaltig nach vorn, der übrigens nackt bleibt, denn die Jacke, mit einer Borte versehen, bedeckt nur Rücken und Oberarme. Manchmal fiel eine Art Schmuckschürze über den glockigen Reifrock, der in Streifen oder mit asymmetrischen Volants von verschiedenen Farben und Mustern abgestuft war. Ein äußerst ausgeklügeltes Kostüm. Zusammen mit dem langwallenden Haupthaar, mit der Pracht der Schmuckstücke und der seltsamen Federzier der Turbane beschwört es die hedonistische Verfeinerung einer dem Untergang nahen Gesellschaft herauf. Bald sollte das Knossos militärisch überlegene Mykene das minoische Reich erobern, bevor die großen dorischen Wanderungen mit eisernen Waffen eine der prachtvollsten Kulturen des Bronzezeitalters vernichteten.

Während das kretische Kostüm offensichtlich als Stilelement und Schmuckattribut gedacht war und in einem Ausmaß wucherte, daß es sich oft an die Stelle des Körpers drängte, unterwarf sich das Kostüm des alten Griechenlands gänzlich den menschlichen Proportionen. Im anthropozentrischen griechischen Universum liefert der Mensch, wenn auch vom Schicksal bedroht, den Göttern den alleinigen Daseinsgrund. Als Körperhülle unterstreicht die Bekleidung den Wert der wie eine Windrose sinnbeladenen Geste des Menschen und nimmt teil an seiner geometrischen Projektion in den Kosmos. Die Kleidung ist also von größter Wichtigkeit, wenn ihr einziger Luxus auch nur im Adel des verwendeten Materials liegt, sie trägt dazu bei, die geistigen und ästhetischen Qualitäten ihres Trägers kundzutun. Lange vor der Klassik war das griechische Kostüm von menschlichem Maß, doch vor allem vom 4. Jahrhundert vor Chr. an lehrten die Akademien neben anderen Disziplinen die Art, wie der Stoff richtig und harmonisch zu drapieren war; man mogelte ein wenig, indem man dem Faltenwurf durch kleine Bleikugeln nachhalf.

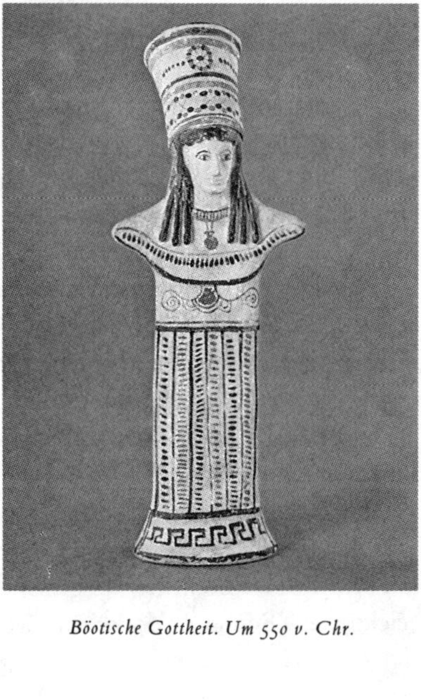

Böotische Gottheit. Um 550 v. Chr.

Vielleicht war nie ein Kostüm gleichzeitig so einfach und so komplex, so zahllosen Variationen je nach Region, Epoche, sozialem Status unterworfen wie das griechische. Auf den archaischen Vasen aus dem 6. Jahrhundert ist das Kostüm der Figuren in der Regel ziemlich eng, und die Frauen tragen einen zylindrischen *peplos*, der ohne die Schmuckborte streng wäre. In ganz Griechenland in Gebrauch, bestand er aus einem rechteckigen Stück Wolltuch, dessen obere Partie frei in einem Überschlag herabfiel, dem *apotygma*; seine Dicke verhinderte, daß die Nadeln den Stoff zerrissen. Auf der Schulter fixiert, blieb der *peplos* auf der rechten Seite offen und wurde manchmal von einem Gürtel gehalten. Die Frauenbekleidung dorischen Ursprungs fand ihr Äquivalent in dem männlichen *chlaina*, und unter ionischem Einfluß nahm sie sehr viel üppigere Formen an, da die Wolle als zu grob angesehen wurde und leichteren Stoffen Platz machte.

Während die Perserkriege bewirkt hatten, daß man sich von den asiatischen Moden distanzierte und zur Einfachheit zurückkehrte, trugen die Eroberungen Alexanders zur Ausbreitung eines Luxus bei, dessen Wucherungen die monumentale Klarheit des klassischen Kostüms verdrängten. Der Hellenismus bringt sogar den Brauch, die drapierten Falten zu nähen, ein Kunstgriff, den der alte Harmoniebegriff nicht kannte. Der ionische *chiton*, längs der Arme einfach durch eine Reihe oft höchst luxuriöser Agraffen gehalten, sah die falschen Ärmel zugunsten des doppelt fallenden und reicher als je verzierten *apotygma* verschwinden, das sich zum *diploideon* entwickelte, ein Frauenkleid von betörender Eleganz. Der aus Klein-Asien herübergekommene Brauch, plissiertes Linnen zu verwenden, gestattete dem von beiden Geschlechtern getragenen *chiton* größere Weite und Leichtigkeit. Schon in dorischen Zeiten hatte bei

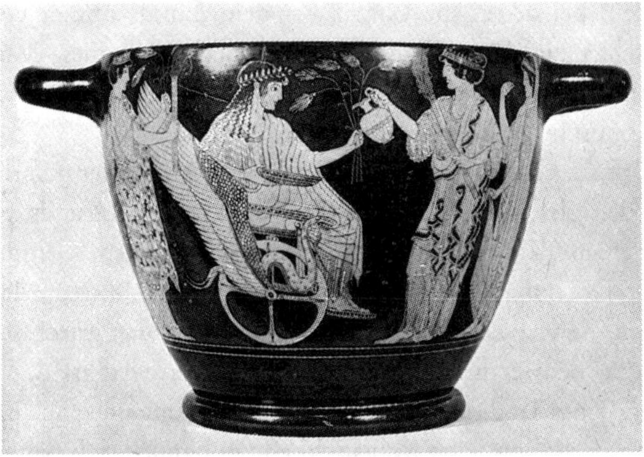

Demeter und Persephone. Um 490 v. Chr.

aller Strenge das *apotygma* seine Proportionen variiert, im Verhältnis zum *kolpos*, der über dem Gürtel oder nach spartanischer Frauenmode sogar zwischen zwei Gürteln gerafften Stulpe. In der klassischen Epoche unterschieden sich Musikanten, Schauspieler und Wagenführer durch einen langen *chiton* in feiner Plissierung. Der Gebrauch eines großen Capes, des *himation*, war für draußen allgemein üblich; zuweilen jedoch legten die Männer auch ein rundes Mäntelchen an, ein kurzes Cape, dessen Ecken als Schwalbenschwanz herabhingen, oder ein Tierfell, wenn nicht einen als Kapuze über den Kopf gezogenen Mantel. Es kam auch vor, daß man den *himation* durch die thessalische *chlamyde* ersetzte, ein reduziertes Modell, das in zwei Teile gefaltet auf der Schulter und dem linken Arm getragen wurde. Nur das Kostüm der Sklaven und der Bauern wandelte sich nicht, es blieb weiterhin die alte dorische *exomis*, eine Art sehr kurzer *chiton*, der die rechte Schulter freiließ.

Der Hellenismus war der Schwanengesang der griechischen

Moden, bei denen die Grazie vor dem Luxus immer vorgeherrscht hatte. Ebenso wie die asiatischen waren diese Moden einstmals nach Etruskien eingedrungen, woher sie dann auch das römische Kostüm beeinflußten.

Offenbar hatten die Römer für beide Geschlechter ursprünglich den gleichen Mantel, nur auf verschiedene Art drapiert, über einem dem griechischen *chiton* entsprechenden Kleidungsstück. Doch männliche *toga* oder weibliche *palla*, diesem Mantel fehlten die vier Zipfel, so charakteristisch für den griechischen *himation*, dem er indessen ähnelte. Bemerkenswert ist der Ursprung jener Tradition, wonach Frauenkleidung sich nach links, Männerkleidung nach rechts schließt; es handelt sich dabei für die griechische und römische Kleidung – übrigens auch für den schottischen *kilt* – um eine wichtige funktionelle Anpassung; sie wurden ja einfach nur um den Körper gewickelt. Die Männer warfen dabei den Stoff von der linken Schulter zur rechten, um den rechten Arm frei zu behalten, während die Frauen, da sie nicht zu kämpfen brauchten, ihre Kleidung vor allem von der rechten zur linken Schulter drapiert trugen, wie man es noch heute bei manchen afrikanischen Volksstämmen beobachten kann. Dieses Prinzip hat sich, wenn auch entsprechend abgewandelt, immerhin noch bis zu den heutigen Gepflogenheiten bewahrt.

Massiver, schwerfälliger als Athen gibt Rom seiner Gewichtigkeit in dem Faltenwurf der Stola seiner Patrizierinnen und in den schweren Fransen des *paludamentum*, eines Umhangs aus friesischem Tuch, den die Generäle trugen, Ausdruck. Rom übernahm die Moden der Barbaren, sofern sie praktisch zu sein schienen, die Beinkleider der Gallier, die gefütterten Halbstiefel, die Pelzkapuzen, und verbreitete sie alsdann auch in den Provinzen, allerdings abgewandelt, umgeformt, häufig durch

Ornamente stilisiert, die von griechischen Künstlern entworfen und nach dem Geschmack ihrer neuen Herren ausgearbeitet waren. Schließlich war in allem nur noch die römische Hegemonie zu erkennen, die alle möglichen Strömungen zu einem spezifischen Stil vereinheitlichte. Gewebte oder bestickte Streifen mit Pflanzenmotiven – Lorbeerblättern, Geißblatt, Rosetten oder Rosenblüten in Gold, geometrisch wiedergegebenen Akanthusblättern – säumten den Stoff. Zuweilen war das *pallium* der Eleganten mit kleinen Karos oder mit Buchstaben des griechischen Alphabets verziert. Aus dem Orient kam der Brauch, übergeworfene Tuniken anzulegen; sie waren aus feinem Material, fließend und mit zwei Purpur- oder Stickerei-Schulterborten, den *clavi*, verziert. Während in der Republik die Kleidung die natürliche Farbe der Wolle aufgewiesen hatte, verbreitete sich unter den Kaisern der bei den Etruskern so beliebte Purpur und wurde Mode in Rom.

Er war einer ganzen sozialen Kodifizierung unterworfen und nahm unterschiedliche Farbtönungen an. Plinius d. Ä. unterrichtet uns über verschiedene Spielarten dieser Farben, unter denen der von *murex trunculus* gelieferte Purpur die am meisten geschätzte war. Zehn Tage lang ließ man den von der Muschel ausgesonderten Saft auf schwachem Feuer eindicken. Dieser unvergänglichen, doch zu stumpf nuancierten Farbe setzte man das Sekret einer anderen Muschel zu, meist das von *murex brandaris* oder Trommelschnecke, das zwar weniger haltbar ist, dem ursprünglichen Purpur aber seinen Scharlachglanz verleiht. Die Mischung mußte 1100 Pfund vom eigentlichen Murexsaft und 200 Pfund des Zusatzes enthalten; mit dieser Menge ließen sich 50 Pfund Wolle einfärben. Man erhielt damit die prachtvolle Amethystfärbung, von der Plinius spricht. Doch die Nuancierung war ihrerseits Modeschwankungen unterworfen. Während zu Beginn der Regierungszeit des Augustus rotvioletter Purpur *en vogue* gewesen war, zog man ihm schon wenige Jahre später das Rot des Purpurs aus Tarent vor und später das des Purpurs aus Tyros. Ein Ballen doppelt damit gefärbter Wolle kostete mehr als tausend Denare. Natürlich gab es auch Muschelfarben von geringerem Wert, und an allen Küsten des Mittelmeeres zeugen Reste riesiger Haufen von Schalentieren davon, daß es zahlreiche Färbereien gegeben haben muß.

Nicht alle Lateiner waren in Purpur und Gold gekleidet. Die Sklaven der großen Landgüter, die Bergwerksklaven, die städtischen Straßenfeger, die Färber und Schmiede trugen unschöne, aber funktionelle Kleidung; dabei läßt sich wiederum die gegenseitige Durchdringung der römischen Expansion und der Welt der Barbaren feststellen, sowie auch der Einfluß der romanisierten Länder auf das, was in seinen Hauptlinien das europäische Kostüm sein wird. Überdies trug die Völkerwanderung dazu bei, daß eine Kleidung aufkam, die, als Wetterschutz gedacht, sich den Lebensbedingungen anpaßte.

Während die alten orientalischen und mediterranen Mächte seit langem in städtischen Hierarchien strukturiert waren, hatten sich die ungeheueren Völkerstämme, die Europa durchstreiften, in der Mehrzahl zu Agrar- oder Hirtengesellschaften organisiert. Die Kleidung des Bronzezeitalters ist im großen und ganzen durch die Funde aus den nordischen Ländern bekannt. Während vor allem bei den Germanen und den Kelten die Schmuckstücke zwar beachtliche künstlerische Beispiele aufweisen, ist es dagegen kaum zulässig, von Kleidermoden in dem Sinn, wie wir das Wort hier verstehen, zu sprechen. Eine der seltenen, ein wenig frivolen Formen ist ein bis zum Knie reichender Schnürenrock, den man in den Torfmooren bei

Borum in Dänemark gefunden hat; er hat übrigens seine germanische Entsprechung aus Stoff. In beiden Fällen handelt es sich um eine Art Mini-Rock, den die unverheirateten Mädchen trugen. Manchmal webte man die Wolle derart, daß sie die Locken der Schafsfelle imitierte, und manche Fundstücke zeigen Karo- oder Spiralmotive. Doch im allgemeinen macht diese Kleidung mit ihren groben Faltenröcken, ihren ovalen Mänteln und ihren weiten, viereckigen Blusen auf uns den Eindruck deprimierender Schwerfälligkeit.

Die fast vollständig latinisierten Gallier sollten dem restlichen Westeuropa die Modelle übermitteln, die Rom ihnen gebracht hatte, nachdem es sie selbst auf seinen Kriegszügen erworben hatte. Noch lange nach dem Fall des römischen Reiches trugen die Bauern in Europa z. B. das, was die Legionen aus Illyrien mitgebracht hatten und das sie *cucullus* oder *bardocucullus* nannten, eine Kapuze, die als kleine Pelerine auf die Schultern fiel. Während die lateinischen Formen der Volkstrachten bei den europäischen Bauern noch bis zum Ende des 12. Jahrhunderts in Gebrauch blieben, gehorchten die Moden der oberen Schichten sehr vielfältigen Faktoren. Viele der einst von Rom angeregten Strömungen zur Vereinheitlichung verschwanden unter den regionalen Einflüssen, die ihrerseits durch die geographischen Abkapselungen hervorgerufen wurden.

Die gallorömischen Frauen kannten eine ziemlich verfeinerte Kunst, sich zu kleiden; sie hatten die *palla* übernommen, die manchmal goldbestickt war; elegant über die Schulter geworfen, ließ sie den rechten Arm frei. Gern trugen sie auch die *stola* der Patrizierinnen und als Kopfputz einen aus mehreren Wülsten bestehenden Turban nach byzantinischer Mode. Der Frankeneinbruch sollte das alles ändern. Freilich hatten die fränkischen Könige den weiten Mantel der latinisierten Gallier, ohne lange zu zögern, übernommen, und sie gewöhnten sich allmählich an die Bäder, an einen gewissen kulinarischen Luxus, doch trotz dieser gallorömischen Anleihen blieben die Merowinger noch lange ziemlich ungeschliffen samt ihren Ehefrauen, mächtigen Matronen unter der Last schweren Schmucks und in labyrinthische Capes vermummt. Das männliche Kostüm der privilegierten Klassen bestand aus Beinlingen, einer Tunika und einem Mantel. Alles, was wirklich luxuriös war, kam aus dem Orient und der Orient war dazumal Byzanz.

Der byzantinische Luxus ist ein Luxus der Repräsentation eher als ein genießerischer Luxus. Sein Bestreben ist es, die Himmelsglorie gleichzeitig mit der anscheinend furchterregenden, in Wirklichkeit aber prekären Macht einer Metropole im Schnittpunkt zweier Welten darzustellen. Im Osten durch die Araber bedroht, die tatsächlich schon die gesamte Wirtschaft des Vorderen Orients beherrschen, im Norden von den slawischen Barbaren, wird es sogar im Westen von plündernden Christenhorden bedrängt, die es zu Beginn des 13. Jahrhunderts unter dem Vorwand, es zu retten, ausrauben werden. Byzanz hat die Steifheit eines Kadavers, sollte aber dennoch dem europäischen Mittelalter als Kulturhumus dienen, noch länger sogar der orthodoxen Welt in ihrer Gesamtheit. Der Mensch dieses Universums, in dem die Kirche jede Facette bestimmt, ist zum Einsatz seines eignen Seelenheils geworden; er hat völlig den Sinn für sein physiologisches Wesen verloren, er ist je nach dem Platz stilisiert, den er ein für alle Mal in der Hierarchie einnimmt, die dem Kaiser den gleichen Rang wie den Aposteln zuerkennt. Die Kleidung nimmt darum eine monumentale Schematisierung an, bei der nur das Antlitz sichtbar bleibt, darum aber auch stark zum Symbol wird. Zwischen dem höfischen Kostüm und dem liturgischen Ornat besteht kaum ein Unterschied, und auf jeden Fall zwingt die von Stickereien steife, weit und gerade hängende Dalmatika zu einer erstarrten Haltung. Byzanz, dessen drei Hauptbekleidungsgruppen wir kennen: die der Heiligen, die der Kleriker und die des Kaiserhofes – Byzanz legt keinen Wert mehr auf griechisch-römische Draperien, die man anfänglich in seinen religiösen Kostümen noch findet, es zieht die mit Edelmetallen so beladenen Stoffe vor, daß jede Schmiegsamkeit verloren gegangen ist. Gleichzeitig geometrisch und bildhaft gibt die Ornamentik dieser pompösen Brokate eine ganze Symbolsprache wieder, bei der ein Kreis die Ewigkeit, das Quadrat die Civitas Dei, der Pfau das Himmelslicht usw. bedeuten. Bis zum 6. Jahrhundert mußte Byzanz die Seide einführen. Dann gelang es nach der Legende zweien aus China heimkehrenden Mönchen verbotenerweise lebende Seidenraupen einzuführen; sie hatten sie in einem hohlen Stecken verborgen, was von großem Geschick oder von einem überraschenden Wunder zeugt. Jedenfalls exportiert Byzanz vom 6. Jahrhundert an seine eignen Seiden in den Westen. Der Staat, der das Monopol der Luxusindustrie besitzt, setzt die Preise, die Zahl der Arbeitskräfte und die Löhne fest.

Trotz der hieratischen Steifheit seines Stils hat Byzanz die Kulturformen der Epoche des Mittelalters, die doch durch das Aufbrechen alter Strukturen charakterisiert ist, außerordentlich beeinflußt. Haupteingangspforte für zahlreiche asiatische Modelle, sowohl in der Architektur wie in der Bekleidung, strahlt Byzanz ebenso auf das Frankenreich wie auf die slawischen Länder aus. Im 10. Jahrhundert war Rußland neben Deutschland Hauptkäufer seiner Produkte und die Zaren sollten von Byzanz nach Basileus' Sturz den Adler übernehmen, der seine Zeremoniengewänder geschmückt hatte. Während Kroatien und Bosnien noch heute die Dalmatika in Kreuzform bewahren, die Byzanz entliehen und dann zurückgegeben hatte, prägten auch die islamischen Formen entscheidend das balkanesische Kostüm ganz allgemein, ebenso das der Gegenden des südöstlichen Rußlands.

Das Spiel der Einflüsse ist, wie man sieht, sehr verwickelt. In dieser Hinsicht ist merkwürdig, daß die skandinavischen Länder trotz ihrer Seefahrer-Tradition autonome Stile bewahrt haben. Das trifft vor allem auf Ost-Norwegen zu, sowie auf Schweden und Finnland, die an ihren Moden sehr viel länger festhalten als Dänemark und West-Norwegen. Die reich mit Borten in leuchtenden Nuancen verzierten Kostüme, alle von äußerst lebhafter Farbgebung, haben sich im Grunde seit der Zeit der Wikinger eigentlich wenig verändert.

Die Mode. Spiegel kosmopolitischer Strömungen

Ein Bürgertum, das die verschiedenartigsten Freiberufe oder Handwerke ausübte, erschien als neue soziale Kategorie mit der europäischen Stadtentwicklung. Dieses Bürgertum war sehr bewußt auf die Verteidigung der Freiheiten und Rechte bedacht, die es sich bei seiner Emanzipation vom Feudalsystem errungen hatte. Da diese Freiheiten und Rechte weitgehend von den Handelsmonopolen abhingen, war der Handel mit Luxusgütern, bearbeiteten oder im Rohzustand, von allergrößter Bedeutung. Namentlich in Italien, wo die kapitalistischen Produktionsformen stärker entwickelt waren als in den anderen Ländern, bildet der Bürger des 13. Jahrhunderts sein neues Erscheinungsbild heraus, das eines Menschen, der nach Experiment, Entdeckung und Expansion orientiert ist.

Zunächst als Handelsagenten von Byzanz in Westeuropa hatten Genua und das zu seinem Rivalen gewordene Venedig dazu beigetragen, es auf wirtschaftlichem Gebiet endgültig auszuschalten. Venedig hatte Byzanz vereinnahmt. Genua verfügte seit mehr als einem Jahrhundert über die größte Bankmacht. Wenn es Venedig an Hinterland fehlte, so war Genua noch mehr zwischen der See und dem Apennin eingeengt. Als es deswegen seine Herrschaft über einen Teil der Küste der *terra ferma* auszudehnen versuchte, mußten die beiden großen textilexportierenden Stadtstaaten in einen Konflikt geraten, der von 1289 bis 1380 dauerte. Auch wenn Venedig sich nach dem Sieg von Chioggia als die Königin der Meere betrachten konnte, verschwand die genuesische Konkurrenz deswegen doch keineswegs: der Samt-Krieg dauerte an. Zudem hatte der Konflikt dadurch, daß er das Gleichgewicht des wirtschaftlichen Austausches zerstörte, Frankreich die Möglichkeit gegeben, sich ins Exportgeschäft einzuschalten.

Seine Stoffe hatten schon von der karolingischen Epoche an ihrer Qualität wegen einen guten Ruf; seitdem hatten die Kreuzzüge ihm neue Textiltypen gebracht: den *samite*, ein dickes, meist weißes, grünes oder rotes Seidengewebe, den *pers*, ein besonderes blaues Tuch, den *cendal*, der unserem Seidenfoulard entspricht, den *camelin*, aus Kamelhaar gewoben, das *isambrun*, ein braungefärbtes Tuch, die *serge*, einen festen Wollstoff, und die *futaine*, weitgehend aus Levante-Baumwolle bestehend, deren Monopol freilich Venedig besaß. Den Markt für Alaun, das bei der Textilherstellung unerläßlich ist, beherrschte jedoch Genua. Um die Konkurrenz auszuschalten, verbanden die Händler sich untereinander, änderten ihre Handelswege ab und suchten neue Märkte zu erschließen, was zur Folge hatte, daß die Verkehrslinien zwischen den Drehscheiben der mittelalterlichen Wirtschaft, Italien und Flandern, sich häufig verschoben. Denn wenn die Flexibilität es einerseits möglich machte, den die Reisenden bedrohenden Gefahren auszuweichen, so gestattete sie andererseits, die allgemeinen Spesen herabzusetzen. So reorganisierten zum Beispiel die Fuhrleute aus Béarn, die das Tuch transportierten, während des hundertjährigen Krieges ihre Reiseroute völlig, um den Brückenzoll einzusparen, der an der Garonne siebenundzwanzigmal erhoben wurde.

Der hundertjährige Krieg ließ Frankreich zwar ausgeblutet, jedoch von einem großen König regiert zurück, der in dem Bestreben, die Feudalmächte und die Vorherrschaft der Kirche endgültig zu brechen, sich auf das Volk, genauer auf das städtische Bürgertum zu stützen suchte, dessen Schicksal mit der Entwicklung des Handwerks verknüpft war. Wenn der Staat auch noch nicht eigentliche wirtschaftspolitische Ziele verfolgte, so nahm er doch dank Ludwig XI. wenigstens deutlicher wahr, worauf die Produktionsfaktoren beruhten. In Lyon, dann auch in Tours, vermehrte der König die Werkstätten der Seidenindustrie und, sobald es ihm gelungen war, die allgemeine Prosperität wieder herzustellen, förderte er das Tragen von Luxuskleidern. »Der König«, heißt es bei Commines, »kleidete sich reich, was vormals nie Gewohnheit gewesen, und trug nur mit schönen Marderfellen gefütterte, karmesinrote Seidengewänder.«

Der Niedergang der Hansa, der sich auf die gesamten internationalen Handelsbeziehungen auswirkte, verschaffte Frankreich ein Privileg beim Export von Wollstoffen und Seidenwaren. Freilich nahm Italien noch immer auf dem Textilmarkt die erste Stelle ein; 1474 beschäftigten zum Beispiel die Mailänder Werkstätten allein mehr als 15 000 Personen beim Weben von Seide und Samt, wobei für die Ausführung häufig Kartons von so bekannten Künstlern wie Jacopo Bellini oder Antonio Pisano zugrunde lagen.

Italien, das die gotischen Moden stets als barbarische Auswüchse und unvereinbar mit der Goldenen Regel betrachtet hatte, machte immerhin doch einige Anleihen beim Hof von Burgund. Der aber nahm damals für sich in Anspruch, in der kosmopolitischen Eleganz den Ton anzugeben, und in seinem Rahmen beging das Lehnsrittertum mit unerhörtem Luxus und in den prachtvollsten Stoffen der Niederlande seine eigene Leichenfeier. Wenn Italien zum Beispiel die Bizarrerie des *mi-parti*-Kostüms übernahm, so wußte es doch immer der Entlehnung seinen eigenen Stil aufzuprägen: einen zur Augenweide geschaffenen Stil, die Suche nach einer Symbiose von Körper und Kleid. Bei dieser Suche, die Jacob Burckhardt als den »Versuch eines Gleichgewichts« zur höchsten Vollendung der Persönlichkeit sieht, herrschte vor allem auch in den autonomen Moden, die stark von Regionalismen beeinflußt waren, stets die Goldene Regel vor; die schönsten sind zweifellos die von Florenz.

Der Einmarsch Karls VIII. in Italien hatte einen umso entschiedeneren Austausch zur Folge, als die beiden leider so oft verfeindeten lateinischen Schwestern in gleicher Weise über einen der Entfaltung der Moden förderlichen Boden verfügten. Während so viele italienische Adlige eifrig manche Details des französischen Kostüms übernahmen, brachte Karl VIII. aus Neapel zahlreiche Künstler und Handwerker mit, unter denen sich auch sieben Schneider, ferner Weißnäherinnen, Sticker und *»découpeurs de velours à l'italienne«* befanden. Während die Eroberung Konstantinopels durch die Türken bereits für den Levantehandel Italiens das Todesurteil bedeutet hatte und die Ursache für den wirtschaftlichen Niedergang der Halbinsel war, sahen Spanien und Frankreich dagegen sich nach Amerika neue Absatzmöglichkeiten eröffnen, eine Verschiebung in der Aufteilung der Einflußzonen, die auch eine neue Richtung der Moden nach sich ziehen sollte.

In Böhmen entwickelte das städtische Bürgertum, dem die Hussitenbewegung eine politische Erstarkung gebracht hatte, autonome Moden, die sich alsbald in den in gleicher kultureller Richtung sich bewegenden Gegenden ausbreiteten. Eben dieses Phänomen zeigte sich dann auch bei der Reformation.

Schon Ende des 15. Jahrhunderts hatte die Schweiz, wo die Renaissance das Kostüm stark geprägt hatte, eine ganz und gar erstaunliche Mode geschaffen, die sofort einen Großteil von Westeuropa eroberte, die Mode der Schlitze. Manche Chronisten meinen, dieser wunderliche Effekt von Rissen und Fetzen sei daraus entstanden, daß Landsknechte die in den Kriegen erbeuteten Kleidungsstücke, nach ihrem Sieg über Burgund, sich nach ihrem eigenen Maß verpassen wollten. Andererseits kannte aber Burgund bereits die Schlitze, und sie wurden auch in den Gegenden Nord-Italiens getragen, die der französischen Herrschaft unterstanden; es handelte sich namentlich um die sogenannten Ärmel »*à brassard*« oder »*à l'italienne*«, die am Ellbogen und an der Schulter den Hemdenstoff sich herausbauschen ließen. Wahrscheinlich ein Resultat der zahllosen konvergierenden Strömungen, von denen oben die Rede war, traten die Schlitze dann auch bei den Hosen, am Barett, an den Schuhen auf und das hervorgebauschte Futter von greller Farbe gewann größere Wichtigkeit als der Kleidungsstoff selbst, der schließlich nur noch aus einfachen Bändern bestand. Manchmal begnügte man sich, ihn mittels eines heißen Stanzeisens im Zickzack aufzuschlitzen und die Öffnung mit einem kleinen Stück Seide zu unterlegen. Manche Werkstätten lieferten sogar den von vornherein mit »Schlitzen« und »Gehacktem« versehenen Stoff, und die Mode dauerte bis ins 17. Jahrhundert hinein.

Die Einflüsse der Reformation zusammen mit dem Wandel, den das Verschwinden der Rüstung mit sich brachte, verleihen dem Kostüm in der ersten Hälfte des 16. Jahrhunderts weitgehend seinen Charakter, während die zweite Hälfte dagegen vom spanischen Stil bestimmt wird. Die Kulturformen in Deutschland, das mit seiner Kleinstaaterei keine Zentralgewalt mehr kannte, gehorchten den Regionalismen und natürlich je weiter die Länder von den beiden Zentren der Eleganz, Augsburg und Nürnberg, entfernt lagen, desto langsamer übernahmen sie Kleidermoden, die sich zudem unterwegs veränderten. Die Reformation, im Wesen puritanisch, demokratisierte einerseits

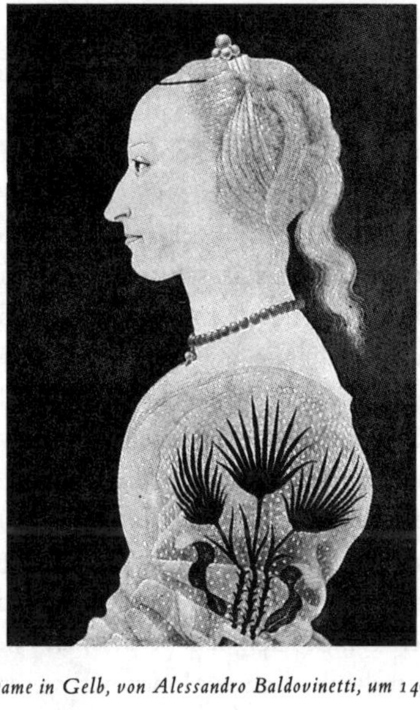

Dame in Gelb, von Alessandro Baldovinetti, um 1460

die Kleidung, legte andererseits soziale Regeln fest und vereinheitlichte zum Teil trotz der Regionalismen die Moden. Die Männer trugen die Schaube der Humanisten, die, kurz oder lang, sich von dem mittelalterlichen Tappert herleitete. Auch die Frauen übernahmen sie manchmal und trugen sie über ihren strengen Kleidern, die durch einen Goller hochgeschlossen waren und deren einziger Schmuck in einem Wäscheschurz bestand. Wenn die spanischen Moden auch nicht frivoler waren, so zeichneten sie sich doch durch eine düstere Eleganz aus, in ihrer sehr dramatischen Kargheit der Formen. Offensichtlich verkündeten sie einen bedingungslosen geistigen Widerstand gegen die liberalen Bestrebungen der Renaissance und die bürgerlichen Ideale der Reformation. Unnahbar selbstbezogen und von einem Herrscher ins Leben gerufen, dem an ihrer Expansion wenig lag, verbreiteten sie sich trotzdem durch den Einfluß der Habsburger an den meisten europäischen Höfen. Durch das merkwürdige Phänomen einer negativen Faszination setzten sie sich sogar zum Teil in England durch, wo sie das vorschriftsmäßige Hofkostüm inspirierten, wo sie aber mit geradezu shakespearischer Phantasie abgewandelt wurden. Übrigens wurden sie auch in den germanischen Ländern modifiziert; von den Fürsten der Gegenreformation eingeführt, hielten sie sich hier fast bis in die Mitte des 17. Jahrhunderts. In Deutschland verlieren sie ihre strenge Größe und mit der Einbuße ihrer Haltung behielten sie vom Spanischen nur seine Trübseligkeit. Man darf nicht vergessen, daß unabhängig von jeder Politik der überraschende internationale Erfolg dieser Moden zum großen Teil auf der Art, wie sie in Spanien getragen wurden, beruhte; doch gerade diese unnachahmliche Art vereitelte die Bemühung der Nachahmer. Lange nach dem politischen Niedergang Spaniens findet man die iberischen Moden nicht nur in Wien, was sehr erklärlich ist, und wo der schwarze Rock mit der weißen *golilla* noch spät im 18. Jahrhundert getragen wurde, sondern auch in Neapel, Genua, wo sie in abgemilderten Versionen erscheinen, und in Venedig, wo der spanische *panzerone*, der lächerliche Gänsebauch, ebenfalls in Gunst stand.

Das Kostüm dieses Spaniens, das sich selbst bis ins Absurde steigerte, war den französischen Moden zu fremd, als daß sie es integriert hätten. Daher hatte der spanische Erbfolgekrieg keinerlei Einfluß in dieser Richtung. Nach dem Dreißigjährigen Krieg hatte Frankreich politisch an Bedeutung gewonnen. Alsbald sollte es im Zuge des bourbonischen Absolutismus seinen Geschmack Europa diktieren. Es bestimmte sogar manche germanischen Moden trotz der kulturellen Isoliertheit Deutschlands während dieser Zeit, und von 1635 an blieb es nicht ohne Echo im Kleiderstil der Niederlande. Dieser Stil war ziemlich streng nach dem Bild eines Protestantismus, der sich unbewußt in der Kleidung nach der des katholischen Spaniens ausrichtete; doch unter französischen und britischen Einflüssen lockerten sich die niederländischen Moden des 17. Jahrhunderts: lange Mieder mit Schneppentaille, die die Linie des Oberkörpers spitz zulaufen ließen, und die den alten gestickten Vlieger ersetzten, graziöse Diademe aus Mecheln, Manschetten, die die Hand schlank erscheinen ließen. Wenn auch das Männerkostüm manchmal in das Groteske von Kinderjacken und der um den majestätischen Bauch geschlungenen hellen Seidenschärpen verfällt, drücken die niederländischen Moden im großen und ganzen den Respekt vor den bürgerlichen Tugenden und die naive Freude über eine mit den kolonialen Besitzungen neu erworbene Prosperität aus.

Es war unmöglich, hier in allen Einzelheiten die Wechselwirkungen auf dem Gebiet der europäischen Moden darzustellen; sie reichen von einem in voller Expansion befindlichen Großbritannien bis zu der Wiener Metropole, deren Ausstrahlung durch östliche Besucher sich auf so unterschiedliche Völker wie Ungarn, Türken, Russen und Perser auswirkt. Obwohl die Frauen, gemeinhin die Modevermittlerinnen, ihren sozialen Einfluß hier erst vom 18. Jahrhundert an gewannen, entwickelt Wien unter dem Einfluß der dem Katholizismus verbundenen italienischen Beiträge und durch den Kontakt mit reichen Prälaten schon im 17. Jahrhundert ein Luxushandwerk, dessen Erzeugnisse auch von Laien gekauft werden. Es ist die Epoche, in der die meisten der neuen folkloristischen Formen erscheinen, von denen manche sich bis ins 20. Jahrhundert halten. Der große internationale Mischtiegel wirkt sich sogar noch bis auf die Ornamente der bestickten Litzen an den Lederhosen aus, die in den Hochtälern Tirols getragen werden. Denn die Welt ist schon kleiner geworden.

Die Engländer, die noch zu Beginn des 17. Jahrhunderts kunterbunte Entlehnungen bei allen kontinentalen Moden machten, hatten endgültig seit der Restauration Karls II. ihren eigenen Stil gefunden. Der Charakter des Königs, die Reaktion auf den übertriebenen Puritanismus des vorhergegangenen Regimes und das Auftreten von Schauspielerinnen, die zum ersten Mal die Frauenrollen des britischen Theaters übernahmen, verliehen diesem Stil ein Laisser aller, eine opulente und schmiegsame Nonchalance: helle, glänzende Stoffe, voluminöse Ärmel, große flache Kragen, die den Hals frei ließen; die Männer trugen über bauschigen Hemden kleine Jäckchen, die Frauen gürteten mit einer Schärpe das ausgeschnittene Kleid, das in natürlichen Falten fiel, alle liebten die Bänder. – Die wirtschaftlichen Erfordernisse waren unerbittlicher als die Moden und der Aufschwung der in Frankreich von Colbert gegründeten Textilwerkstätten bildete für England eine ärgerliche Beeinträchtigung der neuen Wohlstandsquelle seiner indischen Baumwollstoffe. Zwei Nationen, von denen jede nach der Seeherrschaft strebte, machten sich gleichzeitig auch auf den Textilmärkten erbitterte Konkurrenz. Wenn Frankreich auf dem Gebiet der Moden größeres Prestige genoß, so trat England bereits in eine Phase ein, in der die ersten Auswirkungen der industriellen Revolution sich bemerkbar machten. Der vielfache Boykott, den die europäischen Nationen gegenseitig über sich verhängten, zwang sie zur Produktionsdynamik. So sah sich zum Beispiel England, das die Einfuhr von Spitzen verboten hatte, zur Förderung der eigenen Manufakturen gedrängt.

Dadurch, daß die französische Regierung die Einfuhr britischer Baumwolle untersagte, die bis dahin zum großen Teil das bei den unteren Volksschichten benutzte Stoffgemisch geliefert hatte, verbreiterte sie den Graben, der zwischen dem Kostüm der verschiedenen Klassen klaffte. Großbritannien dagegen emanzipierte sich vom Diktat des Hofes und glich seine Moden denen eines Bürgertums an, das nun als Modell galt und dessen Kleidung von großer Nüchternheit es dem Einzelnen möglich machte, freiheitlich im Schoß einer konformistischen Kollektivität zu leben. Gewiß entsprachen die bürgerlichen Moden des 18. Jahrhunderts auch der industriellen Entwicklung, doch ihre Stilübernahme gehorchte vor allem den neuen Prinzipien, die ihnen eine philosophische Dimension lieferten. Nicht nur das Bürgertum, sondern auch der englische Adel, der zu einem großen Teil auf dem Lande lebte, nahm die Ideen Jean-Jacques Rousseaus auf, die eigenen Neigungen so sehr entgegenkamen. Auf allen Ebenen strebte man, sich der Natur zu nähern. Die Gärten, die Erziehung, das Kostüm spiegelten dies Streben wider. In Frankreich entstanden die Moden in Versailles. Man las dort Rousseau, »um auf dem laufenden zu bleiben«; man interpretierte seine Schriften, wie man fünfzig Jahre zuvor Asien anhand von Chinoiserien interpretiert hatte. Rousseau war in Versailles nicht wiederzuerkennen, jedoch schick.

Marie-Antoinette übernahm die Rolle eines *arbiter elegantiae* für die Frauen, die Rolle, die vorher Mme de Pompadour gespielt hatte. Doch seitdem hatten die Moden sich bastardisiert; die Reinheit der Zeichnung erstickte unter einer Ornamentüberladenheit, die schon den »Tapeziererstil« des 19. Jahrhunderts vorwegnahm. Die Seidenschuhe mit hohem Absatz waren kaum zum Gehen geeignet, die Luft verdarb den Teint, die *paniers* waren nicht für die Natur gemacht, aber die Schäferspiele im Rahmen des Hameau boten eine neue, sehr viel schönere

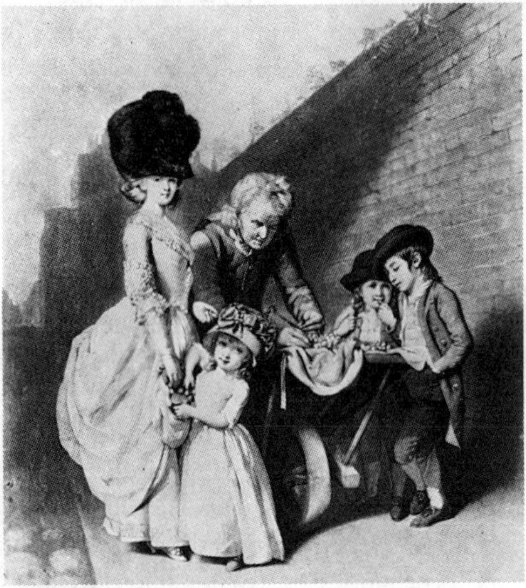

Die Familie Walton, von John Raphael Smith

Natur als die alte. Sie war von Rose Bertin, die die Königin anzog und ihren Beinamen »ministre des modes« törichterweise ernst nahm, mit großem Aufwand an Bändern, künstlichen Blumen, Troddeln, *poufs*, Passementerien und Gaze ersonnen. Die einzige Konzession, die dieser frivole »Minister« jemals an die Opposition gemacht hat, bestand aus einem Hemdkleid aus Mousselin, das von einem losen Gürtel gehalten frei herabfiel. Die Königin ließ sich in diesem Kleid von Mme Vigée-Lebrun malen und das Porträt verursachte einen Skandal, da gewisse Leute Marie-Antoinette beschuldigten, sie betreibe den Ruin der Lyoner Seidenindustrie; wie auch immer, sie hatte stets unrecht. Rose Bertin übrigens emigrierte rechtzeitig, zunächst nach Mainz, dann nach Wien, wo sie die dortige Kaiserin anzog.

Max von Boehn hat gesagt: »Die Revolution begann mit einer Empörung gegen Schnürleib und Reifrock, Puder und Stöckelschuh.« Tatsächlich eroberten die britischen Moden den Kontinent und trugen dazu bei, die feudalistischen Formen zu entthronen. Ursprünglich auf die Männer beschränkt, dehnten sich diese Moden auch auf das weibliche Kostüm aus und um 1780 zogen die eleganten Pariserinnen die *redingote* aus Tuch mit Doppelkragen, die Weste oder den *spencer* von männlichem Zuschnitt an. Rock *à l'anglaise*, Kleid *à l'anglaise* ... eine der zahlreichen Wellen von Anglomanie, die sich über Paris ergossen, diktierte damals das Kostüm und die Sitten. Man affektierte eine scheinbare Einfachheit und trug weiße Kleider eines Neo-Klassizismus, der jenseits des Ärmelkanals bereits *en vogue* war. Ihrerseits sollten die französischen Moden um 1816 nach England zurückkehren.

Und die Natur? Die wirkliche? Immer hatte der Mensch sie ausgeplündert und die Entstehung des Textilhandwerks hatte um nichts eine Leidenschaft für Federn und Pelze vermindert, die unermeßliche Massaker verursachte. Schon die Eroberung Galliens hatte in Rom den Gebrauch von Kürschnerwaren eingeführt, während der Orient die seltenen Federn liefern mußte. Wir wissen auch, daß Karl der Große und seine Begleitung, als sie durch Padua kamen, dort Pfauenfedern, Schwanenpelze, Marder- und Hermelinfelle kauften. Der Kaiser selbst pflegte im Winter einen Mantel aus Schafspelz zu tragen, den er an Festtagen durch einen mit Seeotter oder Zibetkatze gefütterten ersetzte. Im Mittelalter spielten Kürschnerwaren eine hervorragende Rolle, denn häufig schmückte man die Schilde mit Pelzen, deren Namen von der Heraldik aufgenommen wurden, um manche Motive zu kennzeichnen. Im 13. Jahrhundert waren Pelz-Mosaiks sehr beliebt, und die Kürschnerei stellte einen sehr bedeutenden Zweig des Handwerks dar, so daß zwischen 1292 und 1300 die Zahl der Pariser Kürschnerbetriebe von 214 auf 344 stieg. Die Annalen liefern uns hin und wieder unglaubliche Zahlen von Fellen, die bei manchen Staatsgewändern verwendet wurden, aber selbst das kann nur eine schwache Vorstellung von den Hekatomben geben, die der Mensch der Mode geopfert hat. Selbstverständlich war das Tragen von Pelzen, wie bei allen Luxuskleidern, einer strengen Regelung unterworfen, jedoch nur durch den Puritanismus oder von wirtschaftlichen Erfordernissen diktiert, entsprangen sie niemals dem Wunsch, die Kreatur zu schützen.

Der Flohpelz stellt eine der Bizarrerien des 16. Jahrhunderts dar. In der Hoffnung, das Ungeziefer, von dem alle Welt geplagt war, zu kanalisieren, trugen die eleganten Damen auf der Schulter einen ausgestopften Marder oder Zobel an goldner Kette und mit Edelsteinen geschmückt. So schenkte der Herzog von Ferrara seiner Frau einen Zobel, dessen Kopf mit Rubinen, Diamanten, Perlen und Smaragden besetzt war.

Im Lauf der Jahrhunderte nahmen die Pelze die verschiedensten Formen an und kannten während des Empire einen unvergleichlichen Erfolg: Luchs, Wolf, Fuchs und das gerade eben entdeckte Chinchilla, alles war willkommen. Man lancierte die Mode der Boa, die unter Louis-Philippe zurückkommen sollte; man nannte sie damals eine »Infidèle«, eine Ungetreue, weil sie zu entgleiten die Neigung hatte. Die Boa aus Federn oder Pelz machte namentlich um 1900 Furore. Diese Epoche führte auch die Neuerung ein, den Pelz nach außen gewandt zu tragen, wodurch der alte Pelzrock entthront wurde und der Mantel das Aussehen erhielt, das er seither hat. Die Aufzucht von geeigneten Tieren hatte eine Expansion des Kürschnergewerbes mit sich gebracht und 1914 führte man auf der weltweiten Rauchwarenmesse von Leipzig ein neues chemisches Färbeverfahren vor, das die Verwendung von so billigen Fellen möglich machte wie den Kaninchenpelz. Man lernte ferner, Mutationen hervorzurufen, was in den dreißiger Jahren das unerhörte Abschlachten von Weißfüchsen nach sich zog. Es gibt kaum eine Art, die völlig ausgespart geblieben wäre. Der Gebrauch von Pelzmützen in den slawischen Ländern, auf dem Balkan und sogar noch in Österreich und der Schweiz hat zum Aussterben der Otter beigetragen, die früher die europäischen Flüsse bevölkerten. Die Verarbeitung von Schmuckfedern war nicht weniger verheerend als die Kürschnerei, sie hat das Erlöschen so seltener Gattungen wie des asiatischen Glanzfasans bewirkt, der im zweiten Kaiserreich *en vogue* war, ebenso das Verschwinden gewisser Geier, deren prachtvolle Federn die Abendmäntel im Fin-de-siècle verzierten. Die riesige Nachfrage nach Korsetts und Reifröcken hat ihrerseits die niederländischen Generalstaaten veranlaßt, 1722 eine Aktiengesellschaft mit einem Kapital von 600 000 Gulden zu gründen, die sich ausschließlich dem

Walfischfang widmete. So ist der Weg des Menschen während seiner ganzen Geschichte mit Tierkadavern besät, mit Tieren, die fast immer mit einer empörenden Grausamkeit getötet worden sind. Der Hintergrund der Moden ist weit entfernt davon, frivol zu sein.

DAS SPIEL DER FORMEN

»Die Kostüme, die von vielen gedankenlosen Leuten, von jenen ernsthaften Leuten ohne echten Ernst, verlacht werden, weisen einen Charme doppelter Art auf, einen künstlerischen und einen historischen. Sehr oft sind sie schön und geistvoll in der Linie; doch was mir genauso wichtig scheint und was in allen oder fast allen wiederzufinden ich froh bin, ist die Moral und die Ästhetik der Zeit.« Baudelaire

Systematische Deformierung des Körpers

Von dem Moment an, in dem es der Mensch bewußt unternimmt, die Wirkungen der Bekleidungskunst zu variieren, sieht der Körper, nachgiebiges Objekt für Stilisierung, sich bald auf die nebensächliche Rolle eines dürftigen Kleiderständers zurückgedrängt. Man macht mit ihm, was man will, er läßt alle Umwandlungen mit sich geschehen. Schultern und Taille steigen oder fallen, die Brust schwillt an oder verschwindet ganz, der Bauch schiebt sich nach vorn oder ist wunderbarerweise ganz abwesend, die Beine schwimmen in Fluten von Stoff oder sind in Röhrenhosen eingezwängt, an denen die Nähte zu platzen drohen. Die systematischen Deformierungen des Körpers entsprechen einem offensichtlichen Manierismus als dem einzig möglichen Schritt, um alle Phasen einer Projektion des Imaginären zu übermitteln.

Dieser Manierismus enthält immer auch einen Überraschungseffekt, die Moden gehorchen einer unregelmäßigen Pendelbewegung, die sie von einem Extrem zum anderen bringt, ohne daß man doch deren wesentliche Linie vorauszusehen vermöchte.

Nach den großen runden Falten der romanischen Epoche kennt dann das 12. Jahrhundert eng taillierte Kleider. Zum ersten Mal tritt hier diese Form einer ausgetüftelten Eleganz auf; nur dank der neu entwickelten handwerklichen Schneidereitechniken, ihrem neuen System des Schnürens und Zuknöpfens war sie realisierbar. Nachdem das 13. Jahrhundert eine Rückkehr zu den fließenden und drapierten Moden vollzogen hatte, kehrt das eng anliegende Kleid enger und übertriebener als je zurück. Mitte des 14. Jahrhunderts rafft der Schwarze Tod ein Viertel der europäischen Bevölkerung hinweg und ein glühender Lebensdurst, wie immer nach großen Katastrophen, bringt die extravagantesten Formen einer Erotisierung der Moden hervor. Er begünstigt auch die Entstehung eines Frauentyps von erlesener Zartheit; bei der Schilderung der Frau des Zimmermanns sagt uns Chaucer, ihr Körper sei »*gentyll and small as a weasel*«, grazil und schlank wie ein Wiesel.

Diese schmachtende Eleganz verlieh dem Körper eine S-Kurve. Man streckte den Hals vor, nahm die Büste weit zurück und verlagerte die Hüfte oder das ganze Becken auf das Spielbein. Das männliche Kostüm richtete sich nach der gleichen Architektur, und die Schecke über dem Wams, von dem man nur die anliegenden Ärmel gewahrte, war ebenso knapp anliegend wie ein Frauenkleid. Diese Effeminierung zieht sich bis zum Ende des 15. Jahrhunderts hin und erreicht ihren Höhepunkt in den Übertreibungen, in denen sich die Spätgotik widerspiegelt. Die Königin Isabeau hatte germanische Moden von wahnwitziger Überspitztheit am französischen Hof einge-

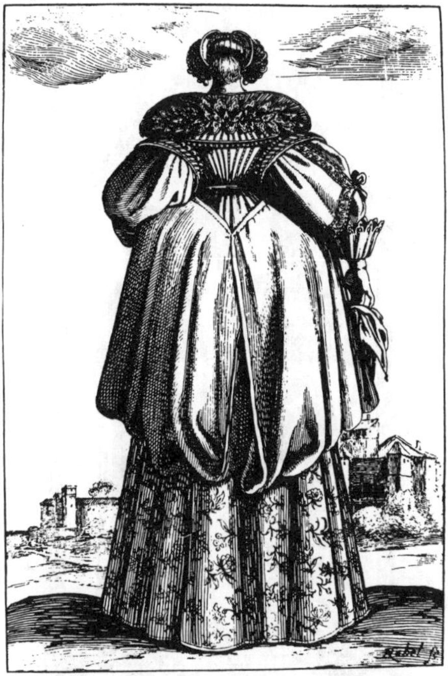

Rückansicht einer Dame, um 1625, von Daniel Rabel

führt, die jedoch auch ein Formenspiel von fast unbegrenztem Reichtum erlaubten. Da gab es z. B. die Hörnerhaube, eine Kopfbedeckung von sehr heidnischer Inspiration, sie bestand aus zwei oder gar drei reich mit Goldstickerei verzierten Hörnern, kompliziert noch durch Brokatwülste und Perlennetze. Isabeau de Bavière trug auch zur Verbreitung des *hennin* bei, der freilich schon seit den Kreuzzügen bekannt war, jenes auf Unterstrukturen aus Pergament oder Steifleinen bestehenden spitzen Kopfputzes, der sich vom türkischen *turtur* oder von der

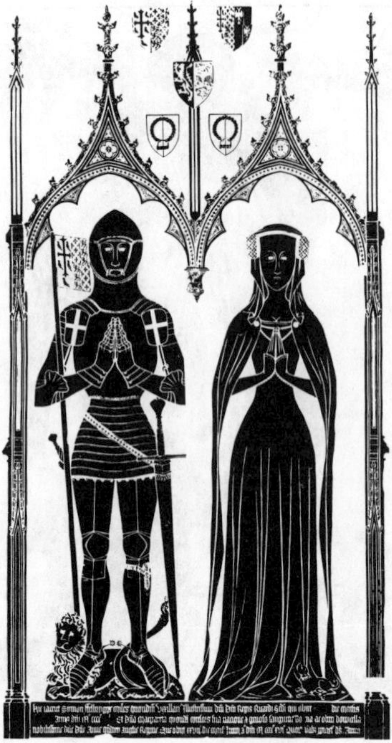

Englischer Grabstein aus dem 15. Jahrhundert

metallischen *tantara* der Syrierinnen herleitet. Der *hennin*, mit dem sich manche Türen nicht durchschreiten ließen und dessen Spitze man zuweilen mit einem bis zum Boden schleifenden Schleier umwand, versteckte völlig das Haar, legte aber die oft durch Depilation noch vergrößerte Stirn frei. Merkwürdigerweise läßt sich feststellen, daß den sehr in die Höhe entwickelten Kopfbedeckungen häufig ein in die Länge gezogenes Schuhwerk entsprach: bei den Etruskern finden sich die ersten Beispiele dafür. Die einzige Konzession der französischen Moden des 15.

Jahrhunderts an die horizontale Linie lag eigentlich in den breiten, ausgestopften Schultern, den *mahoîtres*, die zusammen mit der spitzen, tiefen Décolletierung der männlichen Schecke die korsettierte Taille der damaligen Stutzer noch schlanker erscheinen ließen. Diese Höflinge trachteten danach, nichts Menschlichem gleichzusehen, und ihre Gugel, ihre Ärmel, ihre Tapperte waren als Hahnenkämme, Basiliskenbärte, Krebsschwänze oder Meeresalgen ausgeschnitten. Diese ganze *mi-partis*-Kleidung, die Wämser mit Rätselbildern, die seltsamen Zaddelungen, die wie die Flossen chinesischer Fische schleppten und flatterten, gehört ins Reich des phantastischen Kunstgewerbes, wenn nicht sogar der phantastischen Kunst.

Der Manierismus, der bis in unser Jahrhundert in Spielröllchen, Sanduhren, Trapeze oder Zylinder jene verwandelte, die man *the beautiful people* nennt, kannte mehr als einen Kunstgriff. Da war etwa die Vertugalle, ein Roßhaarkissen, mittels eines Reifens an der Taille befestigt, wodurch der Rock vom Körper abstand und ihm die Form eines strengen Kegels oder eines Zeltes mit flachem Dach verlieh. Die Etymologie hat zu irrtümlichen Interpretationen geführt, die Vertugalle hat nichts mit einer Tugendwächterin (garde de la vertu) zu tun, wie viele meinten; sie leitet sich vom spanischen *verdugo* her, das einerseits die Weidengerte, woraus die Vertugalle gemacht war, andererseits den Henker bezeichnet. Zu Beginn der Renaissance in Madrid erschienen, erlebt sie mancherlei Wandlungen. Bald auf Metalldraht montiert, bald auf Reifen aus pflanzlichem Material oder auch auf Fischbeinstäbe, mal an einen Käfig erinnernd, mal an ein pralles Kissen, lieh sie ihr Grundprinzip den falschen Hintern und vorgetäuschten Bäuchen, die am Hof Heinrichs III. eine Zeitlang Furore machten; im 18. Jahrhundert weitete sie sich zum *panier* aus und entfaltete sich im zweiten

Kaiserreich zur Krinoline. Allein bei der Vorstellung ihrer Existenz wäre ein Phidias vom Schlag getroffen worden. Die griechischen Frauen kannten allerdings eine rudimentäre Form des Korsetts, die *zone*, eine breite Leder- oder Leinwandbinde, die zur Stütze der Taille unter der Kleidung getragen wurde; man ergänzte sie durch das *apodesma*, das, um die Büste gewickelt, die Brust stützte, und wenn die Magengegend sich vorwulsten wollte, preßte man sie flink durch ein *strophion* zurück.

Die Römerinnen der Dekadenzzeit verwendeten ebenfalls schlank machende Korseletts, die aus miteinander verflochtenen Weidenruten oder Schilfstengeln bestanden, ein System, das die Frauen des Mittelalters durch ein seitlich stark geschnürtes Linnenhemd ersetzten. Es entwickelte sich zu einem regelrechten Korsett, das auch die Männer trugen, und in einem Brief an seinen Bruder klagt Petrarca über die Qualen, die diese Armatur ihm verursachte.

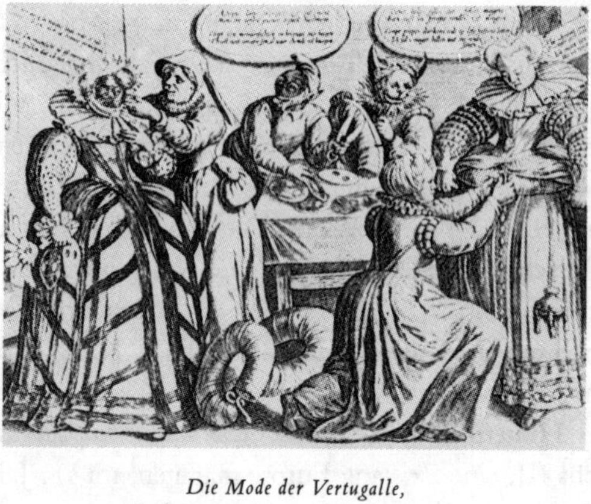

Die Mode der Vertugalle,
Karikatur von Voss und Galle, um 1595

Der Gattin Karls V., Johanne von Bourbon, schreibt man die Erfindung des Blankscheits zu, das die Qualen der Korsettträgerin durch ein die Brust flach drückendes Brettchen verschlimmerte. Alsbald schon hörte das Korsett auf, zur Unterkleidung zu gehören und wurde Teil des sichtbaren Kostüms. In Spanien sollte es unmenschlich werden; während andere Deformationen im allgemeinen der Kleidung nur die optische Illusion abgewannen, preßte das Korsett dagegen den Körper grausam zusammen, ja verstümmelte ihn genau wie die furchtbaren Verschnürungen der »Lilienfüße« in China. Stahlschienen zwangen die weibliche Büste in die Form eines auf der Spitze stehenden Triangels und, da im 17. Jahrhundert »die Königin keine Beine hatte«, brauchten ihre Untertaninnen – so meinte man offenbar – auch keine Brüste zu haben. In Versailles, wo man übrigens die weiblichen Formen nicht wie in Spanien abschaffte, behaupteten die Damen des Hofes, das Korsett böte ihnen bei den endlosen Zeremonien eine Stütze. Es wurde damals auch von den Frauen der Mittelschichten getragen, und die kleinen Mädchen der Kaufleute und Handwerker mußten sich ebenfalls von zarter Jugend an seinem Zwang unterwerfen; im Rücken verschnürt, sollte es diese Verschnürungsart an die *corps* des 18. Jahrhunderts weitergeben, die weniger starr als in der Vergangenheit waren. Casanova spricht mit Wärme von einem »rosenfarbenen Seidenkorsett« und auch von einem Exemplar, das »auf allen Nähten mit Schleifen verziert« war. Die Fakultät zeigte sich strenger. Schon im 16. Jahrhundert hatte Ambroise Paré auf die Gefahr der Korsettmoden hingewiesen und 1770 Dr. Bounot ein Mémoire mit dem Titel veröffentlicht: »Von der Entwürdigung der menschlichen Rasse durch den Gebrauch der Fischbeinschnürbrust«. Casanova hielt die Trägerinnen von rosenfarbenen Korsetts keineswegs für entwürdigt. Jedoch der Fetischismus weidete sich herzhaft daran, da das Korsett einen Panzerschrank darstellte, den zu öffnen von großer Pikanterie war, vorausgesetzt, man kannte die Chiffre, nämlich das komplizierte System von Häkchen, Agraffen und Schnüren.

Die Renaissance war also für das Korsett die hohe Zeit gewesen. Während die Gebiete Italiens, die vom spanischen Joch verschont geblieben waren, sich mehr oder weniger an die Regeln des Goldenen Schnitts hielten, übernahmen Frankreich und England mit einigen Varianten eine Geometrie, die den Körper auf eine Art Abstraktion reduzierte, die weibliche Brust völlig zusammendrückte und, wenn man von der Stilisierung der männlichen Geschlechtsteile absieht, die Verachtung alles Leiblichen predigte. In England seit der Heirat Mary Tudors mit Philipp II. eingeführt, hatten diese Moden Mühe gehabt, sich durchzusetzen, bis Elizabeth I., deren Absolutismus sich sogar bis auf die Kleidung erstreckte, ihnen ein Heimatrecht zubilligte. Damit drangen sie auch in das phantastische Kunstgewerbe ein, und die rätselhafte Queen Bess, die Allegorien und literarische Anspielungen liebte, erscheint auf einem ihrer Porträts im Kostüm der Iris, in einem Mantel, der über und über mit Augen und Ohren bestickt war. Ein anderes ihrer Gewänder – sie hat mehrere tausend davon hinterlassen – bestand aus einem Tonnenrock, der mit allen nur denkbaren Tieren und Pflanzen, vom Pottwal bis zur Fledermaus, von der Zeder bis zum Lauch, bebildert war. Kurzum, es war eine Epoche der großen Übergänge vor den tiefen sozialen Umwälzungen des 18. Jahrhunderts. Außer in England, wo das Kostüm des Adels manchmal wirklich sublim sein kann, ist es im allgemeinen unausgeglichen. Unter der Regierung Ludwigs XIII. und zu Beginn der Regierung Ludwigs XIV. verrät die Schmuck-

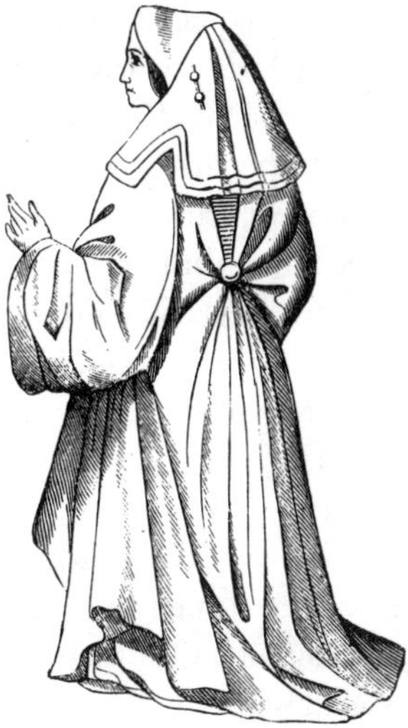

Englische Tracht der Tudor-Zeit

überladenheit eine fundamentale ästhetische Unsicherheit, und man muß bis zum Höhepunkt der Herrschaft des Sonnenkönigs warten, bis sich eine entscheidende Entwicklung des Kostüms erkennen läßt. Da der König häufig bei der Armee weilt, greift er zum *justaucorps* der Offiziere, einer langen, bis zu den Knien fallenden, leicht taillierten Jacke über einer Weste; die enge Hose endet über den Knien, dazu Strümpfe. Dieser stets gefütterte *justaucorps* respektiert die allgemeine Form des Körpers; oft aus demselben Stoff wie die Hose, ist er hinten, wie später die englische *redingote*, geschlitzt und hat Taschen in Höhe der Hüften. Weiter und länger als der *justaucorps*, dem er doch in der Form entspricht, ist der recht seltene Mantel, der weite *surtout*, den man eigentlich nur auf Reisen trägt. Die drei

Hauptelemente des modernen männlichen Kostüms – der *justaucorps*, der sich zum Frack entwickeln wird, die *veste*, unsere heutige Weste, und die schlichte Kniehose – werden sich in weniger als zehn Jahren über ganz Europa verbreiten. Der letzte Abschnitt der Kostümgeschichte unter Ludwig XIV. ist durch den Einfluß der Frömmler und durch eine wirtschaftliche und qualitative Regression des Handwerks gekennzeichnet, als Folge der Aufhebung des Edikts von Nantes.

Die Paniers, unter der Regence entstanden, um den fließenden Falten der *robe volante* oder *contouche* – in Deutschland »Schlender« – Haltung zu geben, bestanden ursprünglich aus Reifen von mit Bändern zusammengehaltenem Rohr. Zunächst Paniers *à guéridon*, entfalteten sie sich zu Paniers *à coudes*, auf die man die Ellbogen stützen konnte; sie hatten ihre Glockenform eingebüßt und eine elliptische von unwahrscheinlicher Breite angenommen. Um 1760 lancierten Tänzerinnen der Oper, obgleich doch gewohnt, ihre Figuren in diesen Trichtern auszuführen, den *demi-panier*, Springrock oder Hänschen genannt; er war mit einem Volant garniert und fiel nur bis in Kniehöhe. Der *demi-panier* hielt sich parallel zu den elliptischen *considérations* je nach Zeit und Umständen. Die großen Paniers und der Reifrock blieben für die höfische Toilette obligatorisch bis zur Revolution; nur sie allein erlaubten es, bei der Reverenz die ganze Grazie zu entfalten.

In frische, glänzende Stoffe gekleidet, die für beide Geschlechter gebräuchlich waren, sofern sie nicht zu dreifarbigen, geflammten Tönungen griffen, wie sie um 1745 für sie erfunden wurden, trugen die Männer Fräcke, deren verstärkte Schöße ein wenig an die Bewegungen der Paniers erinnerten. Die Londoner Eleganten der zweiten Jahrhunderthälfte hatten eine besondere Vorliebe für lange röhrenförmige Westen, die schön mit

Landschaften, Tieren, Figuren und allerlei Illustrationen bestickt waren und im Grunde an den »enzyklopädischen Rock« der Queen Bess erinnerten.

Und das Volk? Vom 16. bis zum 18. Jahrhundert hatte sich das nüchterne Kostüm der kleinen Leute kaum verwandelt. Alle trugen schweres Tuch, schwarz und grau bei den Städtern, braun bei den Bauern. Färben war kostspielig, daher leuchtete nur selten hie und da ein munteres rotes oder grünes Detail auf. In Frankreich war auch die Truppe braun gekleidet, bis Ludwig XIV. ihr buntere Farben verschrieb. Die armen Leute, schreibt Lacroix, »waren winters wie sommers schlecht und mangelhaft bekleidet, fast ohne Unterwäsche, oft ohne Strümpfe, doch stets trugen sie einen Hut oder eine Mütze«. Wenn sie barfuß gingen, so wollten sie doch nicht barhäuptig bleiben. Auch das kleine Bürgertum trug nüchterne Kleider, es sei denn, es wären neue Toiletten oder schon abgetragene aus zweiter Hand gewesen. Der Trödelhandel erlaubte es wenigstens, den Moden zu folgen, wenn auch mit Verspätung.

Ende des 18. Jahrhunderts fiel es den Pariserinnen ein, plötzlich die Brüste zu verschleiern, die sie so häufig großzügig gezeigt hatten. Doch verbergen hieß erst recht suggerieren. Auf Metallgerüsten ruhend, von steifem Leinen oder *atlas* gestützt, machten die Brusttücher aus Batist »*à la menteuse*« oder »*à la trompeuse*« wieder einmal den Männern begreiflich, daß man dem Auge allein nicht trauen darf. 1793 reichten diese Brusttücher, jetzt von ungeheurem Volumen, bis zu den Ohren. Es war ja auch wirklich der Augenblick, seinen Hals zu schützen. Weil die »*menteuse*« ihnen noch zu naiv vorkam, trugen manche Engländerinnen unter einem durchsichtigen Schleier einen Busen, dessen Brüste sie ganz und gar der Kunst der damals in London zahlreichen italienischen Wachsbildner verdankten.

Die schreckliche Mode der *paddies* oder vorgetäuschten Bäuche, bereits 1750 von Schauspielerinnen lanciert, tauchte um 1793 wieder auf. Die *paddies* waren aus Roßhaar oder sogar aus Zinn. Es gab Drei-Monat-*paddies* und Sechs-Monat-*paddies*, je nach dem Wunsch und dem schlechten Geschmack der Trägerin, die bloß bedauerte, daß es nicht auch Zehn-Monat-*paddies* gab. Die Mode der falschen Bäuche und vorgetäuschten Schwangerschaften tauchte 120 Jahre später übrigens auch in Frankreich auf.

Die Moden *à l'Antique* waren für die meisten Ausdruck einer historischen Unsicherheit angesichts der industriellen Entwicklung. Das Italien der Renaissance hatte, gleichfalls einer evolutiven Explosion gegenüber, eine Antike von philosophischer, architekturaler und wissenschaftlicher Dimension ersonnen, ohne jedoch aus der Archäologie abgeleitete Kleidermoden zu erfinden. Moden *à la Grecque* hatten undeutlich schon im 17. Jahrhundert gespukt, vor allem aber im 18. Vermutlich vom Theater herkommend, sollten diese völlig willkürlichen Moden, deren Bezeichnung blindlings auf alles Mögliche angewandt wurde, sich durch den Klassizismus konsolidiert verbreiten.

Die Engländer Stuart und Revett waren die ersten gewesen, eine wirklich systematische Ausmessung und Klassifizierung der athenischen Antiquitäten vorzunehmen, und während Großbritannien durch die Schriften von Palladio die Architektur der Renaissance entdeckte, knüpfte Robert Adam mit seinen Plänen für Adelphi Terrace an die großen städtebaulichen Entwürfe des italienischen Cinquecento an. Für viele Europäer stellte die Antike vor allem eine geistige Richtung, eine Verhaltensregel dar, unabhängig von den Regimen, die aus mangelnder Einsicht in die wahren Zusammenhänge die klassischen Moden übernommen hatten. Man gefiel sich darin, in der

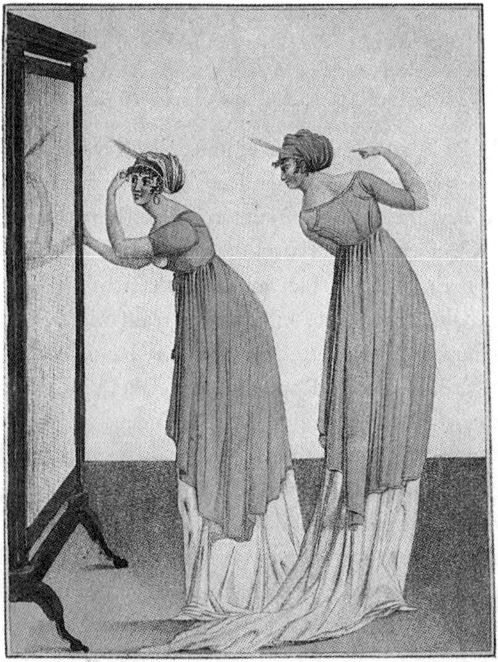

Zwei Damen vor dem Spiegel, 1802

Symmetrie das Symbol eines demokratischen Gleichgewichts und in Griechenland das Bild einer Gesellschaft frei von den Zensuren der christlichen Ära zu sehen. Die Forschungen Winckelmanns und die Arbeiten John Flaxmans verstärkten noch den Wunsch nach Erneuerung, selbst wenn die Antike mit Hosen aus Kaschmirtuch, kurzem Spencer, gelb und grün gestreiften Fräcken koexistierte, wie sie kurz vor der Revolution in Paris Furore machten.

Chez les graves Romains, qui de nous se peindrait
Cornélie en pierrot et César en gilet?
Wer von uns mag sich bei den ernsten Römern
im Spencer Cäsar, als Pierrot Cornelia denken?

David, der – *mutatis mutandis* – unter der Revolution Minister der Moden gewesen war, wie Rose Bertin vormals unter dem Ancien-Régime, widmete sich nach dem Sturm dem Entwerfen der Uniformen des Directoire und des Consulat. Sein nur offizieller Einfluß machte vor dem Bereich der marginalen Moden halt; sie diktierte teilweise die reaktionäre Opposition. Dieses Paris des Directoire, das Athen und Rom durcheinanderbrachte wie alsbald die Romantik Mittelalter und Renaissance, hatte zu viel tönende Phrasen über die Tugend gehört, um überhaupt noch an Tugend zu glauben, und ersetzte außerdem das einstige *savoir-vivre* durch ein *vouloir-vivre*, durch heftigen Lebenswillen. Der durch die Revolution verursachte finanzielle Zusammenbruch und seine Assignaten-Flut, die Aufhebung des »maximum«, das eine verhältnismäßige Preis-Stabilität gebracht hatte, wirkten sich als eine galoppierende Inflation aus. Es war eine hohe Zeit der Agiotage, der Spielhöllen und des hemmungslosen Tanzes in den 650 Pariser Ballokalen.

Der phantastische Exhibitionismus der *Incroyables* und der *Merveilleuses*, die provozierenden Maßlosigkeiten ihrer Kleidung überlebten nicht das Directoire. Schon die Moden des Consulat waren weniger überspannt und die auf ihre Erscheinung bedachten Frauen suchten eine gewisse Distinktion. Das Bild der Dame war von dem länglichen Schal geprägt und die Kunst, ihn mit Grazie zu drapieren, gab der Persönlichkeit und dem Geschmack der Eleganten ihren Ausdruck; darum übte sie sich darin lang vor dem Spiegel und, wie im alten Griechenland, nahm sie sogar Unterricht. Das Ergebnis war diskutabel,

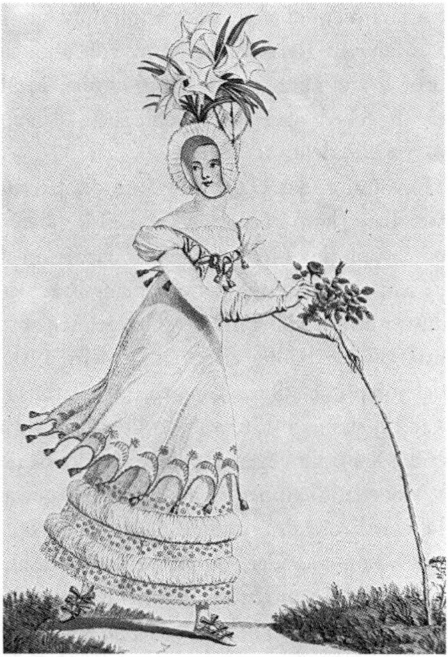

Merveilleuse à la Chinoise gekleidet, um 1815

oft beeinträchtigt durch »runde Schuhe *à la Iphigénie*« oder durch den mit Rosen überladenen Hut. Die antike Welt in den Augen Joséphines war wie eine Interpretation Spät-Roms durch eine Ahnungslose. Wenn sie auch Königin der Mode war, so war sie doch vor allem eine Königin des Anachronismus und die napoleonische Ära ließ sich extravagante Stilvermengungen zuschulden kommen. An »römischen« Tuniken sieht man Medicikragen, Halskrausen aus Spitzen, *chérusses* genannt. – England kannte sie übrigens ebenfalls unter dem Namen *betsies* –

geschlitzte Puffärmel, übereinandergestuft und als *mamelouks* bezeichnet. Man sah Retiküls in Form von antiken Urnen, geschickt mit Watte ausgestopfte Handschuhe, Muffs für die Mutter der Gracchen und lange Schleppen, denen der Hof Napoleons große Bedeutung beilegte.

Da die Revolution das Handwerk und die Luxusindustrie völlig ruiniert hatte, kam Napoleon auf die Idee, die Samte, die Seiden aus Lyon, die Goldstickereien wieder in Mode zu bringen. In seiner Umgebung herrschte eine Prachtentfaltung, die nicht immer im Einklang mit den Gelegenheiten stand, und Jagdkostüme glichen häufig eher Ballkleidern. Die Indiskretion, mit der Joséphine auf die Empfehlung, Luxus zu zeigen, einging, war ein ständiges Streitobjekt zwischen ihr und dem Kaiser, der die Schlacht gegen die »marchandes de pompons«, wie er die Modehändlerinnen nannte, niemals gewann. 1809 umfaßte die Garderobe der einstigen Merveilleuse 676 Winterkleider, 230 Sommerkleider, 60 Schals aus Kaschmir, von denen einige 10 000 Frs pro Stück gekostet hatten, 500 Hemden mit Valenciennes oder Mecheln-Besatz ... und 2 Batist-Höschen. Von 1804 bis 1809 hatten sich ihre Ausgaben für Kleider auf 6 647 580 Frs gesteigert.

In den letzten Jahren des Empire beginnt sich das Kostüm zu verbürgerlichen, und die Glockenform, die Borte aus *dent-de-loup* der damaligen Kleider verkünden schon den Stil der Restauration. Die allgemeine Silhouette dieser taillelosen Kleider, die an die Fuchsia-Blüte erinnern, bleibt wenig plastisch, doch der Batist der Lochstickerei-Kragen, die Rüschen aus Federstickerei haben etwas Frisches und Ehrliches, das den Troubadour-Stil ein wenig durchlüftet. Das Korsett kehrt 1820 zurück – wie zu erwarten war, und nun kann man sich nach Herzenslust auf den Spuren Walter Scotts tummeln. Im Gegensatz zum Historismus der Aufklärungszeit kommt es dem Historismus der Romantik weniger darauf an, eine Interpretation antiker politischer oder moralischer Strukturen zu suchen, als auf den Wunsch, in eine ideale Identität zu schlüpfen. Formenspiel und reine Gegenwartsflucht genau wie der Exotismus, haftet er also am pittoresken Detail, das natürlich im neuen Kontext einen von dem des Originals sehr verschiedenen Wert bekommt. Schon bei Michelet hat das Mittelalter nichts mehr gemein mit dem Mittelalter bei Schlegel und der schöpferische Impuls bei Papa Dumas erinnert in keiner Weise an den moralisierenden Konservatismus Walter Scotts. »Allen Epochen haben wir angehört, außer der unseren«, wird Alfred de Musset sagen, angesichts der Maskerade dieser Kleider *à la châtelaine*, dieser Ärmel Henri III., deren einziges Verdienst darin bestand, den schwarzen Samt durch Schlitze mit hellem Atlas zu beleben. Die Ärmel hörten in der Tat nicht auf zu wuchern, um schließlich 1830 einen Gigantismus zu erreichen. Es gab Ärmel *à la Venitienne*, *à la Sévigné*, *à gigot*, *à béret* (?) und sogar *à l'imbécile*, gewiß für alle Epochen geeignet. Das Ärmelloch dieser monströsen Montgolfièren reichte bis zum Ellbogen hinab, während die Schulter unter dem Kragen verschwand. Die Deformierung hatte ihren Höhepunkt in der gesamten Geschichte des Kostüms erreicht.

Der gebauschte Rock, die phantastischen Ärmel, die eingeschnürte Taille gaben der eleganten Frau im Kleid aus rosa Crêpe, broschiertem Taft, Musselin, chinierter Foulardseide, *satin pékiné*, *gros de Naples* oder geblümter *Indienne* weniger das Aussehen einer Sanduhr als das eines großen Schmetterlings. Zum mindesten in Frankreich, denn in Preußen war die Mode bescheidener. Die Königin von Holland, eine preußische Prinzessin, meist in Berlin wohnend, besaß nur zwei Morgenkleider, die abwechselnd in die Wäsche gingen. Hedwig von Bismarck erzählt, daß die Hofrobe ihrer Mutter aus roter Baumwolle mit gelber Seide gesäumt war, und daß die anderen Damen der königlichen Umgebung sommers wie winters einfache Perkalkleider zu tragen pflegten. Erst nach der Heirat Friedrich Wilhelms III. mit der Gräfin Harrach entfaltete man in Berlin großen Toilettenluxus.

Es war die eigentliche Epoche des Zylinderhutes, und der Mann wurde nach seinem Hut beurteilt. Der Zylinder, von einem flämischen Modell des Mittelalters abgeleitet, war in England und Spanien in verkleinerter Form bereits im 16. Jahrhundert erschienen. Hundert Jahre später fand man ihn in der Schweiz, namentlich in Basel, bei Medizinern und Magistratspersonen, die freilich den flachen Rand durch eine Filzrolle oder durch Pelzbesatz bereicherten. Er sollte viele Wandlungen erleben, höher oder niedriger werden, sich ausweiten oder verengen, bis am Ende des 18. Jahrhunderts England ihn obligatorisch zu machen begann. 1824 eröffneten Robert Lloyd und James Rowsbashaw ihre Werkstatt für mechanisch zusammenlegbare Zylinder, die zehn Jahre später durch den Hutmacher Gibus auch in Paris eingeführt wurden. Vierzig Francs kostete das Exemplar. Sie hatten unglaublichen Erfolg und der Name ihres Herstellers Gibus wurde alsbald zum Synonym für alle ehrbaren Hüte in Röhrenform. 1844 vervollkommnete der Pariser Hutmacher Duchêne der Ältere das Klappsystem durch eine pneumatische Feder, mittels derer man den Hut durch einfachen Druck falten oder aufrichten konnte. Im Verlauf seiner mannigfachen Wandlungen ist es jedoch dem Zylinderhut niemals gelungen, wirklich graziös zu wirken. Massiv, oben trichterförmig verbreitert und flauschig, französisch *tromblon* genannt, wandelt er sich in der Regierungszeit Louis-Philippes

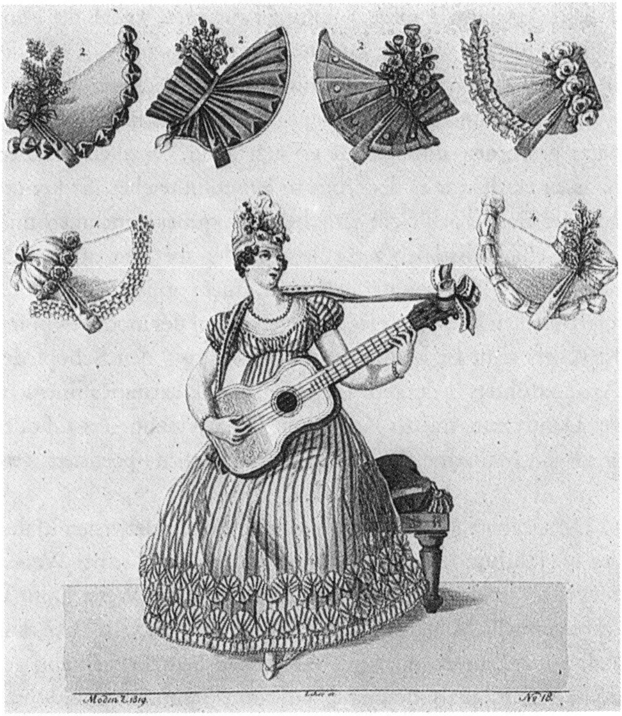

Englisches Modebild mit Hüten, 1819

nach und nach zu einer Art Ofenrohr und gehörte eine Weile lang zur Uniform der Berliner Polizei um die Zeit der 48er Revolution. Bis 1917 gab es sogar bei den russischen Bauern von Tambow eine seltsame Variante. 1860 stiftete ein belgischer Philanthrop einen Preis von 1000 Francs für den Erfinder einer praktischeren und weniger häßlichen Kopfbedeckung als der Zylinderhut, doch der dazu einberufene Kongreß, der sich in

Brüssel versammeln sollte, kam nicht zustande, so daß der Preis nicht verliehen werden konnte. Die »Angströhre«, wie die Berliner spöttisch die fatal feierliche Kopfbedeckung nannten, war jedoch zum Bestandteil der egalitären Kleidung des Europäers geworden und, wenn er sich auch bei allen sozialen Klassen fand, war er doch um so aufschlußreicher. Er konnte von der Sonne gebleicht rötlichen Schimmer annehmen und unter Schicksalsstößen zerbeult sein oder aber mit einem rosa oder grünen Seidenfutter und mit einem innen am Deckel angebrachten kleinen Spiegel Akzessorium des modebewußten Kavaliers sein. Er konnte matt und struppig den Schopf des Arbeiterführers bedecken oder spiegelblank letztes Raffinement des Dandy sein, trat als Kastorhut des Provinzbürgers auf oder wird von Mallarmé als »das schwarze Gestirn« poetisiert werden.

Der elegante Mann wendete namentlich in der ersten Hälfte des 19. Jahrhunderts viel Phantasie bei der Wahl seiner Westen auf. 1821 änderten sich Schnitt und Farbe der Weste fünfmal während acht Monaten. Westen aus Kaschmir, aus Piké, aus Atlas, mit Blumen oder mit Arabesken bestickt, gestreift, getupft, kariert, aus silberbesticktem roten Samt, aus golddurchschossener weißer Seide oder aus einfachem, madeirafarbenen Velours, wie jene, für die Heinrich Heine eine Vorliebe zeigte. Abgesehen von dem Westenluxus war das Herrenkostüm nüchtern; und wenn die Dame einem Schmetterling ähnlich sah, so wollte der Mann in einer Zeit sich weitläufig entwickelnder kapitalistischer Expansion ihm auf keinen Fall gleichen; wer würde sein Geld schon einem Schmetterling anvertrauen? Schon war die lange Hose, die die Sans-culotten einzuführen sich vergeblich bemüht hatten, endgültig das Beinkleid des Mannes geworden, außer bei der Hoftracht, die die Kniehose beibehielt. Es kam vor, daß – zum mindesten bis 1840 – die Hose heller war als der Frack, von welchem Zeitpunkt an die Herrenkleidung bewußte Strenge betonte. Das schwarze Tuch feierte seinen Triumph in dieser Männerwelt, die sich radikal von der Welt der Frau unterschied, deren frivolen Luxus sie im Sinn von *public relations* begünstigte. Der Frack wird bis Mitte des 19. Jahrhunderts als Stadtkleidung getragen, ehe er Kostüm für Zeremonien wird. Er und der Gehrock, der nach zahlreichen Wandlungen sich bis ins 20. Jahrhundert hält, sind typisch für das damalige Bürgertum. Streng und konformistisch kennt dieser Wohlhabenheit dokumentierende Stil als einzige wesentliche Unterscheidung die jeweilige Wahl eines für die

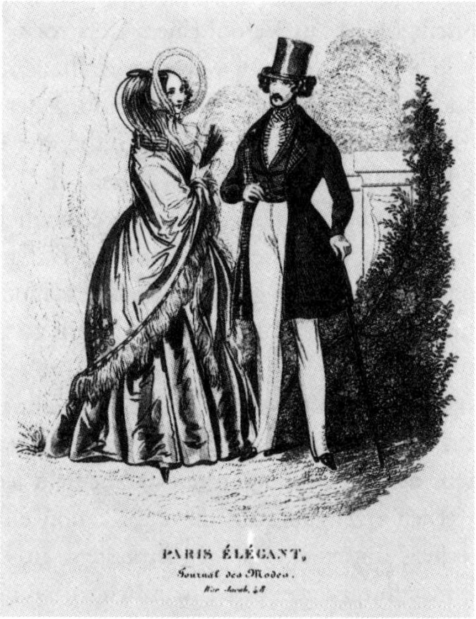

Elegantes Paar, 1848

spezielle Gelegenheit passenden und korrekten Kostüms. Er ließe sich vielleicht als Rothschild-Stil bezeichnen. Während er die Herrenmode rigoros beherrscht, entwickelt sich das weibliche Kostüm mit einer maximalen Entfaltung dessen, was einst die Vertugalle gewesen war.

Nachdem man das Volumen der Kleider mittels mehrerer sehr weiter und steif gestärkter Unterröcke aufgebläht hatte, kam man darauf, den immer weiter werdenden Rockumfang durch »krinolisierte« Dessous, das heißt unter Verwendung von Roßhaar zu stützen mittels eines Stoffes, wie er bis dahin nur zur Versteifung der Uniformkragen benutzt worden war. Die Röcke erreichten außerordentliche Proportionen, das Gewicht der »krinolisierten« Dessous wurde unerträglich. Um 1855 erfand eine Demoiselle Millet aus Vesoul einen Unterrock, in den im Abstand von 8 bis 10 cm etwa zehn Metallreifen eingenäht waren. Manche Texte erkennen diese Erfindung der Metallreifen einem Engländer, Mr. Frick, zu; gegenüber der Fischbeinversteifung hatte die Neuerung den Vorteil, daß die Reifen haltbarer waren und einen größeren Radius ermöglichten. Dieser in einen leichten Unterrock eingearbeitete Käfig, der auch nur durch abgestufte Gurte getragen werden konnte, eroberte die Welt von Singapur bis Santiago, erreichte bis zu zwei Meter Durchmesser und blieb länger als zwanzig Jahre *en vogue*. Bei ihrem geringen Anschaffungspreis war die Krinoline, wie man sie weiterhin zu nennen pflegte, Ende der fünfziger Jahre so volkstümlich, daß die Manufakturen in Sheffield jede Woche genügend Reifen erzeugten, um die Fabrikation einer halben Million solcher Unterröcke zu gewährleisten. In Frankreich mußten die metallurgischen Werke von Peugeot, die ursprünglich jährlich 300 000 Krinolinen erzeugt hatten, zwischen 1859 und 1860 ihr Stahlkontingent von vier Tonnen auf sieben und eine halbe Tonne erhöhen. Die großen Werke in Sachsen produzierten ihrerseits zwischen 1854 und 1866 die Anzahl von 9 597 600 Krinolinen, von denen jede etwa 90 Ellen Metalldraht erforderte.

Als 1867 die Krinoline ihren äußersten Umfang erreicht hatte, flachte sie sich plötzlich auf der Vorderseite ab und, indem sie ihr Hauptvolumen nach rückwärts verlegte, kündigte sie bereits die Mode der *tournure* an. Die Kaiserin Eugénie, die die Krinoline nie geliebt hatte, war eine der ersten, die sie aufgab. Es war übrigens Worth, der die Anregung dazu gab, und er sah darin, wie er selbst sagte, »seinen größten Sieg«. Viele legten das Verschwinden der Krinoline, die ja gewissermaßen das zweite Kaiserreich symbolisiert hatte, als ein Vorzeichen des politischen Zusammenbruchs aus. Aber in Wirklichkeit waren die Gründe dazu wirtschaftlicher Art. Sie kam aus der Mode, weil der Ertrag der Seidenraupenzucht 75% unter der erwarteten Durchschnittsmenge geblieben war und für den riesigen, erforderlichen Stoffbedarf nicht ausreichte. Denn diese aufgeplusterten Röcke von ungewöhnlichem Umfang waren überdies noch mit vielen sich bis zur Taille abstufenden Volants besetzt und mit Spitzen, Bändern, Schleifen, gaufrierten Inkrustationen, plissiertem oder bauschigem Besatz bereichert. Manche Röcke hatten 32 Volants, und Eugénie trug 1859 auf einer Balltoilette sogar 103 Volants. Die Kaiserin, die für den Abend einfache, breit ausgeschnittene, schwarze oder weiße Kleider liebte, haßte ihre »politischen Röcke«, wie sie die großen Konstruktionen der Lyoner Seidenindustrie nannte, da sie sich gezwungen sah, sie bei allen offiziellen Anlässen zu tragen.

Zeit der Üppigkeit und der Spekulation, war das zweite Kaiserreich auch eine Zeit der großen Demi-Mondänen, die in Biarritz und Vichy den Ton angaben. Ihre Porträts sind dabei

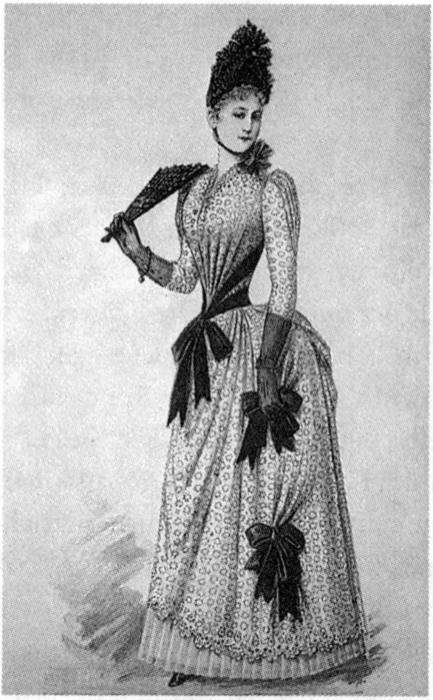

Stickereirobe mit Tournüre

für uns enttäuschend; wir sind überrascht, sie schon mit dreißig Jahren gealtert zu sehen, gedrungenen Wuchses, mit schwerem Kinn, trocknem, versengtem Haar. Dennoch herrschte Phryne allmächtig über die Welt des Vergnügens, und Cora Pearl läßt aus Nizza für 2000 Francs Veilchen kommen, um damit die Abendtafel zu schmücken. Ein verruchter Stil, *le genre canaille*, galt als schick: ein über buntem Unterrock hochgeschlagenes Kleid, rote Strümpfe und Stiefelchen von Brunel, vielleicht bewußte Herausforderung der bürgerlichen Welt.

Die Geschichte des Mantels illustriert noch deutlicher die soziale Entwicklung. Jahrhundertelang hatte man ihn im Volk nur in verkleinerter Ausgabe besessen, auch dann noch, als ihn zu tragen niemandem verwehrt war. Da er so allein dem Adel vorbehalten schien, eignete dem Mantel so etwas wie ein weihevoller Wert, der zusammen mit dem materiellen Wert seine bloße Schutzfunktion sublimierte. Der Adlige, der Reiche, durcheilte das Straßennetz, die wesentliche Domäne des Volkes, nur zu Pferd oder im Wagen. Die private Equipage sollte immer ein Luxus bleiben, jedoch im 19. Jahrhundert wird sich infolge der öffentlichen Verkehrsmittel die Straße verbürgerlichen, da Pferdebahn und Omnibus sogar auch vom begüterten Bürgertum benutzt werden. Das Phänomen bringt eine Verallgemeinerung des Mantels mit sich, seine Demokratisierung. Man findet ihn nun bei allen sozialen Schichten.

Während so in England und Frankreich der Mantel durchaus geläufig wird, sah das deutsche Biedermeier in ihm noch immer einen Luxus. Lang und weit besaß er oft noch eine oder zwei Pelerinen. Man holte ihn, sobald es kälter wurde, hervor und hängte ihn beim Wärmerwerden wieder weg, er war als eine Anschaffung fürs ganze Leben gedacht. In der zweiten Hälfte des 19. Jahrhunderts wurde der Pelerinenmantel ein ausgesprochenes Kutscherkleidungsstück, während man eine riesige Verbreitung der Ulster, Raglans, Havelocks usw. sah. Zur gleichen Zeit kannten die Damenmoden gleichfalls ein Massenauftreten von *carricks*, Burnussen und Paletots, deren sehr viele sich von den Herrenüberziehern inspirieren ließen. Sie traten an die Stelle der runden Capes, die in Wien »Wickler« hießen, und der Kaschmirschals oder Mantillen, die bis dahin durch die ausladenden Röcke bedingt worden waren, und die dem Kleid seinen Stil gelassen hatten. Ende des Jahrhunderts verringerte sich das Volumen der Röcke und vor allem der Ärmel, und so konnte sich der Damenmantel endgültig durchsetzen. Die Frauenmode der letzten dreißig Jahre des Jahrhunderts ist ein regelrechtes *pasticcio*, das in den Verirrungen des Tapeziererstils gipfelt. Ihr Kennzeichen ist die *tournure*, ein vorgetäuschter Hintern, der aus einem Roßhaarkissen besteht, sofern der Anschein von Volumen nicht durch eine in den Rock eingenähte Spannfeder erzielt wird. Drapiert wie die Portière einer Zimmereinrichtung verschwindet dieser Rock unter Fransen, Litzenbesatz, Borten, Bommeln, Kordeln und Gipüre, während die Büste, eng korsettiert, zusätzlich in ein mit Fischbein verstärktes Oberteil eingezwängt, sich bis zum Hals wölbt wie der Kropf einer monströsen Taube.

Das Korsett hatte sich von 1820 an auf der Basis industrieller Herstellung im Verlauf der letzten Dezennien zu einem unbeschreiblich komplizierten und ausgeklügelten Toilettengegenstand entwickelt. Je nach Preis variierte sein Material von Köper bis zu *toile de soie*, sein Schmuck von der Baumwollsatin-Schleife bis zur Chantilly-Spitze. Die Enge der Einschnürung konnte eine interessante Blässe oder auch eine tödliche Fehlgeburt verursachen. Das »Patentmieder« mit einer Vorrichtung, »die es ermöglichte, im Fall, daß es der Dame übel wurde, durch Aufziehen einer kleinen, am Busen unsichtbar angebrachten Schleife augenblicklich und ohne Benötigung fremder Hand die Schnürung vom Leibe fallen zu lassen«, hatte ein Wiener Fabrikant erfunden. Der einfallsreiche Korsettmacher wurde zum wahren Pindar, wenn es darum ging, sein Programm darzulegen: »Die Starken bändigen, die Gefallenen heben, die Getrennten vereinigen, die Abwesenden ersetzen.« In Polen und Rußland bemühten die Korsettmacher sich, französische Kreationen zum Modell zu nehmen, und gaben ihren Erzeugnissen sehr pariserisch klingende Namen. Die Farben des Fin-de-siècle waren vor allem *crème*, rohfarben, rosa und für die eine letzte Verfeinerung Suchenden ein zartes

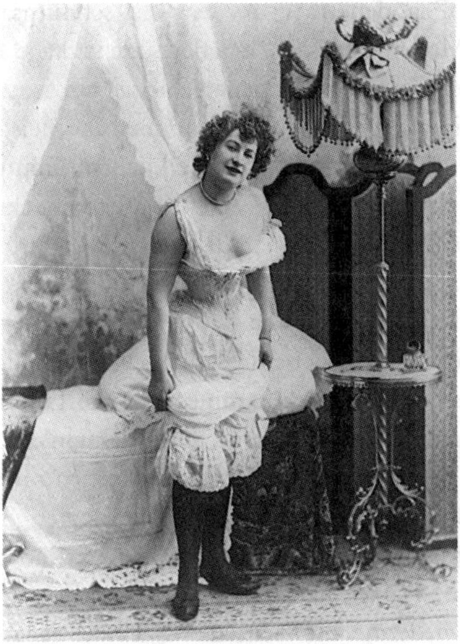

Frau in Korsett, Foto um 1910

blaßlila. Schon der chromatische Reichtum beweist, bis zu welchem Grad das Korsett, außer seiner unmittelbaren Zweckentsprechung, auch eine wichtige erotische Funktion erfüllte. Die Magie eines Symbols heftete sich ans Korsett, das übrigens in den Katalogen meist stehend abgebildet war, was seinem Aspekt suggestivere Wirkung verlieh, als sie die brav zusammengefalteten Hemden und Höschen haben konnten. Das Korsett schien seine Kampflust dem alten Feind, der Ärzteschaft, gegenüber verkünden zu wollen.

Nachdem der Tapeziererstil von 1870 bis 1890 sich mit kurzer Unterbrechung ausgetobt hatte, verschwanden seine falschen, *strapontins* genannten Hintern, seine lächerlichen Hütchen, seine Pagodenärmel, um sehr viel schmiegsameren und leichteren Moden Platz zu machen. Heutzutage fällt es uns schwer, über diese reich verzierten Kleider ein Gesamturteil zu fällen. Einige von ihnen waren immerhin Meisterwerke an technischer Findigkeit und handwerklichem Können; persönlicher Schick beseelte sie. Wenn der Geschmack dieser Migräne-Moden uns manchmal diskutabel vorkommt, so steht doch fest, daß das Fin-de-siècle für die Bekleidung eine Epoche großen Raffinements gewesen ist. Vielleicht sollte man vergessen, wie übertrieben wichtig die Falbeln waren, und wie unproportioniert eine auf 52 cm zusammengepreßte Taille ist, um sich nur den Luxus des Materials und die Perfektion des Details, die Pracht der Seidenstoffe, die Gagat-Stickereien und Pailletten, die Sorgsamkeit der Ausführung in kostbaren Spitzen, die Schärpen aus plissiertem Chiffon, wie das Rad eines Pfaus irisierend, vor Augen halten.

Es war wiederum die Zeit einer S-Linie, genaue Umkehrung jener ersten aus dem 14. Jahrhundert: sie schob nach vorn, was man seinerzeit zurückgedrängt hatte und *vice versa*. Wenn sie auch, wie uns scheint, wenig der Anatomie entsprach, so verzichtete sie doch nicht auf eine fließende und homogene Linie, ohne die geringste Anleihe bei der Antike; sie entstand durch den Kunstgriff einer neuen Korsettform und durch die Spiralbewegung, die eine geschickte Montage dem Rock, vor allem auch dem Abendkleid verlieh. Sie verkündete schon das Heraufkommen einer neuen Zeit, deren Anzeichen sich mehrten. Sie illustrierte jene konvergierenden Entwicklungen, von denen bereits die Rede war. Diesmal sollten sie zu einer grundlegenden Modifizierung der weiblichen Kleidung führen. Insofern dauerte das 19. Jahrhundert nicht bis zum ersten Weltkrieg, wie auf so vielen anderen Gebieten, sondern ging dem Kalender gemäß zu Ende. Die Mode von 1900 hat uns Marcel Proust beschrieben, wenn er uns mitnimmt auf »die Suche nach der verlorenen Zeit«.

». . . Odettes Körper war jetzt in einer einzigen, ausgeschnittenen Silhouette gänzlich von einer ›Linie‹ umfaßt, die, um dem Umriß der Frau zu folgen, alle unruhigen Wege, die künstlichen Ein- und Ausbuchtungen, die Arabesken, die allseitigen Verzettelungen der Moden von einst aufgegeben hatte, die jedoch da, wo die Anatomie sich irrte, indem sie irgend von der idealen Linienführung abwich, mit einem kühnen Strich die Verfehlungen der Natur zu berichtigen und für einen ganzen Abschnitt des Ablaufs, dem Versagen ebenso des Fleisches wie des Materials abzuhelfen verstand. Die Kissen, der *strapontin* der schrecklichen *tournure* waren ebenso verschwunden wie die Schoßjacken, die über den Rock herabhingen und mit Fischbein versteift so lange Odette mit einem falschen Bauch versehen hatten, und die ihr das Aussehen gegeben hatten, als sei sie aus disparaten Stücken zusammengesetzt, die keine Individualität miteinander verbinden konnte.« Dieser Körper, den Proust uns beschreibt, »ließ die Seide wogen, wie die Sirene die Wellen bewegt«, trug sicherlich ein Kleid der Haute Couture. Unter dem zweiten Kaiserreich entstanden, war die Haute Couture ein exklusives Reich, doch vereint mit dem amerikanischen Anteil sollte sie alsbald ihren Einfluß auf die Konfektion ausüben. Da dieses Fin-de-siècle eine Zäsur in der Geschichte des europäischen Kostüms darstellt, ist es angemessen, für ein anderes Kapitel den Überblick über die Formen aufzuheben, die das Bild der modernen Frau seit 1900 bestimmt haben.

WIRTSCHAFT UND MORAL

»Wie unsere Gesetze den wahnwitzigen und eitlen Tafel- und Kleideraufwand zu berichtigen versuchen, scheint im Widerspruch zu dem Zweck zu stehen. Das wahre Mittel wäre, den Menschen die Verachtung des Goldes und der Seide als nichtigen und unnützen Dingen beizubringen; aber wir steigern deren Ehre und Preis, was eine törichte Art ist, die Menschen davon abzuwenden.« Montaigne

Das Kostüm und die Obrigkeit

Die Schwäche der Gesetze beruht tatsächlich darauf, daß sie einem anderen Rhythmus folgen als die Sitten. In seinem Kampf gegen die großen Familien, die doch die wirtschaftliche Expansion des Staates unterstützten, ein künstlerisches und literarisches Mäzenat ausübten und bedeutende Bau- und Ausrüstungsvorhaben anregten, hatte schon Solon in der spätarchaischen Epoche den Luxus einzudämmen versucht. Hinsichtlich der Bekleidung hat er seinen Zweck jedenfalls verfehlt, denn trotz des Verfalls der ehemaligen Kader fanden die Prachtstoffe des Orients weiterhin ihren Weg nach Athen.

Rom kannte zahllose Gesetze gegen den Luxus, und 215 v. Chr. glaubte der Senat, da ihm der Aufwand anstößige Proportionen erreicht zu haben schien, durch die Dekrete des Tribuns Oppius dagegen einschreiten zu müssen. Ohne Erfolg, denn zwanzig Jahre später mußten abermals die bunten Stoffe, der Purpur und die Goldstickereien verboten werden, um »eine gewisse Gleichheit herzustellen«. Diese Gleichheit sagte aber den römischen Damen nicht zu; sie erhoben großes Geschrei und verlangten heftig ihr Recht auf äußere Unterscheidungsmerkmale, die sie sich dank ihres Vermögens leisten konnten.

Karl der Große, wie uns sein Biograph Einhard berichtet, lehnte es ab, ausländische, das hieße byzantinische Kleidung zu tragen, deren kostbare Brokate damals die Moden des Adels beherrschten; nur zweimal ließ sich der Kaiser dazu herbei, einmal auf ausdrücklichen Wunsch des Papstes Hadrian I. und das andere Mal auf den von dessen Nachfolger Leo III. Da er der Wirtschaft den unbedingten Vorrang einräumte, sich selbst aber nur durch seine absolute Autorität hervorzutun suchte, wollte er ein Beispiel geben; allerdings richteten sich bei seinem didaktischen Auftreten die strengen Lehren, die er den Männern seiner Umgebung erteilte, niemals an die Damen, deren Luxus er nicht zu bemerken schien, obwohl sie goldüberladen und von Edelsteinen glitzernd waren. Schon Gregor von Tours zeigt sie närrisch nach Schmuck und erwähnt sogar das Beispiel einer Äbtissin, die für ihre Nichte Kleider aus dem Brokat der Altardecken schneidern ließ und das Gold der Reliquienschreine für den Kopfschmuck plünderte.

Um eine gewisse Einheitlichkeit zu fördern, sollten die Edikte von 808 den Preis für Pelzwerk und das Tragen kostbarer Kleider reglementieren. Falls sich erweisen würde, daß das Kostüm auf die Sinnesart abfärbte, würden die Untertanen im Reich Bescheidenheit lernen. Obwohl das wachsende Elend der Bauern sie gewiß nicht zu Kleiderwahnwitz geneigt machte, kodifizierten die Edikte ganz genau ihr Kostüm. Es war ihnen verboten, mehr als sechs Ellen Stoff zu verwenden, welches auch ihr individuelles Maß sein mochte, und ein rudimentärer Zuschnitt machte die geringste technische Korrektur unmöglich, so daß der Bauer in der Regel Kleider trug, die mit zu kurzen Beinkleidern, zu engen Jacken und lächerlichen Kapuzen im Mißverhältnis zu seinem Körperbau standen. Auch der Stoff war vorgeschrieben, ein graues oder schwarzes Hanfwerg.

Schon vom 8. Jahrhundert an hatte die Kleidung beider Geschlechter in den gehobenen Schichten feststehende Unterscheidungsnormen angenommen, nicht ohne dadurch Gelegenheit zu galantem Austausch zu geben. Indem sie die Moden polarisierten, eröffneten sie auch einem fetischistischen Transvestismus und der Antithese die Bahn: niemals war Männerkleidung verweiblichter als im Mittelalter. Im 12. Jahrhundert griff dann auch die Sitte um sich, Ärmel als Pfand zu geben. Solche abnehmbaren Ärmel erfreuten sich einer außerordentlichen Gunst, und als z. B. Ulrich von Liechtenstein seine seltsame Rundreise unter der Gestalt der Frau Venus unternimmt, zählt der Dichter selbst die zwölf Frauenkleider und die dreißig Paar Ärmel auf, die er sich zu dem Behuf hatte machen lassen.

Doch wie war Frau Venus damals gekleidet? Über dem feinen Linnenhemd trug sie ein gürtelloses Kleid, die *Chaisne*, die eng die Taille markierte. Um auszugehen zog sie eine sehr ausgeschnittene Tunika an, den *Surcot*; er ließ die Ärmel des Kleides frei, dessen Saum sich zuweilen zu einer Schleppe verlängerte. Es war ihr elegantestes Kostüm; doch daneben besaß sie noch viele andere. Im übrigen war Frau Venus allgegenwärtig. Die Kirche, die darin etwas Bedrohliches sah, versuchte, den uralten heidnischen Glückseligkeiten die Wonnen des Marienkultes entgegenzusetzen. Da sie jedoch nur halben Erfolg damit hatte, mußte sie sich zum Komplizen des mittelalterlichen Menschen machen, der schon sehr früh Meisterschaft in der Kunst erreicht hatte, Profanes und Heiliges nebeneinander zu stellen. Die Lockung graziös über der lebhaft farbigen *cotte* hochgeschlagener Röcke oder der weit ausgeschnittenen Ärmellöcher des *Surcot* sprach ihn an. Jene Ärmellöcher schalt die Geistlichkeit »Höllenfenster«, doch unterstrichen sie die Schlankheit der Taille. Wenn man Venus auch nicht die Züge Marias zu geben wagte, so diente die Darstellung der heiligen Frauen, ganz von weltlicher Sinnlichkeit durchtränkt, vor allem als Vorwand, die Frau – heilig oder nicht – abzubilden. Im übrigen wurden die Kleiderverordnungen, die das Kostüm im Hinblick auf die Hierarchie kodifizierten, unaufhörlich umgangen und darum auch unaufhörlich erneuert. In Frankreich gab es die von 1180, die die Privilegien reglementierte; es gab die Dekretalien über den Luxus, die 1274 auf dem Konzil zu Lyon erlassen wurden; es gab deren eine große Reihe anderer. Den Luxus verdammen hieß allzu oft verkennen, daß er für Tausende von Menschen eben kein Luxus war, sondern ihnen ihr tägliches Brot verschaffte. Es hieß auch nicht sehen, daß für den Menschen, so wie er geschaffen ist, der Luxus zu den sekundären Lebensbedürfnissen gehört.

Das Décolleté war ein Gegenstand des Skandals, den Sünder wie Zensoren auskosteten. Das reiche Straßburg des 14. Jahrhunderts stellte Äpfel der Zwietracht jeden Kalibers großzügig zur Schau, und das Décolleté machte Furore namentlich zusammen mit der Schleppe, den ausgeklügelten Ärmeln, der getüftelten Haartracht und den Prachtgürteln, die breit und tief wie männliche Leibriemen waren. In der zweiten Hälfte des 15. Jahrhunderts war das Décolleté häufig mit Pelz gesäumt, was es seinen Widersachern nur um so verhaßter machte, und reichte im Rücken fast bis zur Taille hinab, die damals sehr hoch saß. Alsbald sollten sogar die Männer es übernehmen, denn optisch verbreiterte es die Schultern, wovon zahlreiche Porträts der Renaissance Zeugnis geben. Die italienischen Frauen hegten, nachdem sie die spanischen Moden abgelegt hatten, eine ganz besondere Vorliebe für das breite, viereckige Décolleté, das den oberen Teil der Brüste entblößte; manchmal steigerten sie das Raffinement mit durchsichtigen Schleiern, die mehr zeigten, als sie verbargen. Vergeblich verdammte der Papst Innozenz IX. diese lüsternen Moden und bedrohte die Eleganten mit ewigen Strafen. Man war mit Entschiedenheit mondän; der Kapitalismus der Städte hatte die alten Regeln der Feudalhierarchie in Frage gestellt, und die Madonna selbst wurde nicht mehr als Himmelskönigin, sondern als reiche Bürgersfrau gemalt.

Die Luxusgesetze hatten im allgemeinen dreierlei Motive, die übrigens miteinander unlösbar verknüpft waren. Da war zunächst der wirtschaftliche Faktor, sehr viel überzeugender als alle moralischen Gründe, die man vorbrachte. Letztere gehörten allerdings zu einem Zwangssystem, das die Festigkeit des Sozialgebäudes sichern sollte. Dieses Gebäude hielt seinerseits durch Wirtschaftsimperative zusammen, aufgeteilt in Privilegien, deren Aufrechterhaltung eine strikte Differenzierung der sozialen Klassen erforderte. Man sieht, bis zu welchem Ausmaß die Fragen miteinander verquickt waren.

Das 16. Jahrhundert erlebte eine Verschärfung der Luxusgesetze nicht nur bezüglich der Kleidung, sondern auch für Möbel, Mitgift, Feste und Schauspiele. Der Senat von Venedig ging so weit, 1513 einen *Magistrato alle Pompe* ins Leben zu rufen, eine Behörde mit dem ausdrücklichen Auftrag, die Befolgung dieser Gesetze zu überwachen. Im Gegensatz zu anderen Städten waren in Venedig die Kurtisanen nicht im Besonderen davon betroffen und abgesehen von ein paar spitzfindigen Details zur Informierung der Eingeweihten unterschied sich ihr Kostüm kaum von dem der Frauen aus der guten Gesellschaft. Zwei Verordnungen des *Magistrato alle Pompe* aus dem Jahr 1535 wenden sich »an die Frauen aller Stände«, ebenso auch an die Männer und Kinder, an Einheimische und Ausländer ohne Unterschied der Herkunft noch des Berufs und setzen sehr genau den Wert der verbotenen oder zugelassenen Schmuckstücke fest. Das Haarnetz aus Gold oder Silber darf nicht mehr als 10 Dukaten kosten; Halsketten dürfen nur aus einer Reihe Perlen bestehen, die vom *Magistrato* taxiert werden, es ist verboten, sie anders als um den Hals zu tragen, und ihr Preis darf nicht 200 Dukaten überschreiten. Die angeführten Summen sind übrigens beträchtlich und bezeugen, wie reich Venedig damals war. Erst im Jahre 1542 erließ der *eccellentissimo Conseglio di Pregadi* ein die *meretrice* betreffendes Spezialgesetz, das ihnen untersagte, »Gold oder Silber, noch Seide zu tragen, mit Ausnahme der Hauben, die aus reiner Seide sein sollen; daß sie weder Kettchen noch Ringe, mit oder ohne Gemmen, weder an den Ohren noch an sonst einem erdenklichen Platz tragen sollen«.

Wenn die Kurtisanen die wohlanständigen Frauen kopierten, so gaben diese es ihnen hundertfach zurück, und die Verachtung, die sie ihnen entgegenbrachten, hinderte sie keineswegs daran, ihre Moden zu imitieren. Die Kurtisane hat viel zur Entwicklung der Kleidung und dem Gedeihen des Luxushandwerks beigetragen. So entspricht ja auch das Verschwinden der »großen Horizontalen« nach dem Konflikt von 1914-18 durchaus dem Verschwinden einer spezifischen Form von Prunk und Unbekümmertheit.

Der Luxus erreichte im 16. Jahrhundert in einigen Städten

und an gewissen Höfen einen seiner Gipfel. Soviel Samt und Seide wurde getragen, daß Luther in seiner Predigt »Von den guten Werken« die Händler mit kostbaren Stoffen als »heimliche Räuber« bezeichnet. Gewiß ist, daß durch die Hände der italienischen Kaufleute, die in Nürnberg saßen und mit ihrer Ware ganz Deutschland beschickten, ungeheuere Geldeswerte flossen. Die Auftragslisten, Rechnungen und Inventarien sind endlos: 29 Ellen goldgewirkten roten Atlas zu 313 Gulden ... 12 Ellen Atlas mit gezogenem Gold zu 120 Gulden ... silberbestickter Samt ... goldgekräuselter Brokat ...

Auch Frankreich importierte ausländische Stoffe, da die Eigenproduktion für die Nachfrage nicht ausreichte. Franz I. meinte, es sei an der Zeit, den Kleiderluxus einzudämmen, doch seine Verbote betrafen, genau wie einst die Karls des Großen, nur das Männerkostüm, er verwehrte den Männern den Gold- und Silberbrokat, mit dem er selbst gern die Damen beschenkte.

Jenseits des Kanals erließ Heinrich VIII. Verordnungen, die vor allem darauf abzielten, für den Adel, den er dadurch besser zu kontrollieren hoffte, die hierarchischen Merkmale festzulegen. Wieder einmal bloße Papiergesetze, denn wenn der Londoner Schneider sie zu umgehen sich nicht getraute, so brauchte der reiche Kunde sich nur außerhalb der Hauptstadt kleiden zu lassen. Vielleicht war der Zuschnitt weniger gelungen, aber so genau sah man nicht hin und auf jeden Fall blieb sich der Goldbrokat gleich.

Elizabeth, die zahlreiche einschränkende Verfügungen erließ, hatte überdies die merkwürdige Idee, die Untertanen zum Tragen eines gestrickten Baretts zu zwingen, bei Androhung einer Strafe von drei bis vier Shilling. Shakespeare erwähnt mehrfach dieses *statute cap*, eine gräßliche schwarze Mütze, die

die Prosperität der Manufakturen gewährleisten sollte, und die uns auf vielen Bildern der Zeit begegnet.

Die lange Reihe der Proteste und Verbote ist ebenso monoton wie sie vergeblich war. Die Kanzelredner verdammen den Luxus der Freudenmädchen, »weil die frommen und ehrbaren Frauen Ärger daran nehmen«, was ein trübes Licht auf deren moralische Überlegenheit wirft. Zensoren beschuldigen die Indiskretion der Hosenlätze, Ursache des Sittenverfalls und der großen Anzahl unehelicher Kinder zu sein. Alsbald hat die Königin von Spanien sogar keine Beine mehr und, während die satirischen Dichter ein schauerliches Bild von den Moden entwerfen, geht Ludwig XIII. soweit, einen ganzen Mundvoll Wein ins Décolleté einer Dame zu spucken, um seiner Mißbilligung Ausdruck zu geben.

Richelieu erließ 1633 eine Reihe sehr strenger Edikte gegen den Kleiderluxus, vor allem gegen den der Spitzen meist flämischer Herkunft, die um den Kragen und aus den Manschetten schäumten oder die sogenannten *canons* bildeten, riesige Volants, die über die Stulpen der Stiefel fielen. Diese Edikte, die auch die Fransen und Goldlitzen, die Silberspitzen und jeden übertriebenen Aufputz verboten, führten nur dazu, eine stilistische Erneuerung hervorzurufen, die alsbald selbst wieder neuen Formen des Luxus Gelegenheit bot.

Die schon im Verlauf der vorangegangenen Zeit so vielfachen Luxusgesetze wucherten geradezu im 17. Jahrhundert. Da es immer heikler wurde, die den verschiedenen sozialen Ständen vorbehaltenen Kennzeichen weiterhin zu bewahren, verordnete der Herzog von Gotha sehr genau das Kostüm der sechs Klassen, auf die seine Untertanen sich verteilten, während auch Städte wie Nürnberg, Danzig und Lübeck veröffentlichten, »was einem jeden Stand zu tragen erlaubt oder verboten« sei.

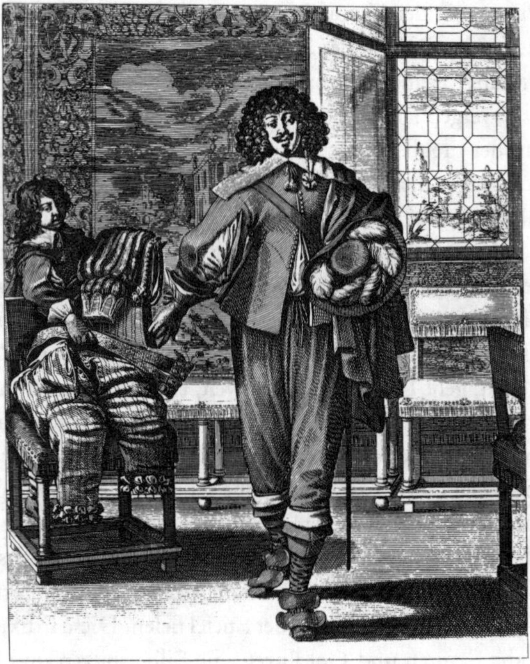

Französischer Kavalier nach der Luxusvorschrift,
Stich von Abraham Bosse, 1630

Während hundert Jahre früher Montaigne auf seiner Schweizer Reise sich über die egalitäre Tendenz der Frauenkleidung gewundert hatte, da sie die sozialen Unterschiede kaum noch ausdrückte, hatte der Adel der Zentralschweiz sich seitdem bemüht, eine Gesetzgebung zu erreichen, die seine Moden von denen des reichen Bürgertums unterschied. 1665 legten daher Edikte das Kostüm nach hierarchischer Ordnung fest. Mehr als der Zuschnitt, der kaum variierte, war es das Material, das einer

Regelung unterlag. Die Bürger hatten ein Recht auf nur heimgewebtes Linnen, auf Barchent und auf ein grobes Tuch, dessen Preis drei Gulden nicht überschreiten durfte. Samt und Atlas waren nur als Kragengarnitur erlaubt, während Standespersonen sie nach Gutdünken verwenden durften, ebenso wie auch die kostbaren Pelze und englische Tuche. Sogar die Breite der Litzen am Hut und das Ausmaß der Ärmel waren einer besonderen Zensur unterworfen. Noch im 18. Jahrhundert waren die Gesetze so rigoros, daß viele Schweizerinnen, um ihren legitimen Wunsch nach Eleganz betrogen, es vorzogen, die Badeorte im Ausland zu besuchen; manche ließen sogar im Heiratskontrakt eine Klausel aufnehmen, wonach sie ein Recht auf eine alljährliche Badereise hatten. Die Frauen des wohlhabenden Bürgertums waren nicht die einzigen, denen Gesetze die »unnötige und hochschädliche, geblümte, gestickte oder getäppte Arbeit auf Kleidern« verboten; 1733 ermahnte die Regierung die Pastoren des Kantons Appenzell heftig, die Unanständigkeit der bäuerlichen Kniehosen zu verdammen. Aus Kalbs- oder Hirschleder hatten diese Hosen eine Zeitlang die Form von langen, äußerst engen Röhren angenommen, waren dann wieder kurz geworden, dabei äußerst eng geblieben und hatten einen sehr tief sitzenden Gürtel. Die Pastoren waren ohne Einfluß auf den Geschmack der Bauern, die ihrer Tradition treu blieben, während auch Franzosen und Italiener ihrerseits fortfuhren, die enganliegenden Kniehosen zu tragen, gegen die Pius VI. sein Anathema schleuderte.

Den allergrößten Luxus trieb das 18. Jahrhundert mit den Gold- und Silberbrokaten, die eine unvergleichliche Vollendung erreichten. Man webte auch nahtlose Goldgewänder von so unerschwinglichem Preis, daß Maria Leszczyńska lieber darauf verzichtete. Als die Gräfin Stroganow 1763 der Königin von Preußen vorgestellt wurde, trug sie eine jener fabelhaften Kreationen, mit Silberspitzen und für 20 000 Rubel Edelsteinen garniert. Freilich kannte Rußland einen sehr viel konzentrierteren Luxus als das Abendland. Bei ihrem Tod hinterließ die Zarin Elisabeth eine Garderobe von 15 000 Staatskleidern, die mit Perlen und Kleinodien besetzt waren. 1775 empfing Katharina II. die türkischen Gesandten in einem Kleid, dessen Stickerei aus 4200 Perlen und zahllosen Diamanten bestand. Als sie nach Rußland gekommen war, besaß sie, wie sie zugab, als ganze Wäscheausstattung nur ein Dutzend Hemden, doch sie brauchte nicht lange dazu, sich an jegliche Form von Superlativ zu gewöhnen. Bei ihrer Krönung betrug die Länge ihrer Schleppe siebzig Meter; diese wahrscheinlich prunkvollste Schleppe aller Zeiten wurde von fünfzig Pagen getragen.

Obwohl schon die Römer um des dramatischen Effekts willen ihre Toga hinter sich herschleifen ließen, ist die Schleppe eigentlich eine Erfindung des Mittelalters. Sie taucht um 1100 auf, um im 14. und 15. Jahrhundert bisweilen eine Länge bis zu fünf Metern zu erreichen. Von Anfang an war sie der Geistlichkeit ein Ärgernis. Die Franziskaner gingen sogar so weit, den Frauen, die einen »Schlangenschwanz«, einen »Teufelsschwanz« trugen, die Absolution zu verweigern. Da der Teufel ein sehr geduldiger Herr ist, nahm er es hin, zum mindesten in der Ikonographie zur Erbauung der Sünder und Sünderinnen auf der Schleppe sitzend mitgeschleift zu werden.

Als ein Sinnbild des Überflusses und Mittel zu seiner Schaustellung, charakteristisch für die höfischen Moden, die ihr Ausmaß je nach dem Rang der Trägerin festlegten und vorschrieben, war die Schleppe als ein Faktor der persönlichen Aufwer-

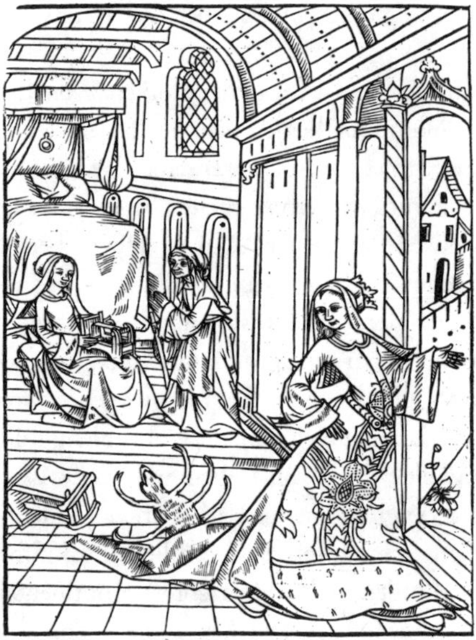

Eitle Frau mit Teufel. Aus der »Bible des Poètes«, 1495

tung mit allem *glamour*, der ihr anhaftete, für die Behörden nicht selten Gegenstand besonderer Aufmerksamkeit. Schon 1327 zeigte in Modena auf der Piazza Grande eine Steinplatte das maximal zugelassene Maß an. Am Hof von Burgund, dieser Hochburg der Etikette, hatten nur Prinzessinnen das Recht, ihre Schleppe von einer Dame tragen zu lassen, während Gräfinnen und Baroninnen diesen Dienst einem Pagen oder Knappen anvertrauen mußten; alle, einschließlich der Herzoginnen, aber mußten in Gegenwart einer königlichen Person sie zu Boden fallen lassen. Diese fasanenhafte Gestik verbreitete sich im Verlauf der Zeiten an allen europäischen Höfen; die lange Schleppe schlängelte sich durch die Säle des neu erbauten

Versailles, sie folgte Joséphine über die Terrassen von Saint-Cloud.

Napoleon, der dem Prunk allergrößten Wert beilegte, maß der Nationalökonomie keinen geringeren bei und musterte die Damen seines Hofes ebenso, wie er seine Grenadiere inspizierte. Wenn sie sich mit Kleidern ruinierten, so durfte es nicht anders als auf patriotische Weise sein. Am 23. November 1806 schrieb er an Junot, damals Gouverneur von Paris: »Ihre Frauen sollten sich in acht nehmen, daß ich sie nicht beim Tragen englischer Stoffe erwische; sagen Sie es Madame Junot. Wenn die Frauen meiner ersten Offiziere nicht das Beispiel geben, von wem soll ich es dann verlangen? Es ist ein ernstes Problem, für Frankreich und England eine Frage von Leben und Tod.« Wieder einmal herrschte die Anglomanie über die Pariser Moden; vergeblich bemühte man sich, durch Schutzzölle die Einfuhr britischer Waren zu verhindern; selbst die rigorose Kontinentalsperre half nichts: die eingeschmuggelten Musseline erschienen nur desto kostbarer.

Alte Moralverfügungen gerieten dagegen in Vergessenheit; sie lebten höchstens noch fort in den Empfehlungen von z. B. so prüden Herrscherinnen wie der Kaiserin Marianne: ängstlich besorgt, das Décolleté dem Wiener Hof zu verbergen, lancierte sie eine Art von unförmig großem Kragen, dem sie ihren Namen gab. Ab und zu entrüsteten sich auch ein paar Journalisten und 1865 hielt der Generalstaatsanwalt im Alter von 82 Jahren in der französischen Kammer eine Brandrede gegen »den schamlosen Luxus der Weiber« mit Worten von solcher Heftigkeit, daß der »Moniteur« sie nicht abzudrucken wagte.

Die Mode bildet Anspielungen heraus, um die sekundären – und manchmal sogar die primären – Geschlechtsmerkmale hervorzuheben. Jahrhundertelang versteiften die Behörden sich darauf, diese »Zeichensprache« durch eine Folge von illusorischen Versuchen zu reglementieren, deren offensichtliches Scheitern in dem Widerspruch seinen Grund hatte, daß das offizielle Ideal eine strikte Unterscheidung der Geschlechter vorsah, jedoch unerbittlich alles verwarf, was die diesem Unterschied inhärente Erotik illustrierte. Zum großen Ärger der Behörden schossen die Modeschöpfer bei dem Auftrag, den Mann zu vermännlichen und die Frau zu verweiblichen, weit über das Ziel hinaus und strebten nach einer Zweckfreiheit, der die bloße Fortpflanzung der Art oder die Aufrechterhaltung des Sozialgebäudes völlig fremd blieb. Es ergab sich dann, daß die Moralisten sich nicht einig über Kleider werden konnten, die stark die Volumen akzentuierten, dabei ihnen aber auch eine Defensivbastion schufen. Wenn das Korsett unmoralisch war, so war sein Fehlen es nicht weniger, und der Widerspruch der Zensuren drückte die Unsicherheit der Zensoren aus. Auch der Luxus als solcher gehorchte einem sehr schwankenden Kodex: Heinrich IV. von Kastilien fühlte sich verletzt, weil Ludwig XI. für ihre Begegnung nicht genug Toilettenaufwand getrieben hatte, doch Karl der Kühne beleidigte den Kaiser Friedrich mit der Pracht eines Waffenrocks im Wert von 100 000 Gulden so heftig, daß ihr Treffen in Trier in einen Streit ausartete.

Patriarchalische Gesellschaften, die in der Frau nur die Gebärerin oder ein Lustobjekt sahen, hatten keine anderen Mittel als die Klassifizierung der Frauentypen. Doch diese Klassifizierung schloß soziale Randzonen, unvorhergesehene

Imponderabilien ein, und in ihrem Bereich sollte sich, Folge der Zensur und der Phantasie, der Kleiderfetischismus entwickeln. Ob es sich um Austausch der Hemden handelt, um Strümpfe, die am Hof der Valois zu galanten Spielen dienen, oder um »rosenfarbene Laschenschuhe mit Rand und Absatz in Grün«, die Restif in den siebten Himmel versetzten, das Phänomen ist – namentlich seit den Arbeiten von Marie Bonaparte und von Magnus Hirschfeld – wohl bekannt.

Die Reformen sind das sicherste Mittel, die Gesetze zu umgehen. Während die Reform der Männerkleidung im beschränkten Rahmen der vorherbestimmten und wenig entwicklungsfähigen Modelle stattfand, wirkte die Reform der Frauenkleidung sich in nicht umkehrbarer und radikaler Weise aus. Die Faktoren, die diese Reform bestimmten, waren sehr viel zahlreicher und noch widersprüchlicher als jene, die die ehemaligen Reglementierungen hervorgerufen hatten.

Es gab die politischen Faktoren, denen man in Deutschland schon in der zweiten Hälfte des 18. Jahrhunderts begegnet: eine nationale Strömung regte die Schaffung autonomer, von allem fremden Einfluß freier Moden an. Als 1788 der berühmte Anatom Sömmerring die verderbliche Wirkung des Korsetts anprangert, wendet er sich an die »deutschen Weiber, die noch echt deutschen Charakter haben«. Der schwerfällige Hinweis auf den »deutschen Charakter« läßt erkennen, wie sehr ein »natürliches« Kostüm sich mit den nationalen Tendenzen identifizierte, was übrigens zwei Jahre früher schon in Friedrich Bertuchs »Journal des Luxus und der Moden« in der Frage zum Ausdruck kam: »Ist eine teutsche Nationalkleidung einzuführen nützlich und möglich?«

Es gab ein wenig später auch die sozialen Faktoren, deren Einfluß bestimmend wurde. Wenn das in voller Expansion befindliche Bürgertum des 19. Jahrhunderts seine Modelle nach denen der privilegierten Klassen ausrichtete, so setzte es doch auch seine Ehre darein, sich auf gewissen Gebieten von ihnen zu unterscheiden. Das erklärt, wieso viele junge Mädchen des kleinen und mittleren Bürgertums in der moralisch aufgewerteten Arbeit Möglichkeiten der Förderung, des Aufstiegs und der Unabhängigkeit gesucht haben. Die Entwicklung der Dienstleistungsgewerbe bot dazu die Gelegenheiten, die, bis dahin unbekannt, innerhalb der Klassen neue hierarchische Gliederungen schufen, bei denen das Vorurteil gegen die »arbeitende Frau« nicht mehr galt. Die »arbeitende Frau«, deren Kategorie die tertiäre genannt wurde, erwarb in den angelsächsischen Ländern sogar eine beachtliche Bedeutung und sollte die Moden der neuen Lebensweise angleichen: das praktische, widerstandsfähige, elegante Kostüm kam auf, dessen Entlehnungen bei der Männerkleidung auch den emanzipatorischen Tendenzen entsprachen. Das Schneiderkostüm erscheint um 1870 in Großbritannien, während die Hemdbluse – bereits 1822 angeboten! – in den achtziger Jahren sich allgemein verbreitet, ohne indessen die Abschaffung des Korsetts zur Folge zu haben. Bald adoptierten die Frauen der eleganten Milieus auch den Männermantel, den zugeknöpften Paletot, und die Schuhe mit Trotteurabsatz, was in den romanischen Ländern bei den Damen auf Zurückhaltung stieß, während die öffentliche Meinung dort diesen Moden feindselig gegenüberstand.

Schon um die Mitte des Jahrhunderts war aus den Vereinigten Staaten eine Welle der Neuerungen auf dem Gebiet der Bekleidung nach Europa gekommen, deren Ursachen gleichzeitig die Entwicklung der Konfektion, demokratische Ideale und feministische Forderungen waren. 1851 lancierte die in London lebende Amerikanerin Amalia Bloomer die ersten

Reformkleider, Kleider, die lässig auf gebauschte Hosen herabfielen, an Schulterbändern hängende Röcke, weite Mäntel, die dem Körper Bewegungsfreiheit ließen. Die *bloomers*, von denen einige nicht ohne Charme waren, entwickelten sich vor allem zum Turnkostüm. Bei manchen war übrigens das Korsett noch zu tragen, auf das weder die britischen Suffragetten noch die amerikanischen Gibson Girls Ende des Jahrhunderts verzichten wollten.

Gleichzeitig mit dem Heraufkommen einer Reform der Frauenkleidung in den angelsächsischen Ländern kündigte sich in den protestantischen Milieus Deutschlands und der Niederlande Ähnliches an; doch statt die Emanzipation mittels einer neuen Eleganz anzustreben, verknüpfte man hier eine neue Häßlichkeit mit den stark moralisierenden Tendenzen. Unter dem Vorwand, sich der Sklaverei, »Lustobjekt« zu sein, widersetzen zu wollen, machten die Schöpferinnen des Reformkostüms einen Gegenstand des Schauderns daraus; indem sie alles sabotierten, was an *sex appeal* erinnerte, zwangen sie der Frau die Rolle der puritanischen Matrone und der Protestlerin auf. Eduard Fuchs schrieb: »Die Frauen spürten bald, daß hinter dem Reformkleid sich ein ungemütliches Jakobinertum der Moral versteckte und daß es auf die Entthronung Seiner Majestät, des Eros, abgesehen war. Damit gewann das Problem eine ernsthafte Seite. Es ist möglich, aus der Mode das erotische Element auszuschalten, genauso wie man z. B. einer Pflanze das Sonnenlicht entziehen und sie unter künstlichem Licht weiterpäppeln kann.«

Natürlich vollzog sich die wirkliche Kleidungsreform auf einer anderen Basis. Das Korsett verschwand nicht, weil es die Gesundheit beeinträchtigte – die hohen Absätze tun es ebenso, doch sie bestehen fort –, sondern weil die Konfektion, die immer mehr an Bedeutung gewann, nicht in der Lage war, serienmäßig Kleider mit enganliegendem Oberteil herzustellen, das, wie eine Replik des Korsetts, oft selbst mit Fischbein gestützt, sich sehr genau der Form der Arme und der Schultern anschmiegte und darum nur nach Maß angefertigt werden konnte.

Andere entscheidende Faktoren kamen zu den Sachzwängen der Konfektion hinzu. Sie waren Ausfluß einer neuen Art zu sehen und einer neuen geistigen Haltung. Im September 1848 hatten sieben junge Künstler in London die *Pre-Raphaelite Brotherhood*, abgekürzt P. R. B., gegründet, in der Absicht, den Konformismus der offiziellen Tradition durch einen ästhetischen Stil zu ersetzen, der sich in eine soziale Erneuerung integrieren sollte. Die Präraffaeliten verurteilten die von der Renaissance eingeführten manieristischen Kunstkniffe und wollten den Formen, die sie vom florentinischen Handwerk des Quattrocento ableiteten, einen modernen und demokratischen Wert einflößen. Es bedeutete eine völlige Reform des Kunstgewerbes, den Kampf gegen die Häßlichkeit des industriellen Englands, die Popularisierung eines Stils, der auf der Natur und der Legende basierte. William Morris und Dante Gabriel Rossetti gründeten mit anderen Gliedern der P. R. B. die Manufaktur Morris, Marshall & Faulkner, deren Möbel, Glasfenster, Tapisserien und Tapeten ebenso wie die Kleider nach Entwürfen von Rossetti, Ford Madox Brown oder Burne-Jones gefertigt waren. Leider entsprachen diese für den Groß-Konsum viel zu teuren Gegenstände in keiner Weise den wirklichen Bedürfnissen großer Käuferschichten, was wohl der eigentliche Grund dafür war, daß der präraffaëlitische Stil, trotz seinem großen internationalen Erfolg, die Masse nur in seiner bürgerlichen Abwandlung erreichen konnte. Immerhin hatte die Utopie einen Primärimpuls gegeben, der die Schaffung von Kunstgewerbemuseen bewirkte, etwa die des *Victoria and Albert Museum*, die des Wiener *Museum für Kunst und Industrie*, die des *Berliner Kunstgewerbemuseum* oder die des *Kunstindustrimuseet* in Kopenhagen. Seinen Widerhall fand sie zudem in den Werken des Jugendstils und der sich aus ihm ergebenden Moden.

Die Reformversuche hatten vor der Männerkleidung nicht halt gemacht. Schon 1830 hatte der Schneider Wildgans in Mainz ein Kostüm aus einem Stück geschaffen, das man sich wie eine Art *overall* vorstellen kann; aber es fand keinerlei Anklang. Hans Jäger, der sich eine neue, von den Militäruniformen inspirierte Jacke erdachte, schlug 1890 auch eine Reform der Unterkleidung vor. »Wer weise, wählt Wolle.« Eine Devise von deprimierender Weisheit, die zur Verbreitung der schafsfarbenen Unterhemden, der Flanellbinden und der langen ungebleichten Unterhosen beitrug. Andererseits versuchten die non-konformistischen britischen Ästheten gegen die Trübseligkeit der Kleidung des Gentleman mit Talaren aus karmesinroter Seide oder Tuniken aus schillerndem Samt vorzugehen, um in die mondänen Empfänge ein wenig Farbe und Leben zu bringen. Die englischen *sportsmen* dagegen unternahmen es gleichzeitig, die gestärkten Hemden durch eine Bluse und die langen Beinkleider durch Kniehosen zu ersetzen. Die gelockerten Moden riefen in Berlin die Gründung einer sich der Reform der Männerkleidung widmenden Gesellschaft ins Leben, doch das Unternehmen war zum Scheitern verurteilt und das Bild des wohlerzogenen Pinguins beherrschte auch weiterhin die Moden.

Um besser auf dem Vulkan tanzen zu können, kannte die Belle-Epoque bizarre und laszive Kleider, die *jupes-tango*, die, treu der Linie der Schenkel und Beine folgend, die Kurven der Tänzerin erkennen ließen. Die Proteste der Geistlichkeit schwollen derart an, daß Madame Paquin, die für das beanstandete Kleid verantwortlich war, öffentlich seine Verteidigung als einer durchaus moralischen Kreation ergriff, »die den Bedürfnissen der Epoche entspräche, und die die weiblichen Bewegungen berücksichtige statt sie zu behindern«. Solche Behinderung schützte keineswegs vor Kritik: der Humpelrock von orientalischer Eingebung, der nur eine vogelhaft hüpfende Gangart erlaubte, zog die allgemeine Empörung auf sich. Der Hosenrock, der an die Harems-Beinkleider erinnerte und dessen schmiegsame Linie den Rhythmus des Schritts befreite, erregte nicht weniger Skandal; als er zum ersten Mal 1911 auf dem Rennplatz von Auteuil auftauchte, zwang ein entfesselter Pöbel die Mannequins, sich zurückzuziehen.

1925 gab der Erzbischof von Neapel öffentlich für das Erdbeben von Amalfi den kniefreien Röcken die Schuld, die den Zorn des Allmächtigen erregt hätten. Die europäischen Staaten hatten ihrerseits aufgehört, Gesetze gegen die Moden zu erlassen, wenn man von Kuriosa wie dem berüchtigten »Zwickelerlaß« der Regierung von Papen 1932 absieht. Die Beine durften sich jetzt freigiebig sehen lassen. Der Krieg hatte die Welt verwandelt, hatte auch die Frau verwandelt, bei der der Mann nicht mehr die traditionellen Tugenden erwartete. Die Bescheidenheit, die Sparsamkeit, die Ergebenheit machten der Dynamik, der Initiative, der guten Kameradschaft Platz, Eigenschaften, die nach jungenhafteren Formen verlangten, begünstigt übrigens auch durch ein starkes Anwachsen der Homosexualität infolge des Krieges. Vor allem aber wollte man die Welt, eine neue Welt, von vorn beginnen, wollte vom Nullpunkt aus, ohne Erinnerung und frei von Hypotheken, starten, was das Aufkommen von Moden mit sich brachte, die gänzlich ohne kulturelle Vorläufer waren. Genau besehen waren die Formen der *garçonne* weniger männlich als infantil.

Die Tanzwut brach aus, daher fand auch der Stil der zwanziger Jahre seinen Ausdruck ganz besonders auf dem Gebiet der Abendkleider. Da bei den modernen Tänzen die Frau Gesicht an Gesicht mit dem Partner tanzt, geriet ihr Rücken in den allgemeinen Blickpunkt. Wichtig war nun, daß dieser Rücken hübsch und nackt war, darum stieg das Décolleté bis zum Kreuz hinab; man sah darin eher eine Kühnheit als eine Anstößigkeit.

Mit ihrer flachen Brust, den kurzen, lackierten Haaren, ihren riesigen Zigarettenspitzen und ihren röhrenförmigen Kleidern, deren Fransen an Lampenschirme erinnerten, blieb die emanzipierte Frau dennoch jene Eva, die den Mann in der langen Geschichte begleitet hatte. Auch noch eine andere hatte ihn immer begleitet, Lilith, die Erste, die Unvergessene. Das Kino sollte nun auf eine neue Art den ewigen Archetyp der *femme fatale* herauskristallisieren. Reflex von Adams heimlicher Feminität, gefiel der Vamp sich darin, Kleider zu tragen, die in keiner Beziehung zu den alltäglichen Umweltbedingungen mehr standen; in Pullover oder in Schürze konnte man ihn sich nicht vorstellen, und wenn er sich nicht beim Mann Frack und Zylinder auslieh, barg er seine Nacktheit unter üppigen Pelzen. Der Vamp, *the suicidal siren*, schuf verworrene und schicksalhafte Situationen und ließ sich nicht einmal einer so greifbaren Kategorie wie der Eleganz zuzählen. In sich selbst den Daseinsgrund und die Rechtfertigung ihres Wesens findend, blieb die Vamp-Frau von unbedingter Phantastik wie der Traum. Obwohl ihre Wurzeln tief und echt waren, konnte sie sich nur durch kitschige Moden verwirklichen, daher fiel auch der Höhepunkt ihrer Herrschaft sehr genau mit der industriellen

Entwicklung der synthetischen Materialien zusammen. Auch wenn er einen Hort von Kleinodien besaß, ließ es der Vamp sich nicht nehmen, die Nachahmung seiner Nachahmerinnen nachzuahmen, indem er sich mit Galalith, Zelluloid und Straß aufdonnerte. Namentlich der Straß war zwischen den beiden Weltkriegen charakteristisch für eine bestimmte Geschmacksrichtung.

Zum ersten Mal war Straß 1772 von einem deutschen, in Paris, am Quai des orfèvres lebenden Juwelier namens Stras auf der Basis von sehr hartem Glas, Blei und Chlorit hergestellt worden, rechtzeitig, um die venezianischen *pierres étamées* zu ersetzen, und hatte sofort unter den eleganten Damen, namentlich denen, die sich Diamanten leisten konnten, ungeheuren Erfolg. In seinen Memoiren erwähnt der in Modefragen unschlagbare Casanova an drei verschiedenen Stellen Straßschmuck. Halb in Vergessenheit geraten, feierte der Vorbote großer Kataklysmen, der Straß auf den Schultern von Marlene und auf den Sonntagskleidern der Dienstmädchen just am Vorabend des schwarzen Freitags seine Urständ.

Der schwarze Freitag sollte der moralischen Wirtschaftsauffassung, die schon durch die russischen Anleihen und den Schock der aufeinanderfolgenden Abwertungen erschüttert war, den Rest geben. Es kam jetzt nicht mehr in Frage, die Kleidung, die in einer entsakralisierten Welt ihrer metaphysischen Komponente übrigens längst beraubt war, zu hegen und sie dauern zu lassen. Die Qualität lag nicht mehr in der Solidität der Materialien, sondern in ihrer Elastizität, ihrer Bequemheit, ihrer Knitterfreiheit, ihrer Pflegeleichtigkeit. Man verlangte vor allem von der Kleidung, daß sie Stil hatte, und sobald sie nicht mehr Mode war, schien es ganz natürlich, sie abzulegen. War man auch selbst ruiniert, so hinderte es doch nicht, daß man den

Absatz der durch die Krise bedrohten Bekleidungsindustrie förderte. Das war die neue Wirtschaftsmoral einer Gesellschaft, die die Bahn beschleunigten Konsums beschritt. Die dem Aufwand feindliche Prüderie hatte den Machtbereich theologischer Zensuren für den der nicht weniger intoleranten der Ideologien verlassen.

DIE KLEIDUNG ZWISCHEN HANDWERK UND INDUSTRIE

»Inmitten der Abteilung hellte eine Seidenausstellung mit dem Glanz der Morgenröte die Halle auf, als ob in zartesten Lichtschattierungen, blassem Rosa, zärtlichem Gelb, durchsichtigem Blau, ein Gestirn aufginge und Iris ihre Schärpe flattern ließe.« Emile Zola

Spinnen und Weben

Ausgrabungen an den paläolithischen Fundstellen bei Sungir, 180 km von Moskau entfernt, haben 1970 eine Nekropole zu Tage gefördert, wo zahlreiche Perlen aus Mammut-Elfenbein und aus Knochen des Polarfuchses gefunden wurden. Form und Verteilung dieser Schmuckelemente lassen mit Gewißheit den Schluß zu, daß sie ursprünglich auf Kleider und Kopfbedeckungen genäht waren. Durch Induktion konnte man das Kostüm rekonstruieren, das der Mensch in der Eiszeit vor 25 000 Jahren getragen hat, und das sehr wahrscheinlich aus Pelzhosen, einer Art Jacke und Pelzstiefeln bestand. Die Jacke ohne Kapuze wies eine Öffnung für den Kopf auf. Die Kinder scheinen ein Lederhemd und eine Pelzmütze getragen zu haben, die reich mit breiten Reihen von Elfenbeinperlen besetzt war. Vielfalt und Eleganz der Schmuckstücke beweisen, daß der paläolithische Mensch die Stoßzähne des Mammut nicht nur zu schneiden und zu schnitzen verstand, sondern daß er sie auch krümmen und geschmeidig machen konnte. Es steht jetzt fest, daß die Kenntnisse unserer prähistorischen Ahnen bei weitem das übertraf, was man ihnen lange Zeit zugetraut hatte.

In Gegenden und Epochen von milderer Temperatur hat der Mensch gewiß schon sehr früh Geflecht aus Pflanzenfaser herzustellen verstanden. Man hat geflochtene Kleidungsstücke zwar nicht gefunden, sondern nur Fischreusen aus Reisern, die im Holzgeflecht zusammengehalten waren, und vor allem den aufschlußreichen Abdruck eines Tauwerks im Lehm von Lascaux.

Der entscheidende Fortschritt begab sich in der neolithischen Epoche, als mit Ackerbau und Viehzucht Hanf und Wolle aus Kleinasien nach Europa kamen. Auch die Spindel und der Webstuhl kamen von dort. Der neolithische Webstuhl, der den Ausgangspunkt unserer gesamten Textilindustrie bildet, bestand zunächst aus einem vertikalen Rahmen, in dem die Fasern der Kette an Gewichten befestigt waren, während eine horizontale Vorrichtung die Fäden der geraden Zahlen von denen der ungeraden trennte, damit der Schußfaden durch den Abstand hindurchgezogen werden konnte. Der Hanf, wahrscheinlich die älteste benützte Faser, erforderte eine langwierige und komplizierte Vorbereitung, ehe er gesponnen werden konnte. Wochenlang mußte man ihn rösten, um alle klebrige Substanz zu entfernen, dann mußte man durch Brechen ihn von allen holzigen Resten befreien, dann waren die Fasern zu trennen und auszuwählen. Weniger reißfest und edler war der Flachs, dessen Kultur den Boden rasch erschöpft; er verlangte sorgfältiges Ausjäten, ehe auch er den Verfahren des Röstens, Brechens und Hechelns unterzogen wurde.

Griechenland kannte nicht nur Hanf, Flachs und Wolle, sondern auch die Seide und sogar die Baumwolle aus dem Orient, den *chiton*, dessen Name vom semitischen *keton* ab-

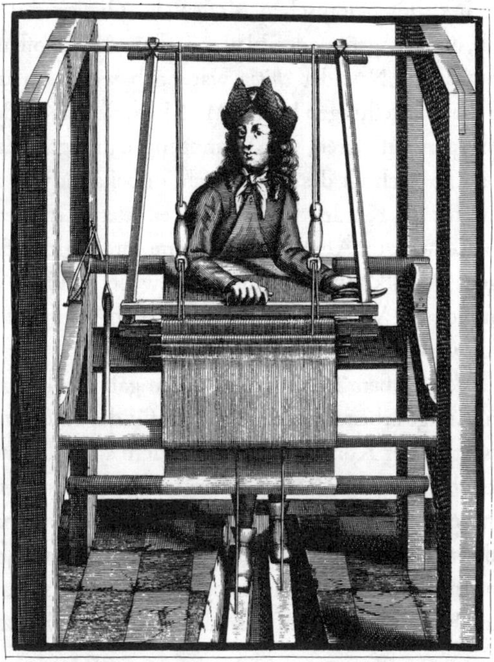

Ein Weber, Stich von Larmessin, 17. Jahrhundert

stammt, der Bezeichnung für die Baumwollstaude. Die noch nicht verheirateten Mädchen, wohlbekannt für ihre Geschicklichkeit im Spinnen und Weben, widmeten diesen Tätigkeiten ihre gesamte Zeit. Sie entliehen übrigens das meiste der Schmuckelemente dem Orient: die Guilloche kam aus Ägypten, wo sie die Wellen des Nils darstellte, der Meander war kleinasiatischen Ursprungs, der Akanthus war zuerst in Indien aufgetaucht. In der klassischen Epoche bildete die Saumborte den einzigen Zierat, da die »illustrierten« Kleider der Archaik und die luxuriösen jonischen Moden des plissierten Linnens den gelb, violett, grün oder blau gefärbten Wollstoffen Platz gemacht hatten. Nur der *chiton* war noch weiß. Im übrigen können die Darstellungen kleiner Mädchen, deren Kleider feine Parallelrippen aufweisen, die Vermutung nahelegen, daß den Griechen die Technik des Trikot nicht unbekannt war und sie vor allem für die Kinderkleidung verwendeten. Griechenland, das sein Leinen aus Ägypten importierte, produzierte dagegen sein eigenes Wollkontingent; um es zu weben und zu färben, beschäftigten die Werkstätten eine große Zahl von spezialisierten Handwerkern und Sklaven.

Die ersten großen Textilmanufakturen gab es allerdings erst in Rom. Einige arbeiteten ausschließlich für das Heer, während andere sich in der Konfektion von Kleidern spezialisierten, die aus Stoffabfällen und Resten zusammengenäht, nur für die Sklaven bestimmt waren. Cato der Alte empfiehlt lebhaft den Kauf dieser Massenartikel, die von Sklaven für Sklaven gefertigt wurden. In diesem Zusammenhang wäre es interessant, ob das Harlekin-Kostüm nicht auf das der antiken Sklaven zurückgeht.

Mit seinen billigen Mietskasernen, seinen zentralisierten Lupanaren und seinen großen Manufakturen hat Rom wirklich die Voraussetzungen für das typische Leben eines westlichen Industrieproletariats geschaffen. Es war der Preis für eine wirtschaftliche Expansion, die, indem sie die Bildung neuer Vermögen ermöglichte und dem Luxus einen hervorragenden Platz einräumte, den bukolischen Idealen des alten Latiums einen schweren Schlag versetzte. Die Aristokratie versuchte noch, die Traditionen der Ahnen gegen die Parvenü-Moden zu verteidigen; so war Livia als Abkömmling einer berühmten Familie, in der sich die Quintessenz des römischen Adels zu konzentrieren schien, bestrebt, die Einfachheit der alten Formen zu bewahren. Sie überwachte die Weberei, und Augustus trug niemals andere Togen als die unter ihrer Leitung entstandenen.

Während Jägerbevölkerungen vor allem mehr oder weniger stilisierte naturalistische Ausschmückung zu bevorzugen pflegten, verwendeten ackerbautreibende Völker abstrakte geometrische Motive mit symbolischer Bedeutung, zum Beispiel Rauten, Streifen oder Quadrate. Im Bronzezeitalter wurden die verschiedenen natürlichen Färbungen der Wolle für Muster auf den Textilien benutzt. Meist wurden die Stoffe einer Verfilzung unterzogen, um ihre Widerstandskraft zu verstärken, und die Moore, wie die von Thorsberg, haben in ziemlich gutem Zustand Kleider mit dem Doppelmotiv von übereinander geschobenen Quadraten, analog denen der Schotten, bewahrt. Diese geschneiderten und zusammengenähten Kleidungsstücke sind eigentlich schon Vorläufer von Hose, Rock und Jacke aller folgenden Jahrhunderte.

Die Germanen besaßen Bauten, die ausdrücklich für die Textilproduktion bestimmt waren und deren Pläne man rekonstruieren kann. Sie verstanden auch, runde Stücke zu weben, in einer höchst ausgeklügelten Technik und mit Hilfe vieler Schiffchen. Es ist anzunehmen, daß die Fertigung der Kleidung den Frauen oblag, und zwar vom Spinnen bis zum Nähen. Das Erblühen einer außerordentlichen, spontanen Poesie, die sich lange in mündlicher Überlieferung fortgepflanzt hat, ist mit den Spinn- und Webarbeiten verbunden. Es gab »Woll-Lieder«, wie es in Frankreich auch die berühmten *chansons de toile*, die »Leinwand-Lieder«, gab, die im 12. Jahrhundert aus Strophen und Refrains bestanden, Vorformen der Balladen und Rondells von festgelegter Form des 14. Jahrhunderts.

Aus Indien stammend, taucht das Spinnrad im 13. Jahrhundert in Europa auf, wahrscheinlich von den Mauren in Spanien eingeführt. Unaufhörlich wird es sich verbessern, und Ende des 15. Jahrhunderts erfindet Leonardo da Vinci ein neues Modell mit mehreren Spindeln und Spindelstocken. Dann kommt ein Pedal hinzu, das, indem es das Rad antreibt, die rechte Hand frei macht, während ein System von Spinnrocken an der Basis das Fasermaterial zur Spinnerin führt.

Das außer Gebrauch gekommene Prinzip der Manufakturen, wie es im alten Rom und bei den Germanen gebräuchlich gewesen war, erlebte vom 12. Jahrhundert an eine Wiedergeburt, als die Textilerzeugung einer wachsenden Nachfrage nicht mehr genügen konnte. Schon das 11. Jahrhundert hatte in Europa eine zunehmende Trennung von Handwerk und Landwirtschaft mit sich gebracht und damit notwendigerweise einen Bedeutungsschwund der häuslichen Erzeugnisse. Die kulturellen Zentren bildeten sich damals unter kirchlichem Schutz, und manche Frauenklöster, in denen man die priesterlichen Gewänder webte und stickte, waren für ihre handwerkliche Meisterschaft berühmt. Die Klöster bildeten zuweilen Schülerinnen aus. In jedem Fall blieben bis spät ins 12. Jahrhundert hinein Zuschneiden und Nähen der Kleidung für beide Geschlechter allein Aufgabe der Frauen.

Wie es scheint, ist das Schneiderhandwerk zuerst in Deutschland erschienen, und das älteste korporative Dokument des Berufs wäre der aus dem Jahre 1152 datierte Patentbrief, den Heinrich der Löwe den Harburger Gewandschneidern ausgestellt hat. Das Gewerbe nahm einen solchen Aufschwung, daß man in der ersten Hälfte des folgenden Jahrhunderts bereits zwischen Mantelschneidern, Gewandschneidern und Flickschneidern unterschied. Bald trennten sich die Herrenschneider auch von den Damenschneidern. Der qualifizierende Ausdruck »schneidern« und nicht »nähen« verursachte endlose Kompetenzstreitigkeiten, und da innerhalb der Werkstätten die Aufgabenteilung nicht beachtet wurde, kam es zu einer Wucherung bis ins kleinste gehender Spezialisierungen. Nach dem *Livre des Mestiers* des Prévot Etienne Boileau unterteilten sich die Pariser Korporationen in *doubletiers*, Schneider, die die abgesteppten Wämser fertigten, *pourpointiers*, die die nicht abgesteppten Wämser machten, *gipponiers, couturiers, bliaudiers*, Seidensticker, Tuchscherer, *faiseurs de »chappiaux de bonnet«, faiseurs de »chappiaux de fleurs«, de »chappiaux de paon«*, usw. Meist wohnten sie jeweils in derselben Straße. Das Auftauchen eines hochspezialisierten Handwerks ließ eine neue soziale Klasse entstehen, und viele der großen Künstler der Renaissance waren direkte Nachkommen von Handschuhmachern, Knopfmachern oder Bandwebern.

Die Geschichte der wollenen Tuche würde für sich allein schon eine ausgedehnte Studie verdienen. Während der ganzen ersten Hälfte des Mittelalters besaßen England und die Niederlande das Monopol für die Tuchherstellung und die italienischen Kaufleute kamen selbst nach Flandern, um die Rohtuche zu kaufen, die dann nach örtlichem Geschmack eingefärbt wurden. Seit dem 12. Jahrhundert hatten die Niederlande wirkliche Industriezentren, deren Einwohnerzahl manchmal die für die Epoche riesige Ziffer von mehr als 30 000 betrug und deren Manufakturen sich auf eine große Anzahl spezialisierter Werkstätten verteilten. Doch seit dem Ende des 14. Jahrhunderts stellt man sowohl in den Niederlanden wie auch in Friesland und in der Picardie eine Verschiebung der Tuchzentren fest, als die schweren und teuren Stoffe der städtischen Manufakturen durch Produkte ländlichen Ursprungs, die leichter und billiger waren, harte Konkurrenz erhielten. Der Preis war aber nicht allein ausschlaggebend, da der Käufer geschmeidigere Wollstoffe als in der Vergangenheit verlangte. Mit Geweben etwa wie dem *cotswold*, dem *castlecombe* oder dem *worsted* kam England in die Lage, dem neuen Bedürfnis in großem Maßstab nachkommen zu können. Die englischen Tuche hatten längst einen sehr guten Ruf, schon 764 hatte das Geschenk eines Stückes britischen Wollstoffs für den Erzbischof von Mainz als fürstliche Gabe gegolten. Während im 15. Jahrhundert der Export von Rohwolle rapide zurückging, ergatterten die manufakturierten englischen Tuche auf dem internationalen Markt den ersten Platz, und Plomben von den durch die Hanse eingeführten britischen Geweben hat man sogar noch in Rußland gefunden. Die früher zur Bearbeitung in die Lombardei und die Toskana gebrachten Wolltuche des Heiligen Römischen Reichs wurden jetzt in Freiburg, einem großen Tuchzentrum, behandelt; zwei Drittel der Bevölkerung waren dort in der Tuchmanufaktur beschäftigt. Florenz, das seine Wolle in Southampton einkaufte, wo Florentiner Handelsagenten saßen, produzierte um die Mitte des 14. Jahrhunderts jährlich seinerseits 70 000 bis 80 000 Stück an Ort und Stelle gewalktes und eingefärbtes Tuch.

Die *ciompi*, die Florentiner Textilarbeiter, die für einen Hungerlohn die Wolle färbten, selbst von Kopf bis Fuß blau gefärbt und einem frühen Tod geweiht, standen auf der untersten sozialen Stufe. Im Prinzip war Florenz gewissermaßen demokratisch, aber wie schon bei den Kämpfen zwischen Guelfen und Ghibellinen, spielten in seinen inneren Konflikten die Machtfragen zwischen rivalisierenden Parteien die Hauptrolle. In der Zeit, in der die Zünfte entstanden, waren viele unterprivilegierte Gruppen einfach der Korporation zugeschlagen worden, deren Tätigkeit der ihren am nächsten zu kommen schien.

Dadurch ohne eigne Interessenvertretung, hatten z. B. die Färber zur Durchsetzung ihrer Rechte nur den höchst illusorischen Weg, sich an sehr parteiische Instanzen, nämlich an die Zunft der Wollhändler, zu wenden. Die an Zahl starken, aber besonders ausgebeuteten *ciompi* versuchten 1378 die Diktatur des Proletariats zu errichten. Machiavelli hat den Aufstand, seine Gründe und seinen Verlauf geschildert, wie es dem Anführer der Revolte, Michele di Lando, gelang, den Aufruhr zu ersticken, als er eingesehen hatte, daß daraus nur noch größeres Elend entstehen werde. Der Aufstand der *ciompi* veranlaßte die Zunft der *Arte della Lana* die Mitarbeit flämischer Emigranten anzunehmen oder vielleicht sogar zu erbitten. Letztere wanderten sogar auch nach England aus, wo sie sich vor allem in der Gegend von Cranbrook im Weald of Kent niederließen, wo die reichliche Wolle der Schafe von Romney Marsh verarbeitet wurde, und wo andererseits das Vorkommen von Walkerde ein gutes und billiges Entfetten ermöglichte. Als Elizabeth 1573 Cranbrook besuchte, machten die reichen Tuchhändler ihr eine prachtvolle Silberschale zum Geschenk. Die Königin pflegte übrigens wollene Unterkleidung zu tragen, aber es handelte sich dabei um Trikot aus Jersey, dessen Qualität sie schätzte. Die kleine Insel Jersey exportierte bereits seine Strümpfe und Männerwesten ins Ausland; hundert Jahre später hatte sich diese Industrie und der Export derart entwickelt, daß die Mehrzahl der Bewohner darin beschäftigt war, so daß das Parlament, um dem Mangel an landwirtschaftlichen Arbeitskräften abzuhelfen, eine Verordnung erließ, wonach es jedem, der älter als 15 Jahre war, verboten wurde, in der Erntezeit zu stricken. Trotz drohender Gefängnisstrafe bei Wasser und Brot blieb das Verbot wirkungslos. Das Parlament mußte nicht nur nachgeben, sondern es sah schließlich ein, welchen wirtschaftlichen Wert

Jersey-Trikot darstellte; eine Kommission wurde eingesetzt, um die Qualität der Wolle zu prüfen und zu kontrollieren. Die lokale Industrie konnte sich im 17. Jahrhundert also weiterentwickeln, bis die Verknappung des Rohmaterials die Produktion verlangsamte und das Aufkommen des Maschinenwesens sie bis auf weiteres zum Erliegen brachte. Die Fischer strickten ihrerseits zwar weiterhin, doch der Rückgang der Fischerei und ein neues Aufblühen der Landwirtschaft von Jersey setzten dann auch dem ein Ende. Erst 1905 erweckten moderne Fabriken die alte Tradition wieder zum Leben. Heute trägt jedes Stück Wollware aus Jersey das Abzeichen eines der zwölf Kirchspiele, je nachdem in welchem es entstanden ist. Die berühmte Jersey-Strickmasche, die ein so einfaches und außerordentlich elastisches Gewebe ergibt, wird jetzt in zahllosen internationalen Fabriken in Wolle oder anderen Textilien programmiert.

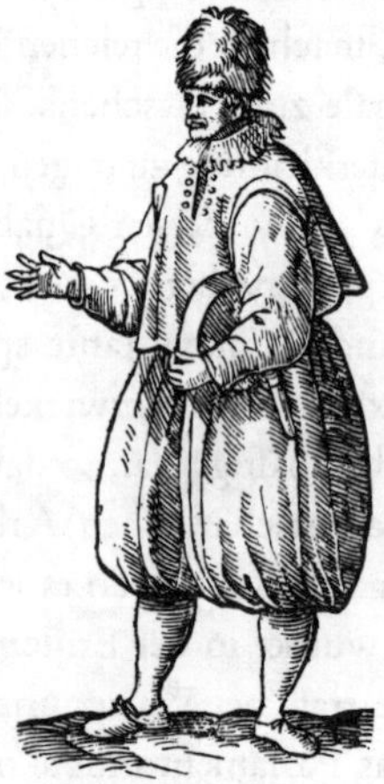

Englischer Seemann im 16. Jahrhundert

Auf den ersten Blick scheint es nicht recht begreiflich, daß sich im 17. Jahrhundert das Wollaufkommen als ungenügend erwies; der Grund liegt aber darin, daß England ein Gesetz erlassen hatte, wonach der Export irischer Wolle nicht nur nach Großbritannien, sondern auch in jedes andere Land verboten war. Es verschärfte das unter Karl II. erlassene Gesetz, indem es die Ausfuhr von irischem Vieh, das heißt von Schafen, untersagte, was innerhalb nur eines Jahres den Ruin zahlloser irischer Betriebe bewirkte. Außerdem war ein Anwachsen des Schmuggels und des Schwarzmarktes die Folge. Wolle, die in Irland 5 bis 6 d kostete, erreichte in Frankreich Preise, die einer halben Krone entsprachen. Die gesamte Bevölkerung arbeitete mit den Schmugglern zusammen und in fast allen Grotten der Küste waren Wollballen gelagert.

Die Chronik der Schutzzölle ist die einer langen Reihe von Mißerfolgen, und auch die Geschichte der Seide liefert dafür Beweise. Die Seide aus China gelangte im Altertum in langsamen Karawanen nach Griechenland, die von Lopnor aus in vielen Monaten die Wüste Gobi und die steilen Pässe des Pamir-Berglandes durchquerten. Dann wurde sie auf der Insel Kos bearbeitet, deren durchsichtige Stoffe sich in Rom ungeheurer Beliebtheit erfreuten. Zur Zeit Aurelians waren Seidengewänder so kostbar, daß der Kaiser sie seiner Gemahlin verwehrte. Es heißt, Heliogabal sei der erste gewesen, der große Seidengewänder zu tragen wagte. Da sie die indischen Gewebe, im Vergleich zu den chinesischen, auf Kos gewebten Seidenstoffen, zu dick und zu dicht fanden, hatten die Römer, die übrigens Seide für eine Art Pflanzenparasiten hielten, eine Technik des »Ent-webens« entwickelt; die so gewonnenen Fäden wurden, mit einer außerordentlich feinen Wolle gemischt, neu gewebt und ergaben einen kostbaren Musselin. Nachdem der Bombyx in Europa akklimatisiert worden war, konnten sich die römischen Manufakturen bald mit denen Indiens messen; der Kaiser Justinian hatte die Seidenraupenzucht eingerichtet und beanspruchte für den Seidenhandel das Monopol. Immerhin waren es jedoch die Araber, mit ihren Techniken im 8. Jahrhundert den Römern und Byzantinern überlegen, die ihrerseits die Serikultur den westlichen Ländern vermittelten und die Seidenstraße bis nach Nordafrika verlängerten, von wo die Produktionsmethoden nach Sizilien und Spanien gelangen sollten.

Nachdem Europa die Seide nur sehr zögernd aufgenommen hatte, erlebte man in der zweiten Hälfte des Mittelalters trotz technischer Schwierigkeiten eine beachtliche Verbreitung der Serikultur. Während in Lyon, Tours und Vitré italienische Arbeiter die aus Italien importierte Rohseide webten, hatten schon seit dem 13. Jahrhundert in Venedig, Genua und Lucca große Spinnereien bestanden und in allen drei Städten wurden Brokate und Samt mit plastischen Motiven gewebt. Man verarbeitete die Stoffe entweder in großen Breiten, um das Muster zur Geltung zu bringen, oder in parallel gefaßten, regelmäßigen Falten. Die flache Faltengebung ist übrigens für das männliche Kostüm zu Beginn der italienischen Renaissance typisch. Zürich nahm ebenfalls einen hervorragenden Platz in der Seidenproduktion ein; um eine konkurrierende Industrie auf dem Land zu verhindern, waren manche Verfahren wie zum Beispiel das Zwirnen des Seidenfadens hier nur innerhalb der Stadtmauern erlaubt. Die zugelassenen Arbeiten wurden aber von den Unternehmern als Heimaufträge an die Bauern des Kantons vergeben, die damit die tote Saison überbrückten.

Die spanische Serikultur hatte zu Beginn des 16. Jahrhunderts eine solche Prosperität erlangt, daß Cortez seine Beamten anhielt, in Mexiko Maulbeerplantagen und die Seidenraupenzucht zu organisieren, ein Unternehmen, das freilich zum Scheitern verurteilt war. Dagegen nahm die europäische Seidenindustrie dank dem wachsenden Luxus und der immer vollkommeneren Produktionsmethoden ein solches Ausmaß an, daß das Angebot an Rohmaterial nicht mehr genügen konnte. Aus Sorge vor einer neuen Schwemme orientalischer Seide rief Franz I. im Rhônetal Maulbeerbaumpflanzungen ins Leben, wodurch er die von Ludwig XI. geschaffene Serikultur vom Rohmaterial-Import unabhängig machte.

Auch Elizabeth hatte seit dem Krieg mit Spanien die Autonomie der englischen Serikultur gefördert. Sie selbst war eine leidenschaftliche Liebhaberin der Seide und beschäftigte eine *silk lady*, Mrs. Montague, die für sie die feinsten Seidenstrümpfe fertigte. Ein gewisser Reverend William Lee aus Cambridge hatte gerade eine kleine Maschine erfunden, mit der man Wollstrümpfe stricken konnte, aber die Königin zeigte sich nach anfänglichem Interesse enttäuscht, als sie hörte, daß die Erfindung sich für die Seidenstrumpfwirkerei nicht eignete. Das ließ den Reverend Lee nicht ruhen, bis er seinen Apparat so perfektioniert hatte, daß er bald schon in der Lage war, seiner Herrscherin das erste Paar maschinengestrickter Seidenstrümpfe zu überreichen. Die Königin beglückwünschte ihn, vermied es aber, ihm ein Patent auszustellen, da sie befürchtete, daß die kleine Maschine Tausende von Textilarbeitern arbeitslos machen würde. Gewiß erlebte England noch nicht die ersten Erschütterungen der industriellen Revolution, doch der mittelalterliche Kapitalismus und der Beginn der technologischen Entwicklung hatten dafür schon die ersten Grundlagen geschaffen.

Die industrielle Revolution wurde nicht nur durch die Beschleunigung des Wirtschaftswachstums ausgelöst, sondern durch neue Produktionsrhythmen, durch das Gleichgewicht der Monopole und durch die Systeme des Austauschs zwischen den kolonisierenden Nationen und den kolonisierten Ländern und deren Ausbeutung. Wenn es feststeht, daß sie in Großbritannien ihren Anfang nahm und für längere Zeit mit den allgemeinen Linien seiner Geschichte zusammenfällt, so läßt sich doch kein bestimmtes Datum für das Auftreten ihrer ersten sichtbaren Wirkungen nennen. Noch im 16. Jahrhundert ist England *a nation of shopkeepers* und sogar noch im 18. Jahrhundert wird die vorbereitende oder ergänzende Bearbeitung zahlreicher Manufakturprodukte zum großen Teil noch in Heimarbeit auf halb handwerklicher Basis ausgeführt.

Die französische Seidenindustrie, von Italien durch die Entwicklung der Seidenraupenzucht im Rhônetal und durch die Entdeckung neuer Seewege, die den direkten Handel mit Asien erlaubten, unabhängig geworden, sollte die Sanktionierung ihrer Autonomie im Rahmen des bourbonischen Absolutismus erleben. Colbert, Generalkontrolleur der Finanzen und selbst der Sohn eines Tuchkaufmanns, schuf ein Netz nationaler Manufakturen, von denen die meisten der Textilproduktion oblagen. Er förderte namentlich die Spitzenherstellung und gründete 1672 eine Schule der Strumpfwirkerei, wo Arbeiter in der Bedienung der Strickmaschine ausgebildet wurden. Es handelte sich nicht nur um neue Methoden, sondern auch um einen neuen Stil. Während bis dahin die Motive hautpsächlich von mehr oder weniger abgewandelter orientalischer Ornamentik inspiriert waren, regte nun die Schaffung des botanischen Gartens in Paris die künstlerische Phantasie an. Als Huldigung vor der Protektion, die der Staat den Naturwissenschaften angedeihen ließ, tauchen Abbildungen der kürzlich erworbenen Pflanzenexoten in den Brokatmusterungen auf, während die Arabesken der Blumenbeete *à la française* sich auf der Seide der Borten wiederholen.

Bei dem System eines wirtschaftlichen Nationalismus, das die von ihren gemünzten Gold- und Silberreserven lebenden Staaten in ständiger Rivalität gegeneinander stellte, rechnete man vor allem darauf, daß die Kolonien die fehlenden Rohstoffe lieferten. Was die Arbeitskräfte anbelangte, machte der Absolutismus wenig Federlesens. In Frankreich zum Beispiel ergänzte eine maßlose Geburtenpropaganda das Zwangssystem; der König verbot den Arbeitern die Auswanderung, Colbert ließ die Bettler in Arbeitshäuser sperren und seine Manufakturen stellten unverheiratete Personen zwangsweise ein, ebenso auch die Klosterinsassen. Den Unternehmen wurden vom König Steuernachlaß, Subventionen, Vergütungen für Nahrung und Unterkunft der Arbeiter, zudem Befreiung vom Zunftzwang, gewährt. Auch wurde ihnen das Privileg einer Sondergerichtsbarkeit und die Versorgung mit Rohstoffen, die von der Importsteuer befreit waren, zugesichert. Hüttenwerke, Bergwerke, Glasfabriken sprießten allenthalben auf, während die Textilindustrie sich gleichzeitig in ländlichen kleinen Werkstätten und in großen Manufakturen ausbreitete, die wie die Webereien in Amiens jährlich mehr als 1200 Ballen Tuch produzieren konnten. Schließlich wurde auch eine methodische Arbeitsteilung zwischen Spinnerinnen, Wäscherinnen, Flachsdreschern, Wollzupfern, Färbern usw. eingeführt. Die Disziplin war streng und die geringste Verfehlung konnte Sanktionen bis zur Prangerstrafe nach sich ziehen.

Der Seehandel kam dem britischen Aufschwung mächtig zugute, und von industrieller Revolution kann man bereits sprechen, wenn wie in Lancashire der Unternehmer die Baumwolle zwar an Tausende von Heimarbeitern liefert, während die Endbearbeitung aber in der Fabrik vor sich ging. Die englischen Baumwollmanufakturen waren die ersten, die eine Industrialisierung großen Ausmaßes kannten, sobald im Jahre 1700 die Produzenten sich gegen den Import indischer Baumwollwaren abschirmen konnten. Die Expansion britischer Baumwollstoffe im Ausland konnte allerdings erst wirklich anheben, als die East India Company das Monopol verloren hatte, und erlebte erst recht einen außerordentlichen Boom, als nach 1820 die britischen Textilfabriken den Abbau des indischen Handwerks veranlaßt hatten, ohne dafür den Indern den geringsten Ersatz zu bieten. Von da an hatte Großbritannien freie Hand, sogar in Indien seine aus indischer Baumwolle hergestellten, aber in Europa manufakturierten Produkte einzuführen. Nachdem Indien lange Zeit der einzige Produzent von reinen Baumwollstoffen gewesen war, hatte es nun den Kaliko-Krieg verloren, während 90% der manufakturierten Baumwollwaren aus Bristol oder Liverpool den Weg auf den Weltmarkt, namentlich auch auf die afrikanischen Märkte nahmen.

Die Kunst, Leinwand zu bedrucken, im europäischen Mittelalter bereits bekannt, wurde von einer Manufaktur wiederentdeckt und vervollkommnet, die berühmt werden sollte; sie hatte sich in Jouy vor den Toren von Versailles niedergelasssen. Ursprünglich durch Handelsgesellschaften aus Indien importiert, dann in Europa imitiert, erlebten die bedruckten oder bemalten Leinwände im 18. Jahrhundert sowohl als Möbelstoff wie für die Bekleidung größte Beliebtheit. Die *indiennes* von Jouy in ihren frischen Farben blieben auch noch unter dem Empire und sogar noch bis unter der Restauration in Gunst. Sie konnten die Seidenstoffe allerdings niemals entthronen. Das *gros de Tours*, ein dicker, meist roter Taft, genoß einen guten Ruf. Marseille war berühmt für seine Misch-Moirés, bei denen nur die Kette aus feiner Seide war, während der Schuß aus Flockseide, der gröbsten Partie des Kokons bestand, die sich nicht abhaspeln läßt. In England hatten sich die großen Seidenwebereien nach der Einwanderung der hugenottischen Weber vor allem an den Stadttoren Londons, in Spitalfields, niedergelassen.

Das 18. Jahrhundert, dessen Textil-Ornamentierung sehr viel weniger dicht und schwerfällig war als die des vorausgegangenen Jahrhunderts, war vor allem die Epoche der großen mechanischen Erfindungen. 1765 hatte James Hargreaves die erste Spinnmaschine geschaffen, die *mule-Jenny*; Richard Arkwright, ein anderer englischer Mechaniker, vervollkommnete sie 1769 durch eine automatische Füllvorrichtung, und sechs Jahre später war sein Betrieb in Nottingham mit hydraulischem Antrieb eigentlich die erste moderne Spinnerei. Joseph-Marie Jacquard erfand den unter dem Namen »Lyonner Mechanik« bekannten Webstuhl, der das automatische Anheben der Schäfte bei den Kettenfäden ermöglicht. Diese Maschine verfügte vor allem über eine Vorrichtung, durch die ein Muster mittels eines ganzen Systems von miteinander solidarischen Nadeln auf Kette und Schuß übertragen wurde. Die Maschinen zum Abschälen des Kokons, die zum Weben von Wolle, die mechanischen Webstühle, die Maschinen für die Spitzenherstellung und die 1829 vom Schweizer Ingenieur Josua Heilmann erfundene Stickmaschine hatten den Textilmarkt völlig verwandelt. Sie hatten vor allem die Lage des Arbeiters verwandelt. Im frühen 19. Jahrhundert hatte der Mensch bereits festgestellt, daß die Maschine, in der er eine Sklavin oder eine Verbündete zu finden geglaubt hatte, eine furchtbare Rivalin, eine Konkurrentin war, die die Löhne drückte und die Arbeitsplätze raubte. Von 1812 bis 1818 zerstörten die Luddisten, so nach Ned Ludd genannt, der dreißig Jahre vorher Trikotmaschinen demoliert hatte, in regelmäßigen Abständen die mechanische Ausrüstung der großen englischen Industriezentren.

Viele der Luddisten, zum Beispiel die Weber von Yorkshire, wurden freilich eher von der Verzweiflung und dem Elend angetrieben als von einem bestimmten politischen Programm. Der Kriegsruf gegen die Maschinen verbreitete sich auch in Belgien, Frankreich und der Schweiz. Während des ganzen Jahrhunderts blieb die Lage der Textilarbeiter ungeheuer prekär und war Ursache zahlreicher Aufstände, wie die der *canuts* in Lyon. Zweifellos waren es die Kinder, die unter den Lebens- und Arbeitsbedingungen am grausamsten litten: sie bildeten einen wichtigen Bestandteil der Arbeitskräfte und um 1838 hatten kaum 33% der Arbeiterschaft in den britischen Textilfabriken das Erwachsenenalter erreicht.

Fast ebenso stark wie die mechanischen Erfindungen haben auch die chemischen in einer Epoche, in der die Käuferzahl anschwoll und gleichzeitig die Ansprüche mehr und mehr sanken, die Natur der Stoffe verändert. 1826 entdeckte der Deutsche Otto Unverdorben in einem der Destillationsprodukte des Indigo das Anilin. Später durch Reduktion von Nitrobenzol unter Einwirkung von Eisen und einer Säure erhalten, diente das Anilin von da an als Grundlage einer ganzen Palette von künstlichen Farben, vor allem von verschiedenen Rosa, Fuchsia, Blau und Violett. Andere Färbemittel, die aus dem Kohlenteer gewonnen wurden, ergaben ebenfalls kräftige Tönungen, zum Beispiel lebhaftes Rot, das bis dahin

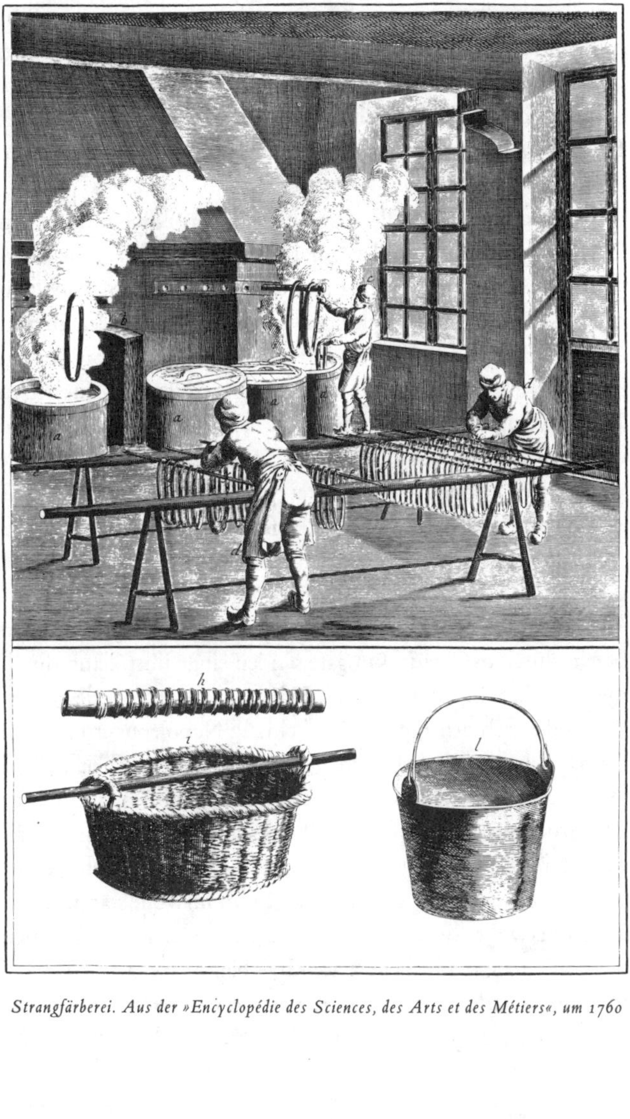

Strangfärberei. Aus der »Encyclopédie des Sciences, des Arts et des Métiers«, um 1760

nur durch Purpur oder Koschenille zu erhalten war. Die billigen Rohstoffpreise erhöhten zudem die Wirtschaftlichkeit, die sich aus der Vereinfachung der Herstellungsverfahren ergab, denn die künstliche Einfärbung erforderte nicht mehr eine ganze Folge von Bädern, wie sie bei den natürlichen Farben nötig gewesen war.

Man kann alte Stoffe nur anhand der ikonographischen Interpretation und an Mustern beurteilen, die die Zeit überdauert, doch fast immer unter ihr auch gelitten haben. Tuchkleidung ist sehr häufig von Motten zerfressen, die großen Breiten der Brokatgewänder haben für die Bespannung von Sesseln herhalten müssen, während seidene Männerkleidung, für diesen Behuf weniger geeignet, uns in verhältnismäßig großer Zahl überkommen ist. Vor allem handelt es sich um Exemplare, die wegen ihrer kostbaren Stickerei gut bewahrt wurden. Die Kleidung des Volkes dagegen, sofern sie nicht zur Folklorekultur gehörte, wurde bis zur äußersten Abnutzung aufgetragen, so daß fast nichts davon erhalten geblieben ist.

Die schönen orientalischen Shawls, im 17. Jahrhundert bereits durch die Entdeckungsreisenden eingeführt, dann durch die indischen Eroberungen der Briten in Europa Mode geworden und durch den ägyptischen Feldzug Napoleons erst recht in Gunst gebracht, haben sich immer hoher Beliebtheit erfreut. Am meisten geschätzt waren die aus Kaschmir, sowohl wegen ihrer Muster als auch wegen der Feinheit ihrer Wolle. Es gab die berühmten *châles de bague*, so genannt, weil man sie durch einen Ring hindurchziehen konnte. Die Kaschmirwolle stammte von der Unterwolle, die die wilden Ziegen – oder zum mindesten die domestizierten in dem Ladakh – beim Eintreten der Sommerzeit abwarfen. Die Motive, von denen das typischste, der Tannzapfen, an das Diadem erinnerte, das den Turban des

Großmoguls zierte, hatten im Lauf der Jahrhunderte verschiedene Wandlungen durchgemacht. Ende des 18. Jahrhunderts wurde der Tannzapfen zu dem stilisiert, was man das Paisley-Motiv zu nennen pflegt. Die Textilindustrie der kleinen Stadt Paisley östlich von Glasgow bestand schon seit dem 17. Jahrhundert, erlebte ihren Aufschwung aber erst, als *the Act of Union* Schottland mit Großbritannien vereinigte und den englischen Markt für schottische Webwaren öffnete. Nachdem Paisley lange Zeit auf Seidengaze spezialisiert gewesen war, gab die wachsende Beliebtheit der Shawls seiner Produktion eine neue Richtung. Sie waren bereits in Norwich gewebt worden, doch die ersten Kaschmirimitationen waren in Edinburgh entstanden, das seine neue Industrie bald nach Paisley verpflanzte, wo das Leben billiger und die Löhne niedriger waren. Da die örtlichen Industriellen in London ihre Agenten mit dem Auftrag hatten, die neu aus dem Orient gekommenen Muster sofort zu übermitteln, stand eine ungeheuere Verschiedenartigkeit an Motiven zu Gebot. Ein guter Kaschmir aus Paisley kostete um ein Zwanzigfaches weniger als ein Original und garantierte trotzdem eine gewisse Exklusivität, denn seine Herstellung verlangte drei bis sechs Arbeitstage. Von 1830 an brachte die Einführung von Jacquard-Webstühlen in Paisley einen beachtlichen Fortschritt, gestattete, die Konkurrenz von Norwich und anderen britischen Textilzentren zu überflügeln, brachte aber der Unabhängigkeit der Weber einen tödlichen Schlag bei.

Die Shawls, deren lebhafte Farben unter dem Empire mit den weißen Stoffen des Klassizismus kontrastierten, waren manchmal an den Schultern des Kleides befestigt oder eingearbeitet. Als diese langen rechteckigen Shawls den quadratischen Platz machten und den Mantel ersetzten, den die ausladenden Röcke zu tragen verboten, verlangte dieser Wandel eine neue

Verteilung des Musters. Napoleon hatte bereits Manufakturen ins Leben gerufen, deren Shawls sehr bald von den Engländern imitiert worden waren, und sogar von indischen Fabrikanten. Es gab auch bedruckte Shawls, sehr viel billiger als die gewebten; die »türkischen« aus Wien hatten seit ihrem ersten Auftauchen auf der Leipziger Messe einen lebhaften Erfolg. Um 1855 war die Nachfrage nach Shawls so groß, daß Frankreich welche aus dem Ausland, zum Beispiel aus Mouzaia im damals noch unabhängigen Tunesien, importieren mußte. Der Kaschmir, Gegenstand des Sozialprestiges und, ob echt oder nicht, für jede Garderobe von einigem Stil obligatorisch, kam plötzlich aus der Mode, als der Kriegsausbruch von 1870 großenteils die Märkte schloß. Es war übrigens auch unvereinbar mit der schmalen Silhouette und mit der *tournure*, die auf die Krinoline gefolgt waren.

Die Konfektion

Am Ende der Regierung Ludwigs XV. besaß Paris 1784 Schneider und 1700 Schneiderinnen. Ein Sieur Dartigalongue versuchte ein Konfektionssystem einzuführen, indem er »Fräcke in allen Größen nach der neuesten Mode« anbot, während man seit längerer Zeit in London schon tragfertige Kleider und Wäsche finden konnte. Manche Schneider in den großen Städten auf dem Kontinent kleideten den Kunden innerhalb von 24 Stunden ein, und ein geschickter Wiener namens Otto brauchte nur sieben Stunden. Selbstverständlich konnte man den Schneider ins Haus kommen lassen, wie der junge Goethe, doch das Produkt eines solchen Hausschneiders war von weitem zu erkennen.

Das Unternehmen des Sieur Dartigalongue stieß zunächst auf Skepsis, hatte dann aber einen wachsenden Erfolg. Die Ära, in der die Kleidung als bewegliches Gut, Investierung, Legat oder Mitgift gegolten hatte, war vorüber. Das Aufkommen des Maschinenwesens, ein neues Zeitgefühl und vor allem die Abschaffung der Zunftgesetze durch die französische Revolution sollten die Voraussetzungen für eine Serienproduktion großen Ausmaßes schaffen. Von 1791 an findet man in Pariser Geschäften Fertigkleidung, der Citoyen Quénin führt Kinderkleidung, die Citoyenne Teillard verkauft Frauenmoden, und alle beide verteilen gedruckte Kataloge. Vor allem die weibliche Konfektion erlebt einen lebhaften Aufschwung, zumal die Mode der Zeit für die Fertigung wenig Schwierigkeiten bietet. Obwohl manche Firmen, wie zum Beispiel Korn und Hosstrup in Hamburg, sich bereits auf das Angebot von Herrenanzügen spezialisiert haben, mußte man noch bis 1823 warten, ehe ein Herrenkonfektionsladen von beachtlichem Umfang auftauchte, *La Belle Jardinière*. Bis dahin waren nur die Uniformen der Militärs in großer Serie gefertigt worden. Weil die neue zivile Bekleidungsindustrie daher nur Arbeitskräfte einstellen konnte, die gewohnt waren, für die Armee zu arbeiten, färbte es auf den Stil der Konfektion ab. Schwerfällig und steif, waren diese ganz in Handarbeit hergestellten Kleidungsstücke für kleine Budgets noch viel zu teuer. Zwei wesentliche Faktoren sollten diesen Zustand ändern.

Als 1830 ein Pariser Konfektionär in seinen Werkstätten die Nähmaschine hatte einführen wollen, die sein Landsmann Barthélémy Thimonnier sich gerade hatte patentieren lassen, attackierte das Personal die neue Konkurrentin, und als die Erfindung durch den Amerikaner Elias Howe perfektioniert wurde, indem seine Maschine mit doppeltem Faden zu nähen

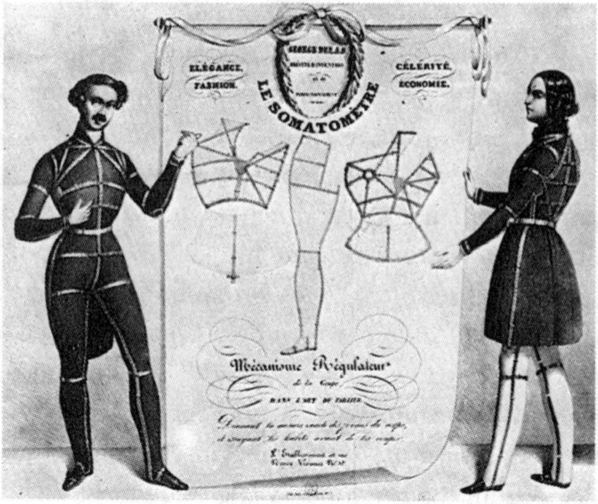

»Le Somatomètre«, 1839

vermochte, stieß sie ebenfalls auf enorme Schwierigkeiten. Schließlich jedoch, von Wilson und Singer fabriziert und im Sezessionskrieg für die Uniformkonfektion eingesetzt, schuf sie in der Bekleidungsproduktion eine völlige Umwälzung. Das Aufkommen der Nähmaschine fiel zusammen mit dem eines neuen Stofftyps, der wie der Tweed nichtanliegende Fassonierung erlaubte und also leichter zu verarbeiten war. Der Tweed trug so zur Massenfabrikation bei, die schon durch die mechanische Expansion und das mit Heimarbeit verknüpfte *sweating*-System in die Wege geleitet worden war.

In den sechziger Jahren des 19. Jahrhunderts überschwemmte zum ersten Mal ein großes Angebot an billigster Konfektion den Einzelhandel in den Vereinigten Staaten und dann in West-Europa. Während die Konfektion in ihrer besseren Form sich an die verschiedenen Schichten der Mittelklasse wandte, gab es eine parallele, weite Verzweigung, deren Produkte – mit entsprechender Einbuße an Qualität – die soziale Leiter bis zu den unterprivilegierten Schichten hinabstiegen. Es handelte sich dabei darum, soviel wie möglich und so billig wie möglich mit sehr geringen Herstellungskosten an die Volksmassen in den Städten zu verkaufen, die unter der Wirkung der Landflucht angeschwollen waren. Modefragen entfielen natürlich für die im Zustand kultureller Entwurzelung lebenden Schichten, die von ihren Traditionen abgeschnitten nicht fähig waren, sie durch neue Kulturformen zu ersetzen. Von 1830 bis zum ersten Weltkrieg war der Arbeiter mehr oder weniger einförmig gekleidet mit einer breiten Hose, einer langen Jacke, die ihm gelegentlich auch als Mantel dienen mußte, einem Hemd, das er ohne Kragen trug und über das er im Winter eine Wollweste zog. Ganz wie seinesgleichen unter dem Ancien-Régime, mochte er nicht barhaupt gehen und trug darum eine bis zu den Augen fallende, formlose Schildmütze. All diese Kleidungsstücke nutzten sich sehr rasch ab und wurden selten erneuert. So billig sie auch waren, ihr Kauf stellte eine schwere Belastung dar. Während Jacke und Hose zu schwierig herzustellen waren, um zu Hause geschneidert zu werden, gab es für die Frauenkleider dafür eher Möglichkeiten. Trotzdem war die Massenkonfektion für Frauen zu Beginn unseres Jahrhunderts bereits sehr rührig und erzeugte reihenweise riesige Mengen grober, bis auf die Füße fallender Wollkleider, schwarze, grau geblümte Baumwollkittel, am Hals und den Handgelenken geschlossene, formlose Oberteile. Die Frau aus dem Volk ergänzte sie mit einem Shawl oder einer gestrickten Pelerine statt Mantel, die, zu Hause gefertigt oder im Kaufhaus erworben, unabänderlich jedoch von schwarzer Farbe waren. Die Tönung der Massen integrierte sich in die großen rußgeschwärzten Vorstadtviertel mit ihren Schiefer-, Teer- und Rauchfarben, zwischen denen hie

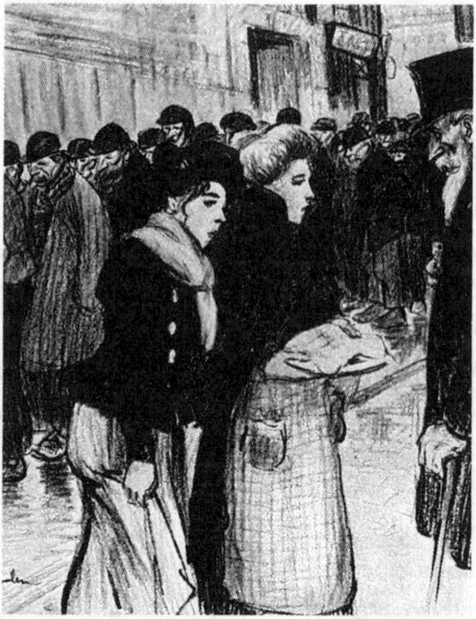

Junge Arbeiterinnen, von Th. A. Steinlen, um 1900

und da das matte Rot einer mit Ochsenblut gestrichenen Fassade eines Schankwirtes aufleuchtete.

Neue Betriebe widmeten sich einer Konfektion, deren Qualität die mit dem industriellen und kommerziellen Aufschwung erschienenen Mittelklassen befriedigen konnte. Dieser mit neuen Bedürfnissen verknüpfte Aufschwung hatte den ständigen Wechsel von Ursache und Wirkung zur Folge: so rief zum Beispiel das Schneiderkostüm der berufstätigen Frau das Aktivwerden einer Branche hervor, die ihrerseits wieder in der Lage war, einer großen Zahl weiblicher Büroangestellter Arbeit zu geben. Jene Art Industrie, deren Produkte zum großen Teil eine manuelle Fertigstellung und Ausschmückung verlangten, die von Heimarbeiterinnen ausgeführt wurden, brachte nicht nur Kleider, sondern auch standardisierte Blusen, Röcke und Kostüme auf den Markt, ohne die Mantillen, Stickereien, Wolltrikots und Häkelarbeiten zu erwähnen, die für den Export bestimmt waren.

Fast ausschließlich im Auftrag von Unternehmern fassoniert und in Heimarbeit gefertigt, hatte die Berliner Konfektion nichts gemeinsam mit der Massenproduktion der Fabriken. Unter der Stimulanz seiner »Gründerjahre« hatte Berlin die schicke, aber lockere Hemdbluse lanciert, bei der das Problem des individuellen Maßes gelöst war, und wiederum war es Berlin, das Konfektionskleider auf lebenden Mannequins vorzuführen wagte, wie in den Salons der Haute-couture. 1906 betrug der Umsatz der Berliner Konfektion 200 Millionen Goldmark, die sich auf 170 Mäntelfabriken, 150 Hemdblusen-Firmen und 70 Häuser für Kleider, Röcke und Trikots verteilten.

Schon seit der Mitte des 19. Jahrhunderts waren die ersten großen Kaufhäuser entstanden. In Paris hatten sich bescheidene Modefirmen in riesige *Bonheur des Dames* verwandelt, Kaufhäuser, wo man im strahlenden Licht der Glas-Kugellampen alles bewundern, Handschuhe anprobieren, Hüte erproben, Schirme und Fächer betasten konnte. Was nicht gefiel, durfte man zurückgeben, und vor allem konnte man sich einen Kredit eröffnen lassen; die Frauen der Angestellten nutzten es aus, mit der Folge, daß sie sich im stillen ruinierten. Wohnte man in der Provinz, so schickte der Versucher seine Kataloge ins Haus und nach Bestellung auch die Ware und Rechnung. Mit der Reklame trat ein neuer Stil auf, die Worte begannen zu wuchern und verloren schließlich ihren Sinn. Sogar die Großen der Branchen, die first-class-Schneider und berühmte Schuhmacher verschmähten nicht den gewagten Slogan. *»Il n'est pas donné* *à tout le monde d'avoir le derrière botté par une botte de chez Sikorski.«* (Nicht jedem ist es vergönnt, mit einem Stiefel von Sikorski in den Hintern getreten zu werden.)

Die Expansion der Gummi-Erzeugung im Rahmen der Kolonialwirtschaft löste in den siebziger Jahren des 19. Jahrhunderts den Boom in Latex aus; sie konnte mit mehr oder weniger Schwankungen das Niveau bis in die ersten zehn Jahre des 20. halten. Schon 1830 hatte ein Wiener Erfinder eine Methode entwickelt, Kautschukfäden mit Baumwolle zu umkleiden, so daß ein elastisches Gewebe entstand, geeignet für Korsetts, Hosenträger, Strumpfbänder, orthopädische Gürtel und dergleichen. 1848 hatte der Gummizug-Stiefel, von engerem und besser sitzendem Zuschnitt als jemals zuvor, den Fuß des Dandy bekleidet wie eine zweite Haut. Bald darauf entdeckten Mackintosh und Hancok, zwei Erfinder aus Glasgow, ein Verfahren, die Gewebe zu gummieren, und da war es nur ein Schritt bis zum wasserdichten Regenmantel. Kautschuk ermöglichte auch Kräusel-Effekte, zum Beispiel im zweiten Kaiserreich die Mode der Tüll- oder Spitzenmanschetten, die innen in Höhe des Ellbogens durch ein Gummiband gehalten wurden.

In einer Zeit, in der das Geld noch keine Abwertung kannte, hatten die sozialen Umschichtungen ein bürokratisches Kleinbürgertum hervorgebracht, das zwar sehr schlecht bezahlt, aber bedacht darauf war, seinen Rang durch äußere Zeichen zu betonen. Der *white collar*, dem diese Klasse ihren Namen verdankte, war nicht selten ein Papierkragen oder ein Kragen aus gummiertem Leinen und später aus Zelluloid. Die Angst vor der Deklassierung, der Wunsch, zu scheinen, die Zugkraft der mondänen Moden auch auf Leute, die sie sich wirtschaftlich eigentlich nicht leisten konnten, und andererseits die ungeheue-

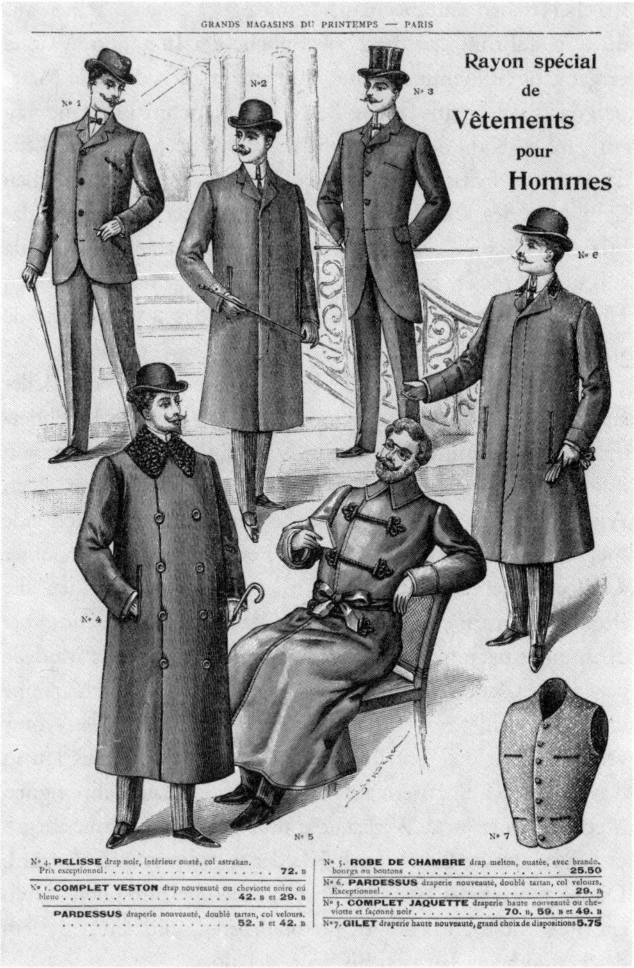

Herrenkonfektion, aus dem »Catalogue des Grands Magasins du Printemps«, 1904

ren chemischen und mechanischen Möglichkeiten machten aus dem 19. Jahrhundert die hohe Epoche der Imitation. Wie es vergangene Stile imitiert hatte, imitierte es auch das edle Material: das Plastron aus feinem Batist war manchmal heimlich an ein grobes Kaliko-Hemd geheftet, die Perlen der Halskette fanden die Entsprechung ihrer Künstlichkeit im falschen Schildpatt des Kamms, die Patentkrawatte ersetzte mit präfabriziertem Schick die Geschicklichkeit des echten Dandy; da gab es Gehröcke, mit falschem Astrachan gefüttert, und den Hermelin-Muff aus dem Hasenstall. All das war im Grunde von rührender Naivität.

Mit dem Anbruch des neuen Jahrhunderts, mit der Belle-Epoque, die für viele eine Zeit der Sorglosigkeit und Leichtfertigkeit war, begannen die großen Kaufhäuser – die meisten von ihnen waren längst Kommanditgesellschaften geworden – den Akzent auf den Faktor der Neuheit zu verlegen. Durch eine spezielle Presse, die sich schon der Photographie bediente, unter die Leute gebracht, erreichten die exklusivsten Moden die eleganten Frauen eines Bürgertums, das zwar vermögend, aber doch nicht reich genug war, um sich die sehr teueren Modelle der Haute Couture leisten zu können. Sie konnten sich an eine kleine Schneiderin wenden, die sich auf die Kunst der Kopie verstand, oder die Abteilungen der gehobenen Konfektion in den großen Kaufhäusern aufsuchen. Letztere hatten ihre eignen Modellzeichner und Werkstätten und produzierten mit ebenso viel Sorgfalt wie Geschmack Kleider in je begrenzter Anzahl. Die elegante Frau brauchte ihre Garderobe nur noch durch entsprechendes Zubehör zu personalisieren, und dieses System des Fertigkleides hat sich bis heute gehalten.

Jede Gesellschaft setzt sich aus einer Unzahl von Zellen zusammen, die von der konventionellen Wissenschaft in mehr oder weniger subjektive, mehr oder weniger willkürliche Kategorien gruppiert werden, je nach den Erfordernissen der Empirie und je nach den Absichten des Analytikers. Es ist äußerst schwierig, sich einen Gesamtüberblick über die ungeheuere Vielfalt der sozialen Strukturen im zaristischen Rußland zu verschaffen, über das Spiel der Zellen, die eben nicht so streng abgedichtet waren, wie man glauben könnte, über manche Randzonen, die sich unter kein absolutes Modell subsumieren lassen.

Der Hof, die obere Gesellschaftsschicht, die reichen Großgrundbesitzer versuchten mit mehr oder weniger Beharrlichkeit und mehr oder weniger Erfolg ihren Geschmack nach dem der westlichen Hauptstädte auszurichten. Paris arbeitete viel für Sankt-Petersburg, alle Frivolitäten des Faubourg Saint-Honoré konnte man unter den Galerien von Gostoni Dvor finden, und im Jahre 1912 nahm der Hof an der Modenvorführung teil, die Paul Poiret auf seiner Welt-Tournee veranstaltete. Doch Rußland selbst besaß keine Haute Couture und in dieser Beziehung bildete das Haus von Madame Lamanoff die Ausnahme, die die Regel bestätigt.

In den letzten Jahren des 19. Jahrhunderts hatte die Industrialisierung Rußlands ein Großbürgertum ins Leben gerufen, das allerdings nur kaum ein Prozent der Bevölkerung darstellte, das sich jedoch energischer als der Adel nach den westlichen Moden richtete. Von 1905 an erlebte man außerdem eine wahre Explosion der Mittelklassen in den städtischen Zentren. Mit Ausnahme der sehr dünnen Schicht der Intelligentsia, die vom Westen fasziniert, aber den Frivolitäten abgeneigt war, und außer den jüdischen Gemeinden, die ihrer traditionellen Kultur stark verhaftet waren, fehlte es den geistig sehr zersplitterten Mittelschichten an Profil. Dieser Zustand, eine Folge der Zensur, der wirtschaftlichen Abhängigkeit des Landes vom Ausland, der in höhere und niedere Verwaltung gegliederten Bürokratie bewirkte einen Mangel an Privatinitiative. Finanziell unbeweglich ließen die Mittelklassen ihre Kleider mit knappsten Kosten bei kleinen jüdischen Schneidern fertigen, die solide, gewissenhaft und ohne den geringsten Gedanken an Eleganz innerhalb von schwer irgendeiner Industrie einzugliedernden Familienbetrieben arbeiteten.

Als »die Erde bebte«, entwarfen Avant-garde-Künstler einen neuen Stil, der sich natürlich auch auf das Kostüm erstreckte. Alexandra Exter, Ljubowja Popowa und Warwara Stepanowa, drei Malerinnen, befaßten sich damit, das Proletariat konstruktivistisch zu kleiden. Von Mode war keine Rede, Ausdruck bürgerlicher Hybris, sondern von einem Kunstgewerbe, das sich ins tägliche Leben einfügte, wie beim Bauhaus, das 1919 in Weimar entstand, oder wie bei der *Union des Artistes Modernes* in Paris. Die Modelle der neuen russischen Richtung waren strikt geometrisch, ohne Ornamente, und setzten große farbige Stoffbahnen gegeneinander. Eine Vorwegnahme der Ideen Courrèges. Aber mochten die Schöpferinnen auch laut verkünden, alle Ästhetik zu verachten und ihre Modelle allein im Hinblick auf die Arbeit in einer klassenlosen Gesellschaft konzipiert zu haben, die Fabrikanten waren anderer Meinung. Als nicht den Bedürfnissen des Proletariats entsprechend, wurden die Modelle niemals ausgeführt und bereits 1924 waren die kunstgewerblichen Entwürfe zu einem progressiven sowjetischen Kostüm in Vergessenheit geraten.

Als nach den Erschütterungen des Regimewechsels die ersten großen Konfektionsfabriken am Ende der zwanziger Jahre in Rußland erschienen, richteten sie sich stilistisch nach dem niedrigsten bekannten Niveau aus. Besseres hatte man nicht gefunden, und auch die Qualität, mit der die kleinen Handwerker gearbeitet hatten, war im übrigen verlorengegangen. Das ländliche Proletariat, dessen Lebensformen bis dahin stark von einer durch Partikularismen geprägten Tradition bestimmt worden waren, akzeptierte jedoch die neue Konfektion. Der Konformismus kam daher, daß die ursprüngliche Folklore infolge des wirtschaftlichen Kollektivismus, des Wandels in den Produktionsbedingungen und der ideologischen Einflüsse eine tiefe kulturelle Degradierung erlebt hatte. Selbstverständlich gab es auch Ausnahmen, und Hirtenvölkerschaften, wie die Usbeken, fuhren auch weiterhin fort, mit Kamelhaar zu weben, die Häute nach alter Methode zu bearbeiten und ihre Filzmützen zu walken.

Konformismus in der Kleidung kann auch durch magische, in den sozialen Traditionen sich spiegelnde Faktoren bestimmt werden. Der Brauch, Trauerkleidung zu tragen, bietet dafür ein Beispiel. Praktisch kommt er zu allen Zeiten und bei allen Völkern vor und findet seinen Ausdruck in vielfältigster Gestalt. Genau wie die Eingeborenen der Adaman-Inseln sich den Körper hellgrün anmalen, bedienten sich auch die alten Griechen, um sich gegen die Schatten der Abgeschiedenen zu schützen, der Tarnung durch ungewöhnliche Farben. Die ungewöhnlichste war für sie das reine Schwarz, das in der Natur nicht vorkommt. Für den Menschen des Mittelalters war es Weiß als das Symbol der Unschuld, die der Lebende dem Toten gegenüber aus Furcht beanspruchte. Jahrhundertelang trugen die Königinnen von Frankreich weiße Trauerkleidung, bis dann Katharina von Medici, von Neuerungen wirklich kaum zu trennen, den Gebrauch von Schwarz einführte. Im Osten hielt sich dagegen weiße Trauerkleidung, und noch im 17. Jahrhundert trugen die Straßburger Witwen einen seltsa-

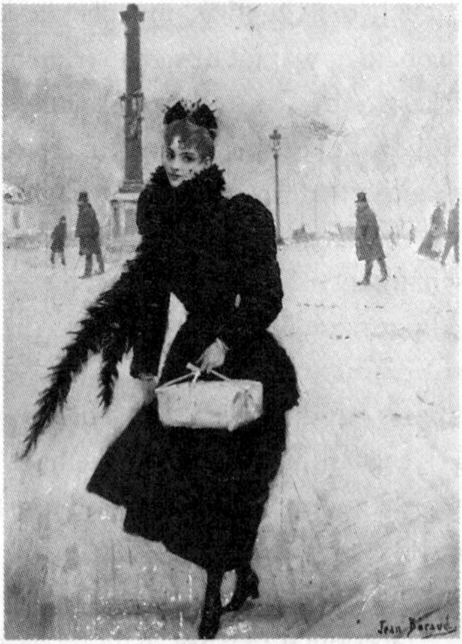

Place de la Concorde, von J. Béraud, um 1900

men, weißen Shawl, den sogenannten Stürzen, der den Kopf, die untere Hälfte des Gesichts und sogar die Hände bedeckte. Die Männer im Elsaß und in Württemberg trugen ebenfalls einen Trauer-Shawl vor dem Mund, das Maultuch, doch während dieses weiß war, zeigen uns Darstellungen aus dem 18. Jahrhundert, daß der der Wiener schwarz war.

Gefühlsbetont und tränenselig hatte die Romantik der Trauer mit dem Aufwand von Gagatperlen, Armbändern aus Haargeflecht und Medaillons einen emphatischen Zug verliehen. Es liegt auf der Hand, daß die Bekleidungsindustrie die Absatzmöglichkeiten, die dieser Kult bot, nicht außer acht lassen konnte, und sogleich spezialisierten sich manche Firmen entsprechend. Darüber hinaus verhinderten weder »Trauerschwarz in 24 Stunden«, noch die »Galanteriewitwentracht«, noch auch die zweideutige »Halbtrauer« es, daß auch der Verstorbene selbst der Wohltat einer adäquaten Kostümierung teilhaftig wurde. Abermals zweigte sich eine spezialisierte Industrie ab, die der Leichenkleidung. Doch während der Primitive seinen Toten für die Reise ins Jenseits alles mitgegeben hatte, was er für das Beste und Schönste hielt, fand der Mensch des Industriezeitalters den letzten Schund noch gut genug dafür. Selten von einer Regression bedroht, war diese Leichenausstattung auch völlig unabhängig von Qualitätskriterien wie von Moden und Jahreszeiten. Sohlen aus Pappe, elend aus billigstem Zeug zusammengenähte Bekleidung, lachhafte Ausschmückung waren bezeichnend für diesen Totenschund, für den horrende Preise gefordert wurden. Noch etwas anderes ist diesen makabren Produkten gemeinsam: Kleider und Schuhe wurden hinten zugeknöpft oder verschnürt.

Zurück zum Handwerk

Der Dandyismus erschleicht ein offizielles Eindringen des Mannes in ein weibliches Universum und das 19. Jahrhundert erlebt das Aufblühen einer neuen Welt in der Welt, das Entstehen eines in rege Monaden aufgeteilten Elementes, in Waben, in denen ein spezifischer Geist herrscht, dessen Wertungen subtilsten Nuancierungen unterworfen sind, ohne die der Arroganz auszuschließen: die Haute Couture. Gewiß, Europa hatte schon große Meister der Bekleidungskunst gekannt, aber sie hatten keine Gelegenheit gehabt, einem Maschinismus zu opponieren. Leroy, der unter dem Empire auf dem fußte, was Rose Bertin unter dem Ancien-Régime betrieben hatte, ließ seine Modelle nach antiken Statuen zeichnen, belieferte Tout Paris

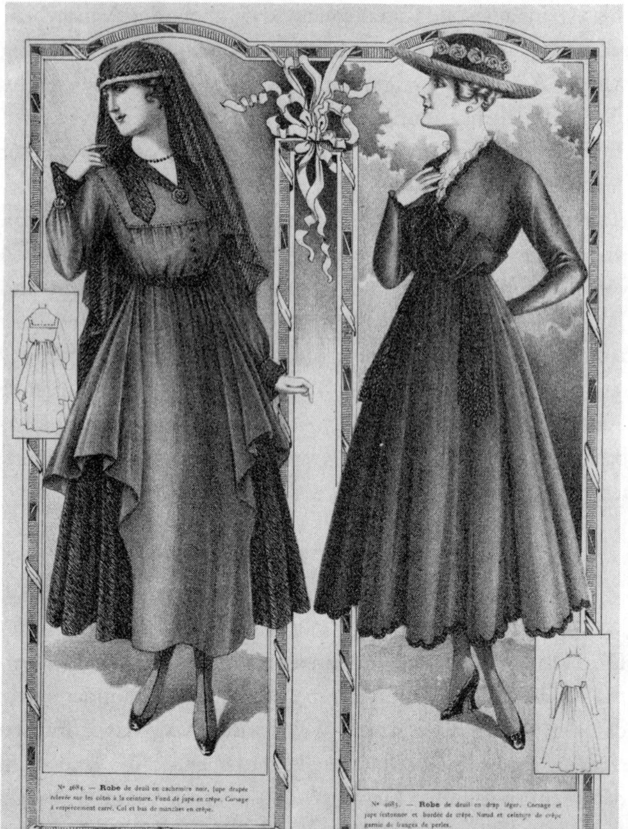

Trauerkleider, »Paris-Toilettes«, 1916

mit Handschuhen, Parfüms, Hüten, geschmuggelten Kaschmirshawls, und die Ziffern seiner Hauptbuch-Aufzeichnungen verschlagen einem den Atem. Wenn er auch ein Meister der Mode war, so war er doch keineswegs ein Schöpfer.

Während Rose Bertin und Leroy nur eine vorgefundene Situation – übrigens ziemlich massiv – ausnutzten, sollte Charles Frederick Worth systematisch die neue Disziplin der Haute Couture aufbauen. Er hatte Geschmack am Risiko, und als Engländer nahm er auch zu verlieren in Kauf. Er gewann.

Sehr jung nach Paris gekommen, fand Worth zunächst Anstellung bei einem Kaufmann der Rue de Richelieu, wo er durch sein Talent, das Neueste vorzulegen und ins Licht zu stellen, auf sich aufmerksam machte. Mit den Kapitalien eines schwedischen Teilhabers eröffnete er 1858 in der Rue de la Paix die Firma Worth & Boberg, die statt Kleider aus den von den Kunden gelieferten Stoffen zu machen, exklusive Modelle aus eigenem Material verkaufte und sie auf lebenden Mannequins vorführte. Die merkwürdig hagere, mit unvergleichlichem Schick begabte Frau des österreichischen Botschafters, Fürstin von Metternich, die wie niemand sonst dazu fähig war, Modeschöpfungen in der internationalen oberen Gesellschaft bekannt zu machen, wurde von Madame Worth gebeten, drei Roben auszuwählen für einen Preis, den sie selbst festsetzen möge. Pauline von Metternich behielt zwei Roben, für die sie je 300 Francs bezahlte, doch schon ein paar Tage danach ließ das Interesse, das die Kaiserin Eugénie daran nahm, sie verstehen, daß sie niemals wieder Schöpfungen von Worth zu diesem Preis würde erwerben können. Worth jedoch war lanciert, und seitdem er Eugénie ankleidete, stieg die Zahl seiner Arbeiterinnen von zwanzig auf mehr als tausend. Napoleon III. anerkannte den Impuls, den Worth der Lyoner Seidenindustrie dadurch gegeben hatte, daß er für die Mode die Fabrikation großer Breiten angeregt hatte, die bis dahin nur für Möbelbezüge und Kofferausstattung hergestellt worden waren; er beauftragte ihn offiziell mit dem Entwurf der Galakleider. Schon 1866 war der Couturier in der Lage, etwa eintausend Toiletten pro Saison an den Hof in Compiègne zu liefern, und für die Eröffnung des Suez-Kanals führte die Kaiserin 250 seiner Kreationen mit.

Die Haute Couture überlebte das zweite Kaiserreich. Die Neuerung Worths war nicht nur kommerziell, sondern auch ästhetisch, und in einer Zeit, die die weibliche Üppigkeit schätzte, war es ihm gelungen, begreiflich zu machen, daß ein schönes Kleid auf einer schlanken Frau noch mehr zur Geltung kommt. Er selbst hatte vor allem begriffen, daß der wahre Luxus notwendigerweise an ein manuelles Verfahren gebunden ist, und daß auch die prächtigste Maschine nur das verwirklichen kann, was der Mensch ihr eingibt.

Die Präraffaeliten hatten – freilich bei völlig verschiedenem sozialem Postulat – ebenfalls eine Rückkehr zum Handwerk eingeleitet, einen unmittelbaren Kontakt des Schaffenden mit dem Geschaffenen. Die Haute Couture, die diesen Schritt in den Sektor der mondänen Exklusivität übertrug, war darum doch weit entfernt, eine anämische Institution zu sein. Sie breitete sich unaufhörlich aus und entwickelte sich; in den letzten Jahren des Jahrhunderts ließ sie sich sogar darauf ein, daß ihre Modelle von Zeichnern oder Modephotographen abgebildet wurden, womit Kopien praktisch möglich wurden.

Zweimal jährlich kamen die eleganten und reichen Frauen aus der ganzen Welt, in den Salons der neuen Firmen ihre Garderobe auszuwählen, bei Paquin, der 2500 Arbeiterinnen beschäftigte, bei den Schwestern Callot, die mit Spitzen debütiert hatten, bei Doucet, einem Kunstliebhaber und Bibliophilen von großer Klasse. Sie fuhren auch nach London, um ein Schneiderkostüm bei Redfern auszusuchen, oder informierten sich durch einen Sprung nach Berlin, was es an letzten Neuheiten gäbe. Denn wenn der Hof der Hohenzollern auch an verzweifelt provinziellen Moden festhielt, profitierte Berlin doch vom wirtschaftlichen Benefiz seines Sieges und hatte die Kundschaft amerikanischer Käuferinnen anzulocken gewußt. In Wien interpretierten Häuser von internationalem Renommee, wie Drecoll, Böhlinger oder Grünbaum, vor allem mit einem lokalen Gepräge, von Paris oder Berlin inspirierte Schöpfungen. Dabei sollte Wien mit seinen Wiener Werkstätten alsbald zu einem der hauptsächlichsten Tiegel werden, aus denen die große internationale Bewegung des Jugendstils hervorging.

Der Jugendstil, der die überkommenen historischen Wurzeln durch den transzendentalen Impuls einer autonomen Ästhetik ersetzte, strebte danach, allumfassend zu wirken. Die Schmuckstücke von Mucha und von Lalique verlangten nach einem angepaßten Rahmen, und Henry van de Velde, Direktor der Kunstgewerbeschule von Weimar, war einer der ersten Wegbereiter solcher Gesamtplanung. Er hatte in den neunziger Jahren die Ornamentik mit Anleihen bei den japanischen Holzschnitten, die nach Europa als Packpapier gekommen waren, und mit Möbeln von fließenden, durch Pflanzenformen inspirierten Linien revolutioniert. Er kreierte auch bequeme und schöne Kleider von delikater Ornamentik, die mit den Reform-Sackkleidern nur die Großzügigkeit eines weiten und freien Zuschnitts gemeinsam haben.

Wie alle großen Kunst-Bewegungen entwickelte auch der Jugendstil, dessen Schöpfungen in London, Paris und Wien sich entfalteten, mit Vitalität und außerordentlichem Luxus ein ganzes Bündel konvergierender Richtungen. Auf dem Gebiet der Mode hatte der Tod Paquins das Verschwinden eines gewissen Genres von Roben symbolisiert, während Isadora Duncan Bühnenkostüme inaugurierte, die schon die Schöpfungen eines Paul Poiret vorwegzunehmen schienen. Sie war es auch, die 1910 die erste Robe von Mariano Fortuny zu tragen wagte.

Geboren in Granada, aber Wahlvenezianer, ein mittelmäßiger Maler, aber ein Grandseigneur und vor allem Schöpfer zauberhafter Kleider, nimmt Fortuny, wenn er auch insgesamt die Mode nicht direkt beeinflußt hat, doch einen besonderen Platz in ihrer Geschichte ein. Dieser Mann, der vielleicht der Leonardo da Vinci des Kunstgewerbes war, und dem man überraschende technische Erfindungen verdankt, hatte in Venedig eine Textilfabrik gegründet, für die er selbst die Seidenmuster entwarf. Für seine vom alten Griechenland und von der Florentiner Renaissance inspirierten Kleider hatte er ein Verfahren feiner, unregelmäßiger Plissage gefunden, deren Geheimnis er nie verraten hat. Seine Seiden in weinroten, malvengrauen oder meergrünen Tönungen, seine goldbedruckten Samte, seine mit Silber bemalten Voiles sind heute von den internationalen Museen gesucht, und Peggy Guggenheim trug häufig Kleider, die Fortuny für die Duse geschaffen hatte. Die Leser von Proust werden sich erinnern, daß Albertine, von Marcel gebeten, ein Kleid von Fortuny auszusuchen, überrascht war, vier davon in dem Karton zu finden, den man ihr brachte. Die Fabrik und die Couture-Firma haben Fortuny nicht überlebt und erloschen 1949 mit ihrem Herrn.

Die fließenden Stoffe in reichen und rauchigen Tönen, die mit großen Blumenmotiven bedruckten Crêpes verdanken einen Teil ihrer Beliebtheit dem englischen Ingenieur Arthur Liberty; wie van de Velde hat er einen Stil zu schaffen gewußt,

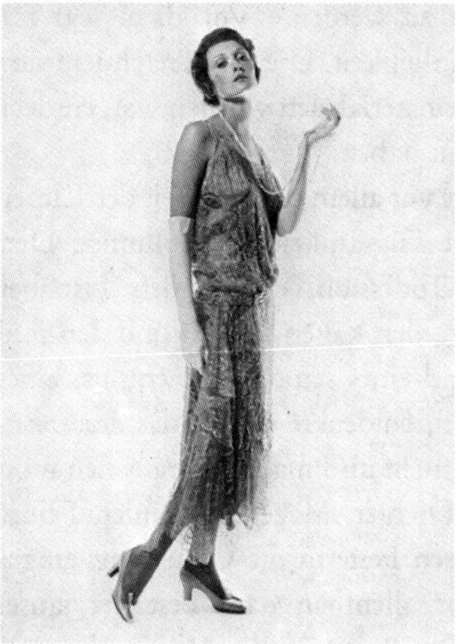

Abendkleid von den Schwestern Callot, 1922

der gleichermaßen für das Kostüm wie für die Einrichtung gültig ist. Bald sollten jedoch diese Farben, Maulwurfsgrau, Hortensia, Mauve, Perlgrau, verschwinden, plötzlich verdrängt von den grellen und frischen Nuancen Poirets.

1879 geboren, war Paul Poiret, nach den ersten Berufserfahrungen bei Doucet, Stilist der Brüder Worth, der Söhne von Charles Frederick, gewesen. Da seine Ideen beim Publikum Skandal erregten, zog er es 1904 vor, mit Hilfe seiner Mutter sich auf eigne Rechnung niederzulassen. »Es war«, schreibt Poiret, »die gesegnete Epoche, in der die Sorgen und Widerwärtigkeiten des Lebens, die Schikanen des Finanzamtes und die sozialistischen Drohungen noch nicht das Denken und die Lebensfreude erdrückten. Die Frauen konnten auf der Straße noch elegant sein, ohne zur Zielscheibe von Anpöbelungen durch die Erdarbeiter zu werden.« Vor allem war es die hohe Zeit verfeinerter Sinnlichkeit. Die Frau, nachdem sie so lange durch steife Moden dematerialisiert worden war, entdeckte die Freude, einen Körper zu haben.

Poiret suchte vor allem die Klarheit der Linien, den Freimut der Farben, die Fügsamkeit der Volumen. Dem Korsett versetzte er den Todesstoß, ebenso den Fischbeinkragen, den Volant-Röcken, den kalten Farben und den mühlradförmigen Hüten. Anhand eines seiner Mannequins, eines Modells von Auguste Rodin, entdeckte er neu das *apodesma* der altgriechischen Sportlerinnen und machte daraus den modernen Büstenhalter. Maler, Dichter, Mäzen, Sammler, Feinschmecker und Gastgeber, dessen Feste in die Geschichte eingegangen sind – man denkt vor allem an das »Fest der tausendundzweiten Nacht« –, führte Poiret in die Moden der Belle Epoque die Exotik der Puffhosen, der Haremsröcke, der Turbane, der persischen Gewänder, der kimonoartigen Abendmäntel ein. Latent gab es diese Exotik bereits als Auswirkung der Kolonialerlebnisse, aber dann auch durch die Plünderung des Pekinger Sommerpalais, die durch ihre Beutestücke dazu beigetragen hatte, in Europa chinesische Kunst zu verbreiten. Der japanische Einfluß auf die graphischen Künste und das Kunstgewerbe dagegen liegt mit seinen Anfängen wesentlich früher, soweit sich überhaupt Daten nennen lassen; die Brüder Goncourt schon machen häufig Anspielungen auf Sammler und Händler von japanischer Kunst. Der Neo-Japanismus eines Paul Poiret war eher eine Art Interpretierung des *monde flottant* durch den Fauvismus.

1911 gründete Paul Poiret zusammen mit Raoul Dufy *La petite usine*, eigentlich ein Handwerksatelier, wenn auch die Frische der Textilfarben der chemischen Industrie zu verdanken war. *La petite usine* schuf Möbel, Tapeten und Stoffe nach den aus der Kunstschule »Martine« stammenden Zeichnungen, einer weiteren Schöpfung Poirets. Dort wurden kleine Mädchen unterrichtet, denen man alle Freiheit ließ, spontan ihre Naturerlebnisse zu Papier zu bringen. Die Kinder erhielten eine Vergütung und die besten Zeichnungen wurden prämiert. Poiret wollte ein Luxushandwerk ins Leben rufen, das einen wirklich neuen Stil zu propagieren vermochte.

Der Schwanengesang von Paul Poiret fällt mit der *Exposition des Arts Décoratifs* zusammen, die ursprünglich für 1915 vorgesehen, um zehn Jahre verschoben werden mußte. Die drei Seineschiffe »*Amours*«, »*Délices*« und »*Orgues*«, die am Pont Alexandre vertäut lagen und eine Synthese der kreativen Tätigkeiten Poirets darstellten, hatten keinerlei Erfolg und waren der Beginn des Niedergangs für den Künstler, der 1944 im Elend verstarb.

Zwischen 1914 und 1925 hatte es der Mode an Einheitlichkeit gefehlt; zuviel Gefühlswallungen oder auch widersprüchliche Situationen hatten zu einem Wirrsal geführt. Der Krieg, der die Techniken der Militärkonfektion förderte, trug dazu bei, die neuen Erfindungen auch auf dem Gebiet der Zivilkleidung anzuwenden. Vom französischen Einfluß abgeschnitten, hatten Wien und Berlin autonome Formen entwickelt. In Frankreich hatte der zeitweilige Verlust der großen Textilmanufakturen im Norden, zusammen mit dem Bedarf an grobem Tuch für die Truppen, die Mode auf leichte Stoffe hingewiesen, die ja auch den flüssigen Linien entgegenkamen, wie Poiret sie eingeführt hatte. Wenn auch manche exaltierten Patriotinnen ostentativ sich in Kostümen von militärischem Schnitt zeigten, so zog die Mehrzahl der Französinnen doch einen sehr weiblichen, fast morbiden Stil vor, schlängelnde Schleppen oder höchst romantische, gebauschte Röcke, die, von Jeanne Lanvin lanciert, sogar der Demi-Crinoline Gelegenheit zu einer kurzen Rückkehr gaben. Da 1919 Wolle sehr teuer war, verwendete man locker gewebte Stoffe. Das seit Kriegsbeginn verschwundene Gold fand sich plötzlich in allen Einzelheiten des Zierats: mit Goldfäden gewebtes Jersey, Turban aus Goldspitze, ins Haar geflochtene Goldfäden und sogar Goldpuder als höchste Verfeinerung des *make up*. Während für den Tag das Schneiderkostüm mit engem Rock und langem Jackett mehr als je beliebt war, gaben die Abendtoiletten in den Monaten nach dem Waffenstillstand auf seiten der Alliierten Anlaß zu größtem Luxus. Die Abendmäntel, die Capes, waren häufig mit Affenfell oder Jett-Fransen gesäumt, mit Pfauenfedern oder Stickereien aus Stahlperlen verziert; man sah sogar bizarre »*manteaux à trous*«.

Selten sind Strömungen streng abgegrenzt. Obwohl Poiret den Kubismus abgelehnt hatte, fanden sich doch auch bei ihm stilisierte geometrische Pflanzenmotive. Ihrerseits lehnten die Modernen zwar das ästhetische Erbe der üppigen Belle Epoque ab, übersetzten es aber doch ab und zu durchaus in die Sprache des Kubismus. Da das Kunstgewerbe seit den Präraffaeliten sich wieder der Anerkennung erfreute, war es ganz natürlich, daß der Kubismus auch vor der Mode nicht halt machte. Sonia Delaunay koppelte beide. Wie Robert Delaunay die Simultankunst erfunden hatte, ohne leider für deren Produkte einen Absatz zu finden, lancierte Sonia die Simultan-Mode, die sofort bei den Eleganten der *roaring twenties* begeisterten Anklang fand. In dem Atelier am Boulevard Malesherbes kleidete Sonia sie in einem wahren Farbenrausch von kontrastierenden Tönen: weiß und violett, orange und apfelgrün, rosa und granatrot. Diese Russin von unerschöpflichem Einfallsreichtum schuf auch

Tapeten, Möbelstoffe und Kostüme für die Balletts von Diaghilew und Tzara in einer Stadt, in der die Moden so oft von Ausländern gemacht wurden: dem Engländer Worth, dem Iren Edward Molyneux, dem Schweizer Robert Piguet, den Italienerinnen Elsa Schiaparelli und Nina Ricci. Und nach der in diesem Buch behandelten Epoche dem Spanier Balenciaga, einem der größten Modeschöpfer.

Der Konstruktivismus Malewitschs, der Funktionalismus Le Corbusiers und des Bauhauses trugen dazu bei, eine neue Kleiderarchitektur zu inspirieren. Gabrielle (Coco) Chanel unternahm die geometrische Reduzierung des Kostüms und, indem sie den Zierat loslöste, wies sie ihm den beweglichen und auswechelbaren Platz des Schmuckstücks zu. Sie lancierte das kleine schwarze Kleid, weil in einer polychromen Welt Schwarz einen dramatischen Akzent setzt, der die Aufmerksamkeit auf seine Trägerin lenkt, weil es alle Kombinationen erlaubt und eine sehr exklusive Form des *understatement* darstellt. Reich an fiktiven Erinnerungen und widersprüchlichen Anekdoten schuf Coco Chanel nicht nur ihre eigene Legende, sondern vor allem einen neuen Stil voller Dynamik und im Einklang von Körper und Kleid: den Körper *im* Kleid. Sie hatte das Geschick, eine angelsächsische Kundschaft, die sich nach den Londoner Moden zu orientieren pflegte, nach Paris zu holen oder zurückzuholen. Namentlich aber verstand sie, sich im Rhythmus ihrer Zeit einzusetzen. Auch wenn man von Demokratisierung nicht sprechen kann, so hatte die Eleganz sich doch grundlegend geändert. Trotz der Galuchat-Puderdosen und zitronengelben Torpedos fehlte etwas vom Luxus der tollen Jahre und denen, die auf sie folgten. Er wirkte ein wenig zu absichtlich, als ob der Weltkrieg mit den Equipagen, den großen Kokotten und der doppelten Moral auch das ungezwungene Selbstverständnis verschlungen habe. Die Zeit, in der lange, rostfarbene Kleider im Vetyver, das Proust so liebte, ruhten, war endgültig verloren.

Die Herrenmode hatte manches von ihrer Strenge aufgegeben; mit seinem schwarzen Jackett und der gestreiften Hose bot der »Stresemann« eine Variante zum offiziellen Kostüm. Die Männer entdeckten, wie bequem ein Blazer oder die Klubjacke über den grauen Flanellhosen war, oder auch der Komfort der Knickerbocker, die von den englischen Offizieren auf dem Kontinent eingeführt worden waren. Ein weiterer Angelsachse, der Pullover, eroberte in der Mode einen Platz, den er vermutlich immer behalten wird. Leicht in der Herstellung, im Tragen und in der Pflege, leicht im Koffer unterzubringen, so gut wie knitterfrei, bildete er sofort einen Hauptbestandteil der modernen Garderobe. Er war uni, mit Rauten oder Streifen für den Herrn, während er für die Dame Gold- und Silbermotive und die Phantasie kombinierter Materialien annahm, da es die Nüchternheit der rechtwinkligen Formen auszugleichen galt. Außerdem wurden die Kosmetika und das *make up*, denen die chemische Industrie einen beachtlichen Aufschwung verschaffte, ihrerseits zu einer Komponente des Gut-angezogen-Seins.

Seit Anfang des Jahrhunderts und besonders seit 1914 suchten mehrere europäische Länder danach, Seide aus Zellulose mit endlosem Faden herzustellen. Die Mode der kurzen Röcke gab den Beinen eine neue erotische Bedeutung. Die Produktion von Kunstseidenstrümpfen wurde zu einem wichtigen Sektor, denn Naturseide war noch teuer, auch im Blick auf ihre Empfindlichkeit. Die Kunstseidenstrümpfe kamen in fleischfarbenen Nuancen auf den Markt, die freilich alle schrecklich glänzten. Nach Verfahren auf der Basis von Kupfer und Azetat entwickelt, vervollkommnete sich die Herstellung der Kunstseide nach und nach und erstreckte sich bald auch auf das Material für Kleider- und Möbelstoffe. Das Gesetz schrieb für die neuen Produkte Namen vor, aus denen ihre Künstlichkeit hervorging, ohne jedoch zu brutal an den Begriff des Ersatzes zu erinnern.

Im Herbst 1929 ließ die französische Haute Couture unvermittelt den Rocksaum fallen, ein Sturz, der in einer einzigen Nacht alle Vorräte unmodern werden ließ, die die Filmindustrie just nach Europa versenden wollte. Bis in die Grundfesten hinein schien Holywood erschüttert. Im übrigen konnte man eine Rückkehr zur Weiblichkeit feststellen, die sich in welligen Frisuren, wehenden Shawls, plissierten Volants und unsymmetrischen Stoffbahnen verriet, mit denen dem Rock ungleiche Länge gegeben wurde. Mit dem Schrägschnitt, der durch Ausnützung der Elastizität des Gewebes flexible und doch anliegende Formen erlaubte, hatte Madeleine Vionnet bereits einer neuen Architektur der Toiletten die Bahn geöffnet. Es erschienen auch neue Namen in der Haute Couture: Robert Piguet, berühmt für seine Mäntel und Nachmittagskostüme; Mademoiselle Grès, eine ehemalige Bildhauerin, die für die Abendkleider Seidenjersey einführte, was einen Faltenwurf von wahrhaft klassischem Adel erlaubte; Elsa Schiaparelli, die, unerschöpflich an technischen Einfällen, auch als erste die Idee hatte, den Druckknopf durch den Reißverschluß zu ersetzen; Jacques Heim, der in den jungen Mädchen autonome Geschöpfe und ein soziales Potential sah und für sie reizende Moden schuf. Da es der Weltwirtschaftskrise die Stirn zu bieten galt, stimulierte man die französische Textilindustrie durch die Kreation von Modellen, die viel Stoff verlangten. Vor allem die Abendkleider nahmen unendliche Weiten an; feierlich und romantisch glichen sie tiefe Décolletés durch die Überfülle der Röcke aus. Diese schwindelerregenden Décolletés waren im Grund die einzige Extravaganz der dreißiger Jahre. Im großen und ganzen waren die Moden ruhig und subtil mit viel gesteppten Inkrustationen, geknöpften Patten, schräg gekreuzten Stoffbahnen. Man liebte den Canotier oder den klassischen Filzhut, Trotteur-Schuhe, Trois-Quarts-Kostüme und für den Nachmittag Hemdblusen aus Crêpe-Georgette oder Mantelkleider von diskretem Raffinement, die aus dem Repertoire der zeitgenössischen Kleidung völlig verschwunden sind.

Die Zeit, in der amerikanische Kommissionäre nach Paris kamen, um Dutzende von Modellen zu kaufen, die sie den Stilisten der gehobenen Konfektion weiterverkauften, war vorbei, seit die Krise Washington veranlaßt hatte, importierte

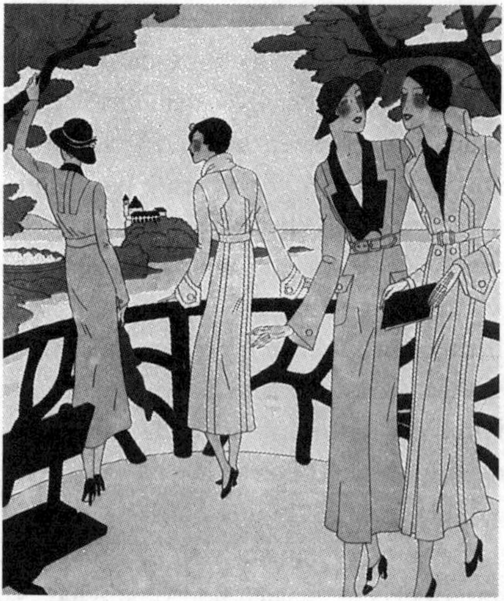

Zwei Modelle von Worth, 1932

Kleider mit einer 90% betragenden Taxe zu belegen. Die Maßnahme erstreckte sich nicht auf Schnittmuster noch auf Nesselschnitte, daher konnten die Kommissionäre einen Nesselschnitt zu Tausenden von Exemplaren schematisiert und vereinfacht reproduzieren. Während vor der Krise die großen Häuser der europäischen Couture sich grundsätzlich geweigert hatten, ihre Nesselschnitte zu verkaufen, sahen sie sich jetzt dazu gezwungen, um nicht die amerikanische Kundschaft gänzlich zu verlieren. Zudem war es für die Haute Couture von größtem Nachteil, daß manche skrupellosen Konfektionäre in großer Serie hergestellte Kleider mit einer falschen *griffe*, einem gefälschten Originalkennzeichen, versahen. Diese Entwicklung kann durchaus nicht mit den Transaktionen verglichen werden, die unter Kontrolle zwischen der Haute Couture und der Industrie von Serienkleidern abgewickelt werden, wenn es auch zutrifft, daß sie die Bahn geöffnet haben.

Weitere Faktoren trugen dazu bei, die Bekleidungswirtschaft der dreißiger Jahre grundlegend zu verändern. Die in Berlin konzentrierte deutsche Konfektion von guter Qualität verteilte sich zu 80% auf jüdische Unternehmen. Die Machtergreifung der Nazis ruinierte diese Branche völlig, und da das III. Reich zudem jeden kulturellen Beitrag aus dem Ausland ablehnte, sah man rasch das, was man eine kosmopolitische Eleganz nennen könnte, in Deutschland abnehmen und dann verschwinden.

Was die Moden der Länder, die sich an diese Art Eleganz noch hielten, an Außerordentlichem kennzeichnete, war just, daß sie nichts Außerordentliches hatten. Am Vorabend eines Kataklysmus hätte man sich auf mehr Fieber gefaßt machen können. Den menschlichen Proportionen angepaßt, waren die Kleider angenehm, ihr Schick verriet sich in der Wahl der Farben und in den Details. Es gab keine Explosion von Luxus, keine begeisterte Apotheose, kein phantastisches Feuerwerk wie im Frühjahr 1914. Nichts Exzessives außer den breiten, ausgestopften Schultern, die der Silhouette einen seltsamen Aspekt von Kraft verliehen. Leider war es eben Kraft, die man bald nötig haben würde.

DIE MODE UND IHR BILD

»If John Bull turns to look after you,
you are not well dressed.«
George Bryan Brummel

Ästhetik und Konformismus

Eleganz entsteht da, wo der Seltenheitskoeffizient mit sozialer Sanktionierung zusammentrifft. Sehr viel Sicherheit und sehr viel Prestige gehören dazu, eine Mode zu lancieren, und kaum ist es gelungen, wird es bereits Zeit, sie wieder aufzugeben. Sobald sie dem Phänomen der Vermassung verfällt, hört eine Mode auf, elegant zu sein, denn ihre metaphysische Substanz erfordert, daß Eleganz an den Wert einer Prüfung, an eine Schwierigkeit, an eine elitäre Begrenzung gebunden ist. Vom Bild der Oberklassen inspiriert, hängen die Moden immer von der nie vergessenen Komponente des Prestiges ab, das schon der prähistorische Mensch von der Bekleidung ablas. In gleichem Maß wie Schönheit der Gestalt kann auch Eleganz nur ein Privileg sein; es leugnen zu wollen hieße, ihr Wesen absichtlich leugnen.

Solange das Volk mager war, verlangte Eleganz die Wohlbeleibtheit als Zeichen von Reichtum, das heißt, als Zeichen von Macht. Jahrhundertelang sollte der Teint blaß sein als Gegensatz zu der Sonnenverbranntheit der Bauern, der Fuß zum Gehen ungeschickt, da man in der Karosse fuhr. Damit die Schönheit selten sei, wollte Italien sie blond, während die Niederlande verlangten, daß schwarze Zöpfe sie zierten. Im 17. Jahrhundert puderten die hübschen Frauen von Amsterdam ihr

Haar mit Antimon oder bearbeiteten es lange mit Kämmen aus Blei, während die Venezianerinnen es unter Hüten ohne Boden, deren breiter Rand den Teint schützte, stundenlang der Einwirkung der Sonne aussetzten oder es mit scharfen Laugen spülten.

Wenn Wohlbeleibtheit ein Privileg der Reichen war, so war ihr Übermaß nicht ohne Nachteil, ja Gefahr, und die Römer der Dekadenzepoche, gewaltige Esser, brauchten Dampfbäder und Massagen. Auch Sport übte man, sofern es dazu noch nicht zu spät war und das Gewicht nicht schon überhand genommen hatte. Der Mensch des Mittelalters dagegen scheint ein gewisses körperliches Gleichgewicht gefunden zu haben, vergleicht man ihn mit den Zeitgenossen der Renaissance und des 17. Jahrhunderts. Damals werden in den Texten, die der weiblichen Schönheit gelten, immer wieder üppige Formen gepriesen. In Venedig namentlich scheint man die Frauen nach Gewicht geschätzt zu haben, genau wie im Orient. Da schlank sein soviel galt wie nichts sein, kannten die eleganten Damen der Serenissima Formeln, von denen die bekannteste aus Mandeln, Nüssen, Trauben, Pistazien, Honig und Zypernwein bestand. Wenn diese wahre Kalorienexplosion ohne Wirkung blieb, so griff man zu einem Püree aus Spinnen, das die Damen heldenhaft schluckten, da man, um schön zu sein, leiden muß. Anfang des 18. Jahrhunderts kommt dann eine neue Ästhetik auf: elegant sein heißt leicht und schlank sein, und diese Tendenz nahm noch zu, als mit dem Empire die Verbreitung der Kartoffel den proletarischen Massen Körperfülle verschaffte. Da jedoch die gute Küche für die schlanke Linie ebenso fatal ist wie die Kartoffeln, mußte der modebewußte Feinschmecker nun zeitlebens gegen den Bauch ankämpfen, in dem Brillat-Savarin »einen fürchterlichen Feind« sah. Mit der Verbürgerlichung des 19. Jahrhunderts eroberte der Bauch, der den Männern mehr

Majestät und den Frauen mehr Gewichtung zu geben schien, wieder etwas Terrain in der Gunst, bis dann Worth die radikale Abwendung von den üppigen Körperformen brachte. Heutzutage haben Sport und Ernährungshygiene, die viel grausamer ist, als früher das Korsett, die Schlankheit endgültig zum Kanon erhoben.

Schlank sein entspricht einem Begriff von Disziplin und Selbstkontrolle, also somit auch dem regulativen Postulat, das darzustellen die Eleganz trachtet. Die Ästhetik verbindet sich mit der Ethik im Bild eines Menschen von Geschmack, der Herr seiner selbst zu bleiben weiß.

Verkörperungen des Ideals

Für Petronius führte die Selbstbeherrschung zu einer absoluten Souveränität über das eigene Geschick. Konsul von Bithynien, dann *maitre des plaisirs* an Neros Hof, ein großer Dichter und *arbiter elegantiae* war Petronius ein wahrer Grandseigneur; der Verschwörung beschuldigt, zog er es vor, zu sterben, statt in die Hände seiner Feinde zu fallen. In seiner Villa in Cumä nimmt er diesen Abschied zum Vorwand einer prächtigen Inszenierung: Dandy, lange bevor es den Begriff gab, treibt er die Eleganz bis ins äußerste Extrem, will seine Totenfeier selbst beaufsichtigen, das gute Aussehen bis ins Letale bewahren und das Zeremoniell nach dem guten Geschmack ausrichten.

Das Mittelalter entwickelte, nach den verworrenen Jahrhunderten, den Kult der höfischen Liebe, eine ritterliche Form, die, mehr oder weniger fiktiv und literarisch, doch eine zivilisatorische Wirkung auf die Gesamtheit der Sitten ausübte. Das erotische Spiel, als ein dialektisches verstanden, und die Wahl der »vrouwe« als Schiedsrichterin in Fragen der guten Manieren und schönen Gefühle rehabilitierten die Frau, in der die Kirche nur ein Objekt der Sünde, ein inferiores Wesen sah, dem manche Scholastiker die Seele absprachen. Nicht selten an einen Haudegen aus hohem Haus verheiratet, war sie mehr Sklavin als Gattin. Die Merowinger hatten die Polygamie praktiziert, Karl der Große hatte Nebenfrauen, und in Deutschland hatte der Mann bis ins 13. Jahrhundert das Recht, Frau und Kinder zu verkaufen. An den Höfen einer Provence, die noch von den letzten Nachklängen des attischen Heidentums maßvoll und mild gehalten wurde, unterwarfen sich die ritterlichen Troubadoure des 12. Jahrhunderts freiwillig einem komplizierten und zeremoniösen Ritual. Es schrieb zum Beispiel vor, verschiedene Farben je nach dem Rang zu tragen, den der Ritter in der Gunst der Dame einnahm. Der *feignaire*, oft ein »irrender Ritter«, der sich in Liebe verzehrte, trug ausschließlich Grün. Hatte er sich erklärt und war damit zum *preiaire* geworden, stand es ihm an, Weiß zu tragen. Als *entendaire*, das heißt, offiziell als Verehrer angenommen, kam ihm von rechtens Rot zu. Er konnte dann noch bis zum Gelb gelangen, Emblem einer glücklichen Liebe, von der niemand wissen konnte, bis wie weit die Vertraulichkeiten gingen.

Das Bild des keuschen und empfindsamen Mannes – Parzifal – führte automatisch zu dem des effeminierten Mannes. Die aus den Kreuzzügen mitgebrachten orientalischen Stoffe bestimmten den Stil der Moden, die für beide Geschlechter fast identisch waren und eine geschwisterliche Absichtslosigkeit, einen Ausschluß jeder willentlichen Sexualität, ausdrücken zu wollen schienen. Glatt rasiert, oft mit Blumen bekränzt, suchte der Ritter seiner Dame zu gleichen, sich mit ihr zu identifizieren, sublimste Form der Liebe. Dennoch geschah es ihm, daß er sich in eine Art plumpen gefährlichen Käfer verwandelte, sobald er die Rüstung anlegte. Er verdeckte sie mit einem wappengeschmückten Waffenrock und trug als Talisman den Ärmel seines Idols. Unterwegs, von seiner Dame getrennt, nahm der Ritter eine männlichere Wesensart an und setzte sich Kopfbedeckungen auf, die seinen Rang bezeichneten und Formen entwickelten, deren Ähnlichkeit mit denen von Frauen getragenen sich mehr und mehr verlor.

Das Heraufkommen eines mittelalterlichen Bürgertums und das Menschenbild, das sich daraus ergab, sollten den Rhythmus der aufeinanderfolgenden Moden beschleunigen. Das städtische Leben ist unendlich fieberhafter als das an den Lehnshöfen. Reisen, Austausch, Erfindungen und eine neue Prosperität bringen vor allem in Italien ein unvergleichliches Aufblühen von Formen. Sie sind praktisch unbegrenzt, und wenn sie einer allgemeinen Linie folgen, so gehorcht die Ausschmückung als solche nur dem doppelten Reichtum, dem der Phantasie und dem des Geldkastens. Wiederum ist es Italien, wo das Modell zu einer neuen Lebensart entstehen sollte; hier wird eine Form europäischer Höflichkeit kodifiziert, deren Prinzipien man noch immer ohne Schaden befolgen könnte. In der ersten Hälfte des 16. Jahrhunderts veröffentlicht der Florentiner Giovanni della Casa *Il Galateo*, ein Handbuch mit Vorschriften ebenso für die Sauberkeit der Sprache wie die der Fingernägel und der bedingungslosen Ablehnung von jeder Art Unschicklichkeit. 1528 entwirft Baldassare Castiglione, Diplomat und Schriftsteller, in *Il Cortigiano* das geistige und körperliche Bild des Weltmanns, der in Frankreich als *honnête homme*, in England als *gentleman* bezeichnet werden wird. Keine wirkliche Eleganz außerhalb eines *bon ton*, der seinerseits nicht nur von einem sittlichen Wert, sondern auch von der Etikette abhängig ist,

Geheimsprache und Erkennungszeichen einer sozialen Klasse. Dank den Konventionen der Etikette erhält sich eine exklusive Vorstellung von Geschmack, sofern es ihr nicht passiert, daß sie ihren ursprünglichen Sinn verliert und zu einer Karikatur ihrer selbst verknöchert. Doch eben diesen Verlust des Maßes hatten *Il Galateo* und vor alllem *Il Cortigiano* verurteilt. Aber immer war er tatsächlich eingetreten: im Hellenismus hatte er sich in der gezierten, schmucküberladenen Grazie gezeigt; im späten Rom in dem Parvenü-Stil, der es wollte, daß die Dinge, um schön zu sein, sichtbarlich teuer und von weither gebracht seien. Wiederum war er in den Narrheiten der *coquerels*, der galanten Exzentriker am Hof Karls VI. von Frankreich, zum Ausdruck gekommen; sie wollten ihre Schuhe zugespitzt zu langen Schnäbeln *à la poulaine*, das heißt nach polnischer Manier, denn diese Mode kam aus dem Osten; mit einem Kettchen war der Schnabel zuweilen am Bein befestigt. Sie zerschnitten ihre Kappen und Ärmel zu flatternden Zatteln, zu Hahnenkämmen, Artischockenblättern und Krebsschwänzen, während der hundertjährige Krieg das Land verwüstete und die Wölfe in die Städte kamen.

Der elizabethanische *coxcomb* glänzte ebenfalls durchaus nicht durch seinen Sinn für Maß. Er entsprach unserem Playboy, nur war er intelligenter, aber auch lasterhafter. Zuweilen las er und zollte im *Globe* Shakespeare Beifall; seine Sitten waren darum nicht besser. Wenn der *coxcomb* sich von französischen oder italienischen Moden inspirieren ließ, so trug er doch Sorge, daß sein Rouge noch greller, seine *mouches* noch größer (manche hatten den Durchmesser eines großen Geldstücks), sein Wams noch praller ausgestopft, seine Kniehosen noch aufgeplusterter waren. Seine Handschuhe aus feinem, zum Hut passenden Leder hatten hellere, noch feinere, mit Tieren und Blumen bestickte Stulpen, während phantastische Rosetten, enorme Pompons, seine Schuhe zierten. Der *coxcomb* affektierte eine Sprache im dunklen, paradoxen Stil eines John Lyly und seine Gesten waren von effeminierter Zweideutigkeit. Er mußte nicht unbedingt von Adel sein, er konnte auch einen Kaufmann zum Vater haben. Denn England war damals so reich, daß sogar die Bäuerinnen, die ihr Gemüse zum Markt brachten, gestickte Pantoffeln und seidene Hauben trugen.

Das 17. Jahrhundert sollte vor allem eine Epoche geistiger, politischer, wissenschaftlicher, religiöser und sittlicher Krisen werden. Im barocken Stil, der ebenso verschiedenartig ist wie die Ursachen, aus denen er entstand, kommt die Krise des Empfindens zum Ausdruck. Auf halbem Weg vom pikaresken Schwall der Renaissance zu den Geziertheiten des *bleu mourant* beherrscht der Kavalier die Moden.

Unter der Restauration Karls II. pflegt der britische Kavalier, im Umkreis des St.-James-Parks, eine möglichst nasale Aussprache, die rekursive Aussprache des Snobismus durch Jahrhunderte hindurch, und unterwirft sich dem Genre, das in fast allen europäischen Ländern die spanischen Moden durch die französischen ersetzt hatte. Er trug also eine Jacke mit sehr hoher Taille, deren Schöße lang genug waren, um den Gürtel der Kniehose zu verdecken. Letztere – *gathered trunk-hose* – fiel über die Spitzen-*canons*, die aus den Stiefeln heraushingen. Seit den ersten zwanzig Jahren des Jahrhunderts hatten die Ärmel sich unmäßig erweitert; der Länge nach aufgeschlitzt ließen sie die Wäsche des Hemdes hervorsehen. Ende des 17. Jahrhunderts gaben die bis in Ellbogenhöhe verkürzten Jacken Gelegenheit zur Entfaltung eines großen Luxus durch gebauschte, bis über die Finger herabfallende Ärmel, die am Handgelenk mit einer Bandschleife befestigt waren. Diese Schleifen kehrten auch als Zierat der Handschuhe wieder, die nicht nur weiß oder schwarz, sondern rosa, blaßblau, hellgrün waren und deren Stulpen manchmal bis zum Ellbogen reichten. Im Winter ergänzte der Kavalier sie durch einen Muff und ebenso wie die Damen trug er darin ein Hündchen mit sich, das winzig sein mußte, denn der Muff war keineswegs geräumig. In England wie in Frankreich war das Hündchen für die Eleganz unerläßlich, und zum bloßen Beiwerk degradiert, diente es beim Flirt und der Koketterie als Vorwand genau wie der Fächer.

Diese bebänderten, schleifengeschmückten, geschminkten englischen Kavaliere, die einer ihrer Zeitgenossen *painted men* nennt, waren im Verhältnis sehr viel weniger zahlreich als ihre französische Entsprechung. Der französische Kavalier, der ebenfalls in Bänder und Schleifen vernarrt war, brachte sie überall an, nachdem Richelieu ausländische Spitzen verboten hatte. Der Gesamtheit dieser Bänder gab man den Namen *petite oie*. Die Galanterie, wie man die Eleganz damals nannte, machte aus dem Kavalier *à la mode* eine Art volant-überladenen Lampenschirm; die unersättliche *petite oie* wand ihre Schleifen um seine Hüte, seine Handschuhe, seine Spazierstöcke, seine Schuhe und verschlang bis zu 300 Ellen Seidenband, das heißt etwa 350 Meter. Des Kardinals Wirtschaftlichkeit hinkte.

Diese schönen Kavaliere, die sich unter den Arkaden der Place Royale an Witz selbst überboten und sich um einen Blick zu Tode duellierten, schufen ein sehr doppeldeutiges Bild des modischen Herrn. Effeminiert, aber den Kult körperlichen Mutes bis ins Absurde übertreibend, ließen diese von Schulden erdrückten Stutzer den Nagel des kleinen Fingers unmäßig lang wachsen, um an der Tür der Damen kratzen zu können – zu klopfen wäre ihnen vulgär vorgekommen –, flochten eine Strähne ihres Haares mit einer Perle verziert zu *cadenettes* und, da sie die Füßlinge der Strümpfe ersparten, um sich den Luxus der *canons* leisten zu können, gingen sie in ihren Stiefeln bloßhäutig. Verzärtelt war man nicht. Auch nicht sauber und der Körpergeruch des Menschen war niemals so aggressiv wie damals. Man glaubte, mit viel Moschus dagegen angehen zu können, ebenso wie Ninon de Lenclos mit viel Bleiweiß, viel Rouge und viel Geist gegen die Spuren des Alters angehen zu können glaubte. Affektiert, theatralisch und schon anachronistisch, denn er entsprang einer längst versunkenen Lehnsritterschaft, hatte der Kavalier *à la mode* seine Nachahmer. Wie Jean Cocteau gesagt hat: »Man muß wissen, bis wohin man zu weit gehen kann.« Der Kavalier hatte dafür vielleicht noch den Instinkt, der seinen Nachahmern abging; daher läßt sich an deren Unzulänglichkeit gerade die undeutliche Grenze erkennen, die den lächerlich Eleganten von dem absoluten Lächerlichen trennt. Freilich von den Vorschriften des *Cortigiano* war man weit, weit entfernt.

Während der ungeheuere Apparat und die Etikette, die Ludwig XIV. umgaben, Anlaß zu stilistischen Monstrositäten gaben, befürwortete er selbst Moden von gewisser Nüchternheit, wenn man von der Allongeperücke absieht. Zu Beginn seiner Regierungszeit hatte er zwar die *rhingraves*, die *canons*, die breiten Ärmel übernommen, sich jedoch schon sehr bald einem anderen Stil zugewendet. La Mode, c'est moi. Er hat es nie gesagt, vielleicht nie gedacht, doch keiner der Höflinge, die sich vor ihm verneigten, hätte sich vorzustellen gewagt, er könne es nicht tun. In Wahrheit akzeptierte er nur die Moden, die der Herzog von Candale, ferner ein gewisser Monsieur Langlée, eine zweideutige Persönlichkeit, jedoch von vollkommener Eleganz im Auftreten, lanciert hatten. Der König bevorzugte dunkle Farben, namentlich das Braun, das die Diamantknöpfe seines *justaucorps* zur Geltung kommen ließ. Beim Tod seines Schwiegervaters Philipp IV. wählte Ludwig XIV. eine Trauerkleidung mit röhrenförmigen Ärmeln, die als einzigen Schmuck nur einen einfachen Umschlag hatten. Selbst wenn die Stulpe in der Folge häufig reich bestickt wurde, kann man diese Ärmelform als Ursprung für die des modernen Herrenkostüms betrachten. Inwieweit die Persönlichkeit Ludwigs XIV. überhaupt die Moden beeinflußt hat, läßt sich im einzelnen nur schwer beurteilen; einerseits spielte der Nachahmungstrieb der Höflinge eine große Rolle, andererseits kam es durchaus auch vor, daß der König nicht fähig war, seinen Willen durchzusetzen, zum Beispiel als er versuchte, beim Ende seiner Affäre mit der Herzogin von Fontange die nach ihr benannte Kopfbedeckung in Mißkredit zu bringen. Gegen den Willen des Sonnenkönigs blieb die *fontange* fast dreißig Jahre lang bei den Damen in Gunst.

Der *honnête homme*, Gegenbild aller schlechten Manieren, wird erstmals 1630 im Blauen Salon des Hôtel de Rambouillet erwähnt. Genau wie der englische *gentleman* stellt er eine Summe von Werten der Moral und der Form dar. Dagegen steht der *beau* in erster Linie unter dem Zeichen einer ritualisierten Ästhetik, für deren Einhaltung er, wie einst Petronius, alle Opfer zu bringen bereit ist. Das Modell, das Castiglione in seinem *Cortigiano* aufgestellt hatte, hob sich weniger durch besondere Talente als durch sein kulturelles Gleichgewicht und die Gabe, sich weise der Dinge zu erfreuen, hervor. Gerade das fehlt dem *beau* mitunter, den sein Narzißmus zu sehr beherrscht. Wenn seine Aura heller strahlt als die des *gentleman*, so bietet er dafür auch dem Spott Angriffspunkte. Mit ihren toupierten Perücken und ihrer grellen Kleidung wurden die Londoner *beaus* schon bald als *macaroni* bespöttelt. Die Bezeichnung war hergeleitet von dem Macaroni Club, den provozierend exzentrische junge Leute nach ihrer obligatorischen italienischen Studienreise 1770 gegründet hatten.

In dem Streben, den Bürger zu verblüffen, affektierten *beaus* und *rakes*, die ihre Moden bei Piccadilly spazieren führten, ein ostentativ frankophiles Wesen. Als ein für die Lancierung von *fashions* prädestiniertes Viertel leitete Piccadilly seinen Namen von den *piccadils* her, den hohen Hemdkragen, den ein Wäschehersteller des vorangegangenen Jahrhunderts in Mode gebracht hatte. Manche *beaus* hatten Witz, zuweilen sogar Geschmack. Beau Nash zum Beispiel wußte der britischen Oberschicht den von ihm geschaffenen Stil zu oktroyieren. Er machte aus Bath ein Modebad und übte auch auf die Künste einen günstigen Einfluß aus. Niemals fiel Richard Nash, *the king of Bath*, unbestrittener Schiedsrichter in Modefragen und anerkannter *maître des plaisirs*, in die grellen Extravaganzen der *macaroni*.

Ihren Gipfel erreichte die männliche Eleganz am Ende des englischen 18. Jahrhunderts. *Prune*, kaffeebraun, rauchgrau, dunkelgrün waren gesucht, Farben von großer Nüchternheit, denn Beau Brummel, der zwischen 1798 und 1814 über die Mode herrschte, begriff das Kostüm mehr auf eine architektonische als auf eine malerische Weise; der gute Sitz und die Qualität des Materials waren ihm hinreichend, um den sozialen Rang dessen auszudrücken, der das Kostüm trug. Manchmal waren Frack und Kniehosen aus demselben Tuch, manchmal waren letztere aus hellerem Stoff oder sogar aus Gemsenleder, das bis dahin nur die Dienerschaft getragen hatte. Der Luxus ließ sich an Details ablesen, dem Stockknauf oder den Schuhschnallen. Doch die einzigen Schmuckstücke, die vor George Bryan Brummel Gnade fanden, waren Uhr und Krawattennadel. Jedes Paar Handschuhe pflegte er bei zwei verschiedenen Firmen machen zu lassen, von denen die eine nur den Daumen lieferte, weil sie in dessen Fertigung besonders hervorstach. Dieser verborgene Perfektionismus schuf eine unnachahmliche Exklusivität: wenn jeder Beliebige den offensichtlich von der bürgerlichen Emanzipation inspirierten Moden zu folgen vermochte, so konnten doch nur wenige den qualitativen Ansprüchen Genüge tun. Die affektierte Einfachheit eines echten *beau* verlangte viel Geld und viel Zeit. Schon allein der Kult der Wäsche war Ausdruck einer eminent aristokratischen Lebensweise. Der elegante Mann – zum mindesten der, der nur für die Eleganz lebte – wechselte bis zu zwanzigmal das Hemd pro Woche, und es gibt Beispiele auf dem Kontinent, daß ein *beau* seine Wäsche in britische Wäschereien schickte.

Das Bild des *beau*, Modell zur Information für Kenner, entwickelte sich zu dem des Dandy. Beau Brummel hatte nicht nur die Idee gehabt, die Batistkrawatte stärken zu lassen, um des formal besseren Effektes willen, sondern er hatte vor allem die europäische Herrenmode vor dem bewahrt, was ihrem homogenen Charakter irgend hätte schaden können. Indem er die alten Prinzipien Castigliones in einen modernen Ausdruck übertrug, hatte er ein bestimmtes Ideal der Perfektion städtischer Kleidung endgültig aufgestellt. Dieses tiefe Kostümverständnis wurde von Männern wie Chevalier d'Orsay, Pückler-Muskau und Lord Byron aufgenommen und weiterentwickelt. Der Dichter des Korsaren weiß sogar der Art, eine skabiosefarbene Krawatte zu knüpfen, Tiefe zu verleihen; umgekehrt wie der gewöhnliche Sterbliche es macht, befestigt er sie zuerst im Nacken, bindet sie dann unterm Kinn zu einem vier Finger breiten Knoten und läßt ihre Enden im Wind der Romantik flattern. Balzac hat sich ausführlich über die Kunst, eine Krawatte zu binden, ausgelassen und viele der ihm zeitgenössischen Autoren haben ihm darin nachgeeifert.

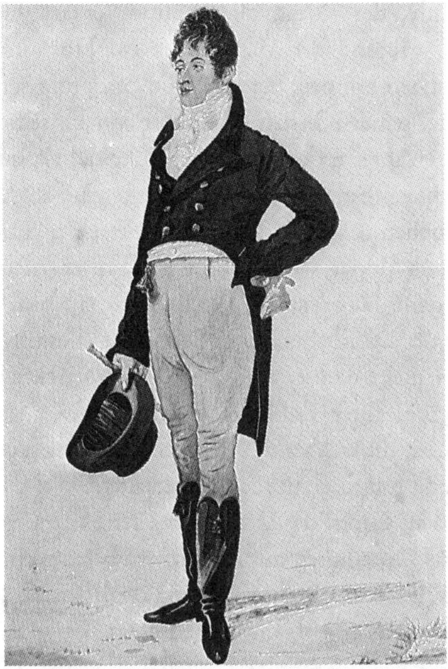

Beau Brummel, Aquarell von Richard Dighton, um 1830

Wenn um die Mitte des Jahrhunderts die bürgerliche Trivialität die romantischen Leidenschaften erstickt haben wird, macht der Dandy eine tiefe Verwandlung durch. Er wird zum sterilen Ästheten, zum »gelangweilten Hedonisten«, der durch stilistische Übertreibung zu retten sucht, was ihn vor seiner heimlichen Banalität schützen kann. Es gibt auch brillante Ausnahmen, zum Beispiel Oscar Wilde: »Das Dandytum ist der Beweis für die absolute Modernität der Schönheit.« Das schrieb er in seinen Maximen und hat es durch seinen Lebensstil bis zum bitteren Ende selbst veranschaulicht.

Der Dandy, der so tat, als empfinde er an nichts mehr Vergnügen, während der Mensch des 18. Jahrhunderts über alles hatte lachen können, vertraute die Fertigung seiner Hüte, seiner Fräcke, seiner Korsetts – denn er war korsettiert – Meistern an, die er, ihrer Exklusivität wegen, seiner Kundschaft für würdig erachtete. Ein echter Dandy durfte eine Redingote nur ein paar Wochen tragen, einen Frack oder einen Hut niemals länger als einen Monat; seine Schuhe und Stiefel erneuerte er alle acht Tage, seine Handschuhe bereits nach ein paar Stunden. Häufig war der Dandy bei einem Schneider abonniert, der das, was er nicht mehr wollte, als Anzahlung zurücknahm; da er zudem ein schlechter Zahler war, mußte der Lieferant viel Geduld haben, die er aber um der Reklame willen aufbrachte, die eine solche Kundschaft für ihn bedeutete.

Während als Gipfel des Dandytums der Herzog von Braunschweig seine Unterhosen mit Diamanten besetzen ließ und die *lions* des Boulevard in Extravaganzen rivalisierten, schien das Ideal des Gentleman, ein Bild unbedingter Korrektheit, in der Person des Prinzen Albert verkörpert. Seine Eleganz war die von Bond Street, Zentrum einer auf leichte Effekte verzichtenden Perfektion. In Frankreich wollte der Herzog von Castries, der nach den Brüdern Goncourt »fünfundzwanzig nach seiner Figur geformte Mannequins besaß, damit seine Anzüge sich nicht seinem Körpermaß entfremdeten und keine unschönen Falten warfen«, ebenfalls diese Perfektion. Wahrscheinlich ließ sein Schneider die Kunden, die eine Reitjacke anprobierten, auf einem Holzpferd reiten, wie jenes, das Gieve and Hawkes in ihrem Adam Room in Savile Row bereit hielten.

Wenn die Diskretion des Gentleman ihn vor der Karikatur bewahrte, lagen die Dinge für den Dandy ganz anders, seit er seinen Stil verraten hatte. »Das Vergnügen zu verblüffen und

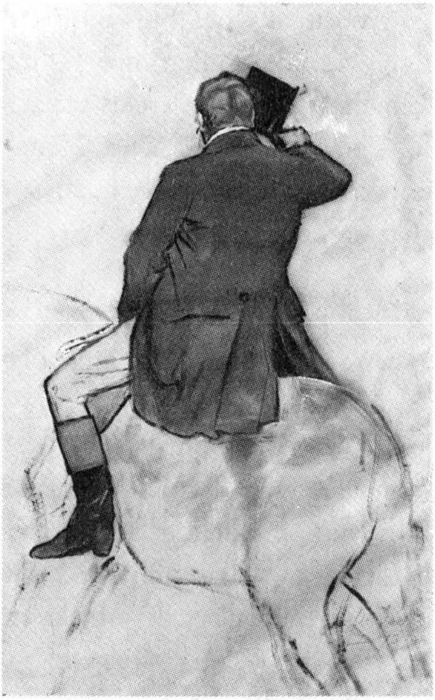

Etüde eines Reiters, von Edgar Degas, 1868

die Genugtuung, niemals verblüfft zu sein«, wie Baudelaire sagt, forderte implizite den Spott heraus, um so mehr, als Narziß aus Furcht vor dem Altern zu Kunstmittelchen griff, die grausam ihr Ziel verfehlten. Die reife Frau befand sich in ähnlicher Situation. Der Komponist Johann Reichardt schrieb an seine Frau aus Paris, wo er 1803 weilte, ihm sei aufgefallen, daß die Mütter sich genauso anzögen wie ihre Töchter. Die alte Frau, die seit der französischen Revolution genau wie der amerikanische Bison auf dem Aussterbe-Etat zu stehen schien, kam mit der Rückkehr des Königtums zurück, ohne jedoch das Bild der ewig jungen Frau auslöschen zu können, das sich bereits in das erotische Kollektivbewußtsein tief eingeprägt hatte. Die Mode verurteilt ihre Sklavinnen zu ermüdender Flucht nach vorne, zu erbarmungslosen Klimmzügen, zu einem Jungsein ohne Ende, und liefert sie gleichzeitig der Karikierung aus, die, von Frustration, Neid, Heuchelei oder demagogischen Umtrieben diktiert, sich noch so sehr entfesseln mag, doch immer wirkungslos bleibt.

Ikonographische Darstellung

Keine Mode könnte bestehen, ohne sich ihrer Projektion bewußt zu sein, ohne den Spiegel des Auges, ohne das Abbild. Ob dieses Abbild sich unmittelbar auf der Netzhaut des Betrachters abzeichnet oder sich durch ein pikturales Medium vermittelt, es ist in jedem Fall stark subjektiviert. Unter dem Blick des Malers wird die Wäsche noch feiner und weißer, die Spitzen werden duftiger, die Perlen verdoppeln ihr Volumen. Manche Maler der Renaissance hatten sogar die verschiedenen Verschönerungen peinlichst tarifiert, und ihre Pinsel verteilten je nach Preislage den Zobelpelz und die Smaragde. Darum ist das offizielle Porträt manchmal für die Kostümgeschichte weniger lehrreich als das Genrebild, das, so anekdotisch es auch sein mag, auf Beobachtung der trivialen Wirklichkeit beruht. Wenn man von den Werken der dem Realismus huldigenden niederländischen Meister und von überragenden Genies wie Goya absieht, stellt man fest, daß ein pikturaler Konformismus der Sublimierung in Geltung war, bis zur Romantik, die auf diskrete Weise mogelt und das Modell verniedlicht.

Die Modezeichnung im eigentlichen Sinn hat sich aus einer der Kostümgeschichte dienenden Dokumentation entwickelt. Ursprünglich hatten die Illustrationen, auf denen europäische

Moden dargestellt sind, von Land zu Land die gleiche exotische Komponente, wie die Zeichnungen der Forschungsreisenden, die die Cipango-Moden wiedergaben. Meist zur Information von Gebildeten bestimmt, diente diese Ikonographie manchmal auch der persönlichen Glorifizierung des Auftraggebers. Matthäus und Veit Schwarz, Vater und Sohn, nacheinander Buchhalter bei den Fugger in Augsburg, ließen sich in einer Serie von 140 Bildern in allen Kostümen, die sie getragen hatten, malen. Matthäus soll, wie es heißt, die beiderseits tragbare Kleidung erfunden haben und besaß 1525 »einen Rock, den kunt man umkeran« und bald mit der grünen, bald mit der graubraunen Seite nach außen tragen. Der Baron Siegmund von Herberstein, ein Diplomat, der, nachdem er am Wiener Hof gewesen war, für verschiedene Mächte lange und abenteuerliche Reisen unternahm, veröffentlichte 1560 eine Autobiographie, deren Illustrationen in Holzschnitt die Kostüme zeigen, die ihm jeweils der König von Polen, ein russischer Großfürst, der König von Spanien und der Sultan geschenkt hatten.

Erst von 1563 an erschienen die ersten Kostümalben, bekannt unter der Bezeichnung Trachtenbücher, das Album des Franzosen Deserpez *Recueil de la Diversité des Habits* und das häufig kopierte oder transponierte von Enea Vico, das auf 98 Tafeln »die Kostüme aller Völker auf Erden« zeigt.

Die Trachtenbücher sollten sich bald vervielfachen, doch ob es sich zum Beispiel um das Sammelwerk *Degli Habiti antichi et moderni* von Cesare Vecellio, dem Vetter und Gehilfen Tizians, handelt, oder um das Werk, das Abraham Bruyn den Kostümen der Niederlande widmete, immer dienten diese Alben eher der Dokumentation, nicht der Anregung. Sie bewahren eine gewisse objektive Distanz, es sei denn, daß sie mit Hilfe von auffaltbaren Kostümbildern wie denen des *Diversarum Nationum*

Habitus von Bertelli den Vorwand für eine versteckte Pikanterie unter dem Anschein kultureller Belehrung geben.

Das 17. Jahrhundert fügt den Kostümbildern eine neue Dimension hinzu, wenn Künstler wie Abraham Bosse oder Jacques Callot Gültigkeit der Kleidung und Umgebung in Beziehung setzen. Wenn Bosse auch nicht das Genie von Callot hat, so ist sein Werk dafür desto reicher an Informationen. Als Sohn eines Schneiders hatte er für Einzelheiten der Moden ein aufmerksameres Auge als Callot, der mehr Wert auf die Gesamtdarstellung legte und sich für das Detail weniger begeisterte.

Das Werk des Wenzeslaus Hollar liegt genau auf der Grenze zwischen dem Dokumentbild und der Modezeichnung, die einen Stil unter die Leute bringen will. In Böhmen geboren, trat

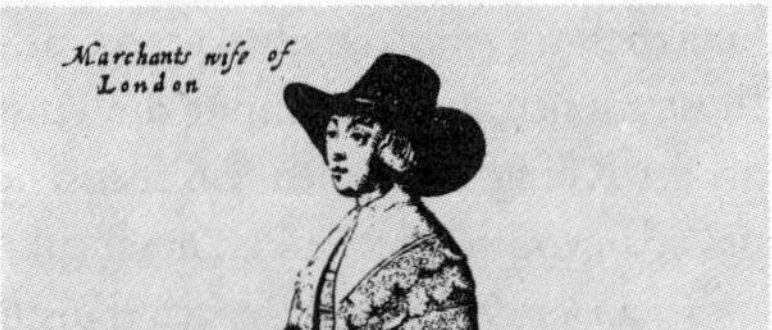

Englische Dame, Hollar »Theatrum Mulierum«, 1642

Hollar, nachdem er in Antwerpen die Kunst des Kupferstechers erlernt hatte, in den Dienst von Thomas Howard, Graf of Arundel, der damals in diplomatischer Mission in Wien weilte. Von nun an, abgesehen von einer kurzen Abwesenheit während des Bürgerkrieges, verbrachte der Künstler sein ganzes Leben in England. Er widmete sich der Darstellung topographischer Perspektiven, wurde aber vor allem durch seine Studien von Frauen berühmt. In einer Serie von 26 Tafeln befaßt er sich mit der Darstellung des Kostüms der verschiedenen sozialen Typen; er zeigte die Kleider in Vorder- und Rückansicht, eine wirkliche stilistische Neuheit. Es war nur ein Anfang, und mit seinem *Theatrum Mulierum* und dekorativen Tafeln wie *The Seasons* bietet er ein Panorama der Moden, das den Wert einer Reportage hat, das aber auch der schöpferischen Entwicklung als Basis diente. Hollar informiert und gibt gleichzeitig Anregung; sicherlich fühlten die Leute, die die bildliche Mitteilung erhielten, sich dazu aufgerufen, sie in die Praxis umzusetzen. Diese Wirkung erzielte die Hypersensibilität, mit der Hollar an die Welt der Frau heranging. Diesem Kurzsichtigen entgeht keinerlei Einzelheit; Gatte einer Ehrendame der Gräfin of Arundel und Vater einer der größten Schönheiten seiner Zeit, lebte er gleichzeitig im Reich des Kupferstichs und im Reich der Mode. Wieder einmal verschmolzen die schönen Künste und das Kunstgewerbe zu vollkommener Harmonie.

Im 17. Jahrhundert erlebte der Modestich einen außerordentlichen Aufschwung, dank den Künstlern wie Goltzius und Pieter Quast in Holland, Matthäus Merian und Conrad Meyer in der Schweiz, della Bella und Palavicini in Italien, John Smith und Bernard Lens in England, ohne die großen französischen Kupferstecher-Dynastien zu erwähnen, zum Beispiel die Dieu de Saint-Jean oder die Bonnart. Letztere trugen dazu bei, daß die Moden bei einer Tendenz wachsender Gleichförmigkeit des europäischen Kostüms sich verbreiteten. Mehr und mehr gaben die Oberklassen der verschiedenen Länder ihren nationalen Stil auf, um sich dem Diktat der französischen Eleganz zu beugen. Sie zeigte offiziell ihre Autorität mit dem neuen Medium der Modejournale, die allerdings zunächst noch ohne Illustrationen waren. Eine erste Publikation dieser Art, *Le Mercure Galant* unter Leitung von Jean Donneau de Vizé, erschien 1672, vor allem eine mondäne und kulturelle Zeitung, die den eigentlichen Moden nur ein paar Seiten widmete. Sechs Jahre später brachte das in den *Nouveau Mercure Galant* umgewandelte Blatt eine Serie von reich illustrierten Artikeln über die Bekleidung und gab sogar Adressen von Lieferanten an. Artikel und Abbildungen mit sehr genauen Einzelheiten befaßten sich auch mit dem Kleiderzubehör, das Umstände und Jahreszeit jeweils verlangten. Eine Sondernummer vom 18. März veröffentlichte sogar das Bild eines Modegeschäfts mit der Erklärung eines jeden Gegenstandes. Doch diese journalistische Form hatte keinen großen Erfolg und die illustrierten Modeartikel wurden eingestellt, bis dann 1729 die Zeitschrift unter dem Namen *Mercure de France* wieder erschien. Inzwischen hatte sie den 1693 in London gegründeten *Lady's Mercury* angeregt. Zahlreiche bekannte Maler, zum Beispiel Watteau, zögerten nicht, an den Mode-Alben und Mode-Journalen, die sich im 18. Jahrhundert vervielfachten, mitzuarbeiten. In Paris erschienen *La Galerie des Modes* und *Le Courrier des Modes*; in London *The Lady's Magazine*, in Weimar *Journal des Luxus und der Moden*. Schon vor der französischen Revolution ist das Zusammenbrechen der alten Strukturen an der Mode deutlich abzulesen wie in einem prophetischen Spiegel, sofern man Bilder zu entziffern versteht. Es sind nicht mehr ausschließlich Bilder des Adels;

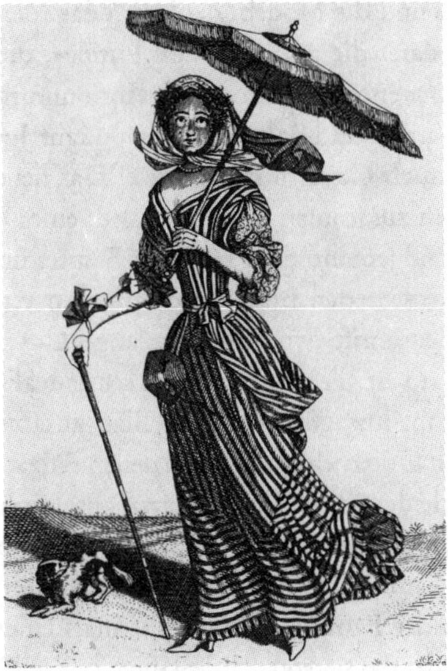

Dame beim Spaziergang. Dieu de St. Jean, 1690

während Moreau le Jeune noch typisch die große Gesellschaft Europas abmalt, bietet Chodowiecki in seinen Almanachen das Abbild der bürgerlichen Welt, in der der junge Werther lebt.

In den ersten Jahren des 19. Jahrhunderts scheuen sich die Modeillustratoren manchmal nicht, die Genres zu vermengen und in ihre Bilder einen Humor eindringen zu lassen, der nicht ohne Bissigkeit ist. Die Stiche von Debucourt, die von Horace Vernet, sprechen eine grausam ambivalente Sprache. Das ändert sich natürlich, wenn mit der Restauration der Wohlanstand seinen offiziellen Platz in der Korrektheit der Sitten wieder beansprucht. Die ehemaligen Merveilleuses schwören ihren

Tollheiten ab und die Modebilder bieten das Ideal eines asexuellen Engels dar, »die gut gekleidete Puppe«, die *La Mode* im Leitartikel ihrer ersten Nummer aufs Korn nimmt. 1829 hatten Henri de Girardon und Balzac dieses mondäne Journal gegründet, an dem auch Gavarni mitarbeitete. Das neue lithographische Verfahren zusammen mit dem Talent eines Künstlers, der besser als irgend jemand die Pracht des Samtes und die nervige Linie einer korsettierten Büste wiederzugeben verstand, garantierten der Zeitschrift den Erfolg, solange Gavarni an ihrem Inhalt beteiligt war. Als er zugunsten seines realistischen Werkes sich von ihr lossagte, brach das Blatt zusammen, wie alle geschäftlichen Unternehmungen, an denen Balzac beteiligt war. »Die gut gekleidete Puppe«, die Marzipanschönheit, feierte bis zum Ende des Jahrhunderts einen langen Triumph. In Frankreich und in Großbritannien stand die Mode-Illustration unter dem Einfluß der Familie Colin – abermals einer Dynastie –, deren Mitglieder das stereotype Ideal ihrer Zeit vollkommen ausdrückten. Anais vor allem, mit dem Architekten Toudouze verheiratet, propagierte unermüdlich die Klischees der Spät-Romantik. Die Expansion der Mittelklassen begünstigte Revues wie etwa *Le Journal des Dames et des Demoiselles*, dessen leicht anekdotische Illustrationen im Untertitel Lieferantenadressen angaben. Einmach-Rezepte und Schemata für die Handarbeit waren den Romanzen und Novellen im Geschmack der »schönen Müßiggängerin« benachbart, die auch, anmutig, mit tadelloser Frisur, die Abbildungen aus einer imaginären Welt bevölkerte, einer Welt, die Madame Bovary zum Verhängnis werden sollte. Immerhin haben diese faden Figuren den Vorteil, der dargestellten Toilette ihre ganze Bedeutung zu lassen und tragen sie, ohne sich selbst vorzudrängen, mit anderen Worten, sie erfüllen durchaus ihren Zweck. Mit steriler Kunstfertigkeit gezeichnet und gestochen, werden sie freilich häufig durch die grobe Handkolorierung verdorben.

Die Ästhetik der Kleidung war durch die industrielle Entwicklung überholt und ratlos geworden. Während Kultur und Zivilisation so lange gleichen Schritts gegangen waren, wurden sie in einer widersprüchlichen Welt, in die gleichzeitig der Suezkanal und die Häkelspitzen, die Olympia von Manet und das scheußliche Trocadéro gehörten, brutal getrennt. Es war eine Zeit des Stilwirrwarrs; vielleicht war das auch der Grund dafür, daß *La Dernière Mode*, eine Luxuszeitschrift, deren Redaktion Stephane Mallarmé so ziemlich allein besorgte, nur ein Jahr lang erscheinen konnte.

Während die Romantik das Bild der Frau versüßlicht hatte, zog das Fin-de-siècle vor, es zu verkünsteln. George Labadie Pilotelle, die für fashionable Revues den spezifischen, von Queen Alexandra lancierten Typ zeichnete, zwang der Mode die übertrieben in die Länge gezogenen Proportionen der Frau auf: sieben Fuß groß, trotz des Taillenumfangs von zehn Zoll. Voll süßlicher Erotik wissen die Tafeln von Pilotelle dennoch die müde Grazie der S-Linie, den Luxus der Seiden und Federn, die Treibhausatmosphäre zu beschwören, von der die damaligen Moden umgeben waren. Diese Moden waren bereits anachronistisch, bedenkt man, daß die Teleskopkleider mit den übereinanderfallenden Röcken und die weiten Abendcapes schon die von Paul Poiret in die Wege geleitete Umwälzung anzeigten, und daß der Jugendstil dabei war, die Silhouette der Frau zu verändern. *L'Illustration* veröffentlichte 1903 einen Artikel, worin Marcelle Tinayre eine vom viktorianischen Stil losgelöste Form von Eleganz beschreibt: »Die Königin dieser Paläste aus Gips und Glas ist die schmiegsame, schlanke, kühne und schlangengleiche Frau, die in ihrem Pailletten-Panzer, mit verschwundenem Busen, mit schmalen, wogenden Hüften tanzt. Henna soll ihrem Haar die reichen und blutigen Farbtöne des Mahagoni geben; stilisiert aus Flora und Fauna komponieren sich ihre Toilette und ihr Schmuck; im Knoten ihres Haares lauere eine Natter, silbern und opalen winde sich ein Krake auf ihrer Brust, Seerosen zieren ihr Kleid, Schwäne den Mantel; sie vermag es, nicht lächerlich zu sein.«

Trotz dem Impuls neuer Strömungen und dem künstlerischen Wert eines großen Teils der Publizität blieb die Modezeichnung flach und konventionell. Manche Illustratoren praktizierten sogar ein *team-work* von törichter Automatik, bei dem einer in der Komposition den Platz für die Figuren anlegte, der zweite die Kleider zeichnete, bis auf die Verzierung, die der dritte beifügte, während ein vierter sich ausschließlich mit den Hüten befaßte und für die Hände und Füße ein fünfter zuständig war. Gegen Ende des Jahrhunderts standen Chromolithographie und Photographie erstmals für die Illustrierung zur Verfügung; von der Photographie freilich meinte man, sie »mache das Modell dicker«; durch Retusche mußte auf den Klischees die Taille schlanker werden, was den Herstellungspreis enorm verteuerte.

1908 beauftragte Poiret Paul Iribe, ein Album in Schablonentechnik zu entwerfen, *Les Robes de Paul Poiret*, dem 1911 ein weiteres Album *Les Choses de Paul Poiret* folgte, diesmal von George Lepape in wahrhaft kongenialem Geist entworfen. Es war mehr als ein neuer Stil, es war eine Renaissance, jedoch Queen Alexandra, kosmopolitischer *arbiter elegantiarum*, wollte nicht Notiz davon nehmen: sie schob *Les Robes de Paul Poiret* beiseite, im Glauben, es handle sich um einen Katalog, und als man ihr klar machte, daß es ein Album war, nannte sie es »respektlos«. Die Schablonenblätter von Iribe und Lepape

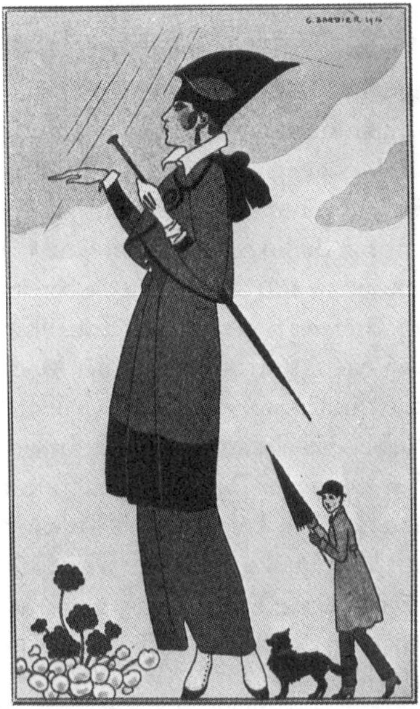

Frühjahrskostüm. Schablone von Barbier, 1914

waren vor allem lapidar. Lepape liebte die perspektivischen Effekte, die einfachen und raffinierten Spiele mit dem Spiegel, die es erlaubten, das Modell von vorn und von hinten zu zeigen, ohne die Komposition zu zerstören. Stilisiert bildete das Kleid einen Vorwand für eine Atmosphäre, fast für ein Genrebild, das an die Kunst Hokusais erinnerte.

Das in Schablonentechnik hergestellte Blatt, das ähnlich wie das Kleid der Haute Couture eine Rückkehr zum Handwerklichen darstellte, konnte mit der gedruckten Illustration der modernen Zeitschriften wie *Fémina*, *Vogue*, *Art, Goût, Beauté*, um nur einige zu nennen, nicht konkurrieren. Jedoch einem Lucien Vogel gelang es, für seine *Gazette du Bon Ton* Iribe, Barbier, Lepape, Erté und Marty zu vereinigen, *Les Chevaliers du Bracelet*, wie man sie nannte, weil sie alle zum Zeichen ihrer manieristischen Unnachgiebigkeit ein Armband trugen. *La Gazette du Bon Ton*, von der übrigens ein paar Jahre lang eine deutsche Ausgabe in Berlin erschien, von Paul Cassirer geleitet, hörte 1925 zu existieren auf. Dabei hatte sie bereits das angeregt, was an den *Arts Déco* das Beste war und ihre Illustratoren haben in die zeitgenössische Ästhetik das Bild der Mode integriert.

Die Modezeitschriften wandten sich jeweils an sehr verschiedene Kreise. Neben den eleganten Revuen für ein vermögendes Publikum gab es zahlreiche Publikationen für ein provinzielleres, für Frauen aus einem bescheidenen Milieu, für Familienmütter, die sich über praktische und wirtschaftliche Moden informieren wollten. Diese Leserinnen wußten den Schnittmusterbogen zu schätzen, der es ihnen ermöglichte, ihre Garderobe selbst zu schneidern.

Von der Filmkunst inspiriert, fand das neue Bild der Frau in der Photographie seinen Ausdruck, deren große Meister – man denke an Cecil Beaton – oft auch die zeitgenössischen Vorbilder für Eleganz schufen. Die Zeit der Illustratoren von großem Format aber war vorbei; die letzten von ihnen wandten sich dem Bühnenkostüm zu als dem letzten Hort der phantasievollen Formensteigerung. Das Bild des eleganten Mannes, das der schicken Frau jedoch verließen das Reich der Dekadenz für die Gefilde scheinbar ewiger Jugend.

DAS KOSTÜM ALS UNTERSCHEIDUNGSMERKMAL

»Verschwenderischer Aufputz dient der Eitelkeit des Ranges, nicht aber dem Ausdruck der Persönlichkeit, da er sich allein an das Vorurteil hält.«

Jean-Jacques Rousseau

Symbolische Kleidung

Ganz spontan übernahm die Farbe die Funktion einer Syntax in der Sprache, die das Kostüm auch war. Die Barbaren befolgten ihre Regeln und Griechenland hatte sie sorgfältig kodifiziert. Wenn die Musterung in Form von Kreisen, Sternen oder Rauten, die Demokrit von Ephesus an den jonischen Moden des 6. Jahrhunderts vor Christi Geburt bewunderte, hauptsächlich von der Phantasie diktiert war, gehorchten dagegen die Grundfarben sehr strengen Konventionen. Safrangelb galt als festlich, feuerrot war den spartanischen Feldherren vorbehalten und bunte Streifen kamen den Kurtisanen zu. In der klassischen Epoche verriet der Stil der Kleidung gewisse Berufe oder Ehrenämter: Priester, Musiker, Schauspieler, Wagenlenker unterschieden sich durch einen *chiton* aus plissiertem Linnen.

Aber in Rom erst, das sich einer wahren Klassifizierungsmanie hingab, wurden die Symbolik der Kleidung offiziell und jedes Kostüm zu einer Kennzeichnung. Zusammen mit dem Gold war der Purpur das Privileg der Personen von kaiserlichem Blut, eine Toga mit Purpurborte stand Männern eines gewissen Ranges zu, während die goldbestickte Toga aus Purpurseide den siegreichen Feldherrn ehrte. Die Priester trugen

Schwarz außer den Auguren, die sich in makellosem Weiß kleideten, den Philosophen ziemte das Blau, den Ärzten das Grün. Während die unterprivilegierten Klassen nur zu dunklen, eintönigen Kleidern berechtigt waren, war es den Offizieren gestattet, zwei- oder dreifarbige Kleidung zu tragen, ja sogar in sieben Farben, wenn sie zum kaiserlichen Gefolge gehörten. Das Mittelalter nahm ein analoges System auf, doch vom 12. Jahrhundert an sah man schon die höfischen Maßregeln, die innerhalb des Adels die jeweiligen Kostüme festgelegt hatten, sich nach und nach auflösen. Andererseits setzte der monarchische Zentralismus in Frankreich mit dem Erstarken seiner Macht eine neue Kodifizierung fest, die ihre Apotheose in der Etikette des burgundischen Hofes erlebte. Hier war, wie im alten Rom, jedes Detail an der Kleidung je nach dem Grad der Verwandtschaft des Trägers mit dem Herrscherhaus geregelt.

Unabhängig von diesen Konventionen führte eine parallele Symbolik ihr autonomes Dasein ebenfalls weiter. Viel magischer und tiefer als die andere schöpfte sie aus der alten Quelle der orientalischen, esoterischen Chrisma ebenso wie aus der der asiatischen Mythen. Symbolik der Gesten und Blumen, geriet sie mehrfach in Konflikt mit ihrer offiziellen Entsprechung, was die Verzerrungen erklärt, in die sie häufig verfiel. Um nur ein Beispiel zu nennen: Gelb, das so lange Ausdruck des Ruhms und der königlichen Würde gewesen war, wurde nun zu einer schmählichen Farbe, bis die französischen Moden des 18. Jahrhunderts es wieder in Gunst brachten. Dieser Symbolismus orientalischer Herkunft bildete die Grundlage zur Heraldik, die sich vom mittelalterlichen Adelskostüm nicht trennen läßt. Das Schema mancher Kleidungsstücke findet sich seinerseits in der Zeichnung der Heroldstücke des Wappens, das seinem Träger Würde verlieh, seinen Rang verkündete und ihm den Stammesschutz garantierte. Das Mittelalter, das also jeder Farbe eine genaue Bedeutung beilegte, liebte klare Tönung, vor allem Scharlach und Purpur. Auch Blau und Grün waren geschätzt, während Gelb, wie gesagt, plötzlich einen schmählichen Sinn bekam.

Die Symbolik wucherte, degenerierte zum mondänen Spiel und verfiel durch Verlust ihres magischen Gehaltes der Willkür manieristischer Phantastereien. In der zweiten Hälfte des 14. Jahrhunderts hatten die adligen Damen den Einfall, auf ihre Kleider Wappen sticken zu lassen. Das Familienwappen des Gatten wurde auf der rechten Seite des Mieders wiedergegeben, das der Gattin auf der linken. Bald wurde eine Marotte daraus: Man stickte Wappen und Devisen auf die Handschuhe, die Schuhe, den Beutel, das Meßbuch, den Gürtel, die Mäntel der Hunde, die Schabracken der Pferde, die Hauben der Falken, man erfand neue Stiche beim Sticken und neue Zusammenstellungen farbiger Fäden. Nicht nur heraldische Darstellungen wollte man mit der Nadel wiedergeben, sondern eine ganze Sprache mit der Stickerei ausdrücken, die über die Absichten, die Lieben und die seelische Verfassung derer, die sie trugen, Auskunft gab. Es wird erzählt, daß der Herzog von Orléans am Abend seiner Ermordung, als er die Gemächer der Königin Isabeau verließ, ein Wams trug, auf dem mit Perlen ein Lied in 960 Noten gestickt war: *Madame, je suis tout joyeux ...* Vor allem am Hof von Burgund huldigte man in seiner Neigung zur Übertriebenheit geradezu fieberhaft dem Spiel der Devisen, der Sinnbilder, der Initialen und sogar der Bilderrätsel durch Stickerei. Diese Mode, die sich dann bei den meisten Höfen des Abendlandes fand, dauerte bis ins 16. Jahrhundert, gab Gelegenheit zu chiffrierter Zwiesprache, aber auch Anlaß zu tödlichen Duellen wie zu jenem, bei dem zwei Ritter aufeinander prallten, weil sie dieselbe Devise auf dem Ärmel trugen, die eine Kokette ihnen eingegeben hatte. Es handelte sich dabei freilich um eine sehr äußerliche Symbolik, eher Ausfluß einer Schwärmerei als eines wissentlichen Übereinkommens. Ein paar Jahrhunderte später fand dieses Spiel seine Replik in der Mode der bebilderten Knöpfe, die zur Zeit Ludwigs XVI. Furore machte. Da gab es welche, die mit Unterglasmalerei, Insekten oder Mineralien verziert waren, während andere zwei Zoll breit Ovids Metamorphosen, die Bildnisse der zwölf Cäsaren oder komische Bilderrätsel zeigten.

Die Zellvermehrung und -teilung im sozialen Organismus vermehrte im Lauf der Jahrhunderte natürlich auch die Formen der distinktiven Kleidung. Der Europäer, der noch lange Zeit in Bildern dachte, fand in der greifbaren Illustrierung der hierarchischen Strukturen eine beruhigende Bestätigung der eignen Identität. Wenn auch die Abstraktheit des sozialen Apparates ihm entging, so schöpfte er wenigstens unmittelbare Kenntnis aus der konkreten Repräsentation der verschiedenen Stände. Diese Stände gliederten sich in die Adels- und Patrizierämter oder in die unterschiedlichen Zünfte. Schon sehr früh war es den Zünften gelungen, ihre Kleiderprivilegien legalisieren zu lassen. Nicht nur der *Prévot des marchands* und seine Schöffen trugen in Paris die vorgeschriebenen Kostüme, sondern der Metzger, der Bäcker oder der Zimmermann hätten überall in den Städten um nichts in der Welt auf ihre Standeskleidung verzichtet. Wenn sich der Individualismus auch bereits im mittelalterlichen Europa zeigt, so ist der Einzelne damals doch noch stark in seine kollektive Zugehörigkeit eingebunden. Der Pilger von Compostela, der Jakobsmuscheln auf seinen Mantel näht, das Mitglied einer Laienbruderschaft, der Advokat, der das lange Gewand aus dem hohen Mittelalter beibehalten hat, der Küfermeister, alle zeigen sich stolz auf ihre Stellung im Sozialverband. Manche Kleider waren durch die scholasti-sche Tradition festgelegt, wie die Talare der Ärzte, Professoren und Richter, da die Universitäten ursprünglich geistliche Ein-richtungen gewesen waren. Die Farben wechselten je nach dem Jahrhundert und Land, doch im allgemeinen waren die Mäntel der Juristen und der Theologen schwarz, während die der Ärzte rot waren. Die Erfordernisse des Berufs diktierten natürlich gewisse Eigentümlichkeiten, wie zum Beispiel die schnabelför-mige Maske der venezianischen Ärzte in Pestzeiten; mit kleinen Löchern versehen und mit aromatischen Pflanzen gefüllt, soll-ten sie als Filter dienen, da man annahm, die Krankheitskeime entstünden aus verdorbener Luft. Oft hatten, namentlich in handwerklichen Berufen, solche Erfordernisse das Aufkommen eines in der Folge offiziell anerkannten Kostüms hervorgerufen, wobei sich dann Funktion und Symbol ununterscheidbar ver-mischten. Das war bei der Schürze der Fall.

Die Schürze, bei den Handwerkern oft aus Leder, war den Gesellen vorbehalten, doch der Meister trug sie nicht. Die Nonnen in den kontemplativen Orden benützten sie ebenfalls nicht, während in den aktiven Orden, die sich der Armenpflege widmeten, dieses Zeichen für Arbeit und Dienst getragen wurde. Auf dem Weg über die Niederlande verbreitete die Reformation bis in die privilegierten Schichten dieses die De-mut und häusliche Abhängigkeit symbolisierende Attribut, wenn man es auch zuweilen in manchen vom Puritanismus unberührten Ländern findet. Die Französinnen des 17. Jahr-hunderts gefielen sich aus Spieltrieb darin, bei ihren Gartenpro-menaden die Spitzenschürze anzulegen, trugen sie jedoch nie-mals in Gesellschaft oder in der Stadt. Prinzipiell kannte die elegante Frau in den romanischen Ländern ein solches Zube-

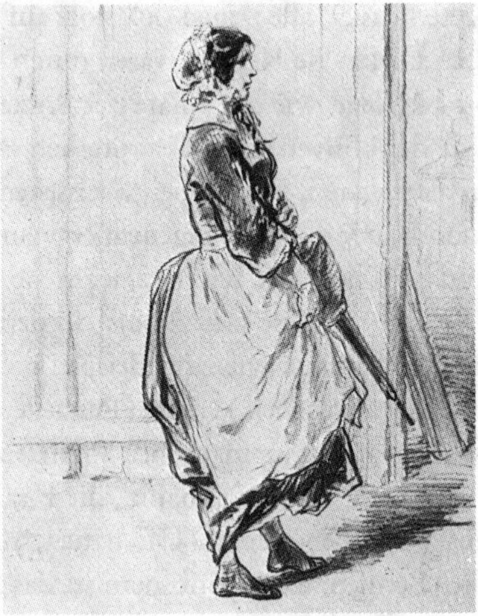

Junges Dienstmädchen, von Gavarni

hör, an das sich so unfreundliche Assoziationen knüpften, zu keiner Zeit. Manchmal konnte die Farbe der Schürze ihre Bedeutung noch bekräftigen. So etwa das *Coventry-blue*, das zur Zeit Elizabeth I. sprichwörtlich waschfest war und darum als Symbol für unverbrüchliche Dienstbotentreue galt. Denn lange Zeit war Blau in England für das Hausgesinde und die Lehrlinge als Zeichen der Dienstbarkeit reserviert. Als im Zug der Schäferschwärmerei die Eleganten schleifengeschmückte Lämmer spazieren führten, tauchte in den französischen und britischen Moden die Spitzenschürze wieder auf, doch da sie ihrer Trägerin das Aussehen einer Zofe verlieh, wurde sie häufig als geschmacklos verurteilt. Um die Herzogin de Lauzun von einer so lächerlichen Mode abzubringen, schenkte ihr die Marschallin de Luxembourg eine mit kostbaren Spitzen garnierte

Schürze aus Rupfen. Selbstverständlich war der *beau* ein Feind der fatalen Schürze. Als Beau Nash die Herzogin of Queensberry mit einer Schürze traf, die mindestens 200 Pfund wert war, riß er sie ihr ab und warf sie in den Kamin, Beweis, daß, wenn die Moden nicht immer elegant sind, die Eleganten sich nicht immer als Gentlemen aufführen.

Auch der Schleier war mit einer einschränkenden Bedeutung behaftet. »Will sich die Frau nicht bedecken, so schneide man ihr auch das Haar ab. Nun es aber übel stehet, daß ein Weib verschnittene Haare habe oder beschoren sei, so laßt sie das Haupt bedecken«, schrieb der Heilige Paulus im 1. Korintherbrief (11, 6). Nach seinen eignen Worten handelt es sich darum, die Abhängigkeit der Frau auszudrücken: nur der Gatte hatte das Recht, ihr Haar zu sehen. Der Schleier war also eine Abschirmung oder Barrriere und, dem Heiligen Paulus zum Trotz, eine wunderbare Stimulanz zu erotischen Phantasien. Aus Ägypten oder Kleinasien stammend war der Schleier schon von den Griechen übernommen worden und symbolisierte die Bescheidenheit. Homer zeigt uns Penelope, die, als man sie zu bekennen zwingt, ob sie lieber in der Familie bleiben oder Ulysses folgen will, ihr Erröten unter einem Zipfel ihres Schleiers verbirgt. Immer voller Geheimnis änderte der Schleier je nach Farbe die Bedeutung. Sprechend war er auch je nach der Drapierung; oft benützten die Griechinnen ihn zum Kokettieren und beim Flirt. Auch die Römerinnen kannten seine Geheimnisse und während der Kaiserzeit genoß er – *flammeum* oder *recinium* – außerordentliche Gunst. Bei den fränkischen Damen entwickelte er sich, stets in hellen Farben und oft mit einer Borte verziert, nach und nach zur Rise, zum Kruseler und zur Haube. Dann verschwand er für einige Zeit aus den abendländischen Moden, bis er im 14. Jahrhundert zurückkam. Wieder einmal war es dem burgundischen Hof vorbehalten, den neuen Schick zu lancieren; die langen, meist parfümierten Schleier hingen flatternd von der Spitze des *hennin* oder der Kappe des *coquerel* herab. In der Folge wurde er wieder seltener. Spanien wandelte ihn in die Mantilla aus Spitzen oder aus Seide um, während die Römerinnen im 17. Jahrhundert lieber daraus eine durch einen Draht gestützte Schale bildeten, die aufs graziöseste das Gesicht umrahmte. Vecellio verrät, daß die Kurtisanen in Venedig sich als Witwen verschleierten, um seriöser zu wirken, daß man sie jedoch daran erkannte, wie sie ab und zu den Schleier hoben, um den Männern nachzuschauen. Indessen hatte der Schleier, außer in speziellen Fällen wie Heirat, erste Kommunion oder noch als Teil einer Klostertracht, längst seinen symbolischen Sinn eingebüßt. Ausgenommen, wenn er zum Trauerkostüm gehörte, sah man ihn nur noch am Hut romantischer Amazonen, ehe er sich zur mondänen *voilette* der eleganten Frau im Fin-de-siècle wandelte. Fast ebenso wichtig wie der Hut, an dem man sie befestigte, war die *voilette* zuweilen sehr kostspielig, oft amüsant, immer sehr weiblich.

Die Abschaffung der Privilegien und des Zunftwesens durch die Revolution brachte keineswegs die Vereinheitlichung der Kleidung bei den *citoyens*. Jacques Wilhelm zeigt in seiner *Histoire de la Mode* die Verschiedenartigkeit, die noch in der Zeit der Romantik herrschte. »Der Dandy, der Bürger, der Arbeiter, der Angestellte sind an ihrer Kleidung zu erkennen. Die Bewohner des Faubourg Saint-Germain, der Chaussée d'Antin oder des Faubourg Saint-Honoré können nicht miteinander verwechselt werden. Der Wasserträger, der Metzger, der Krämer oder der Markthelfer *(le fort des Halles)* sind richtig uniformiert. Die Dienerschaft trägt stets Livree und zuweilen eine höchst auffällige. Von Norden bis Süden zeigen sich in Frankreich die Dorfbewohner in buntleuchtenden Kostümen von unendlicher Mannigfaltigkeit.« In Großbritannien verhielt es sich ähnlich und Dr. Joseph Bell, ein Arzt in Edinburgh, der Conan Doyle zum Modell für seinen Sherlock Holmes gedient hat, konnte den Beruf seiner Patienten sofort an ihrem Kostüm ablesen. Freilich, wenn die Angehörigen zeitloser Berufe ein traditionalistisches Kostüm beibehielten, so bildete die riesige Menge der Fabrikarbeiter eine verzweifelt graue Masse. In ganz Europa drückte der Mann mit Mütze allein durch sein Aussehen die Zugehörigkeit zu einer Klasse aus, die der für ihn völlig unzugänglichen Klasse des Mannes mit Hut entgegengesetzt war.

Schon von der Antike an hatte der Sklave oder freie Diener ein spezifisches Kostüm tragen müssen, eine von seinem Herrn gelieferte Livree. Zuweilen prächtig, zuweilen elend, galt sie sogar für Personen, die in einem adligen Haus oder auch bei einem reichen Mann eine ehrenamtliche Stellung einnahmen, sie galt für Höflinge und für bewaffnete Wächter. Innerhalb eines solchen Hauses kannte die Livree, die ihre Farben dem Wappen des Herrn entlehnte, ihrerseits zahlreiche Varianten je nach Bedeutung der Chargen. Nach der Verbreitung der Uniform, die sie präfiguriert hatte, nahm die ausschließlich zivil gewordene Livree verspieltere Stile an, namentlich im 18. Jahrhundert. Je nach den Umständen zog die Dienerschaft der du Barry die kleine Livree aus gemsfarbenem Tuch mit Silbertressen an oder die große Livree aus rotem, goldverziertem Samt, außer den Heiducken, die das besondere Privileg eines Rocks aus himmelblauem Samt *à la polonaise* genossen.

Um 1840 übernahm die Livree der französischen Dienerschaft das britische Genre. Wenn man in den elegantesten Häusern für die großen Gelegenheiten auch die Livree *à la française* beibehielt, die mit Wappenknöpfen garniert war, hatte der noch bis zur Restauration getragene Dreispitz einem röhrenförmigen Hut mit steifer Kokarde Platz gemacht. Das den englischen Nurses eigene, blau und weiß gestreifte Kleid wurde bis zum Zweiten Weltkrieg die obligate Uniform auch auf dem Kontinent für die Kindermädchen. Außerhalb des Hauses wurde es durch ein marineblaues Cape und eine Linnenhaube komplettiert, außer wenn das Mädchen von den Antillen stammte und den traditionellen Kopfputz ihrer Heimat beibehielt. Die Ammen im Fin-de-siècle trugen Hauben mit zahllosen Bändern, die handbreit bis zum Absatz herabhingen. Viele Ammen bewahrten auch das Nationalkostüm, wie die Spreewälderinnen in Berlin; das der Toskanerinnen war besonders graziös, mit einem weiten, samtverzierten Rock, einer bestickten Schürze und dem schwarzen Spitzenschleier, der von schweren Goldnadeln gehalten wurde. Auf jeden Fall wäre bis zum Ersten Weltkrieg im bürgerlichen Europa ein Hut bei einem weiblichen Dienstboten als beunruhigendes Zeichen eines subversiven Geistes angesehen worden.

Die Uniform, in der man ursprünglich auch eine Livree gesehen hatte, da es sich um eine von der Behörde gelieferte Tracht handelte, war häufig in den Farben des Offiziers, dem das Regiment gehörte. Die Uniform hatte vielfache Funktionen. Vor allem bildete sie ein Erkennungszeichen, um dem häufigen Überläufertum und den internen Schlägereien zu steuern. Für viele bedeutete sie auch einen moralischen Halt, den Beweis für die Zugehörigkeit zu einer Gruppe. Manchmal drang ein ursprünglich militärisches Kleidungsstück wegen seiner besonderen Bequemlichkeit auch in die zivile Mode ein. Das war der Fall bei der *paenula* der römischen Krieger, einem Mantel mit Kapuze, den die Senatoren im Winter tragen durften, und den sogar die Damen in der Stadt adoptierten; im 6. Jahrhundert taucht er am Hof von Byzanz auf. Die von der griechischen *chlamyde* inspirierte *lacerna*, ein auf der Schulter mit einer Fibel festgehaltenes Cape, war schon in den letzten Jahren der Republik Bestandteil der Uniform, allgemeine Beliebtheit errang es aber erst im Kaiserreich, einer Epoche, in der das Heer im politischen Leben eine vorherrschende Rolle spielte. Der Heilige Augustin erwähnt die *lacerna* als ein Kleidungsstück, das die Weltleute vor allem gern trugen, wenn sie die Zirkusspiele besuchten.

Das Emblemen-System der dem Mittelalter so teueren Devisen diente im 16. Jahrhundert auch dazu, viele Uniformen zu charakterisieren. Alle Leute des Kurfürsten Friedrich des Weisen trugen die Initialen VDMIE – *Verbum Domini Manet In Eternum* – auf den Ärmel gestickt. Der Landgraf Philipp von Hessen hatte dieselbe Devise für seine Truppen gewählt, die seine katholischen Gegner aber mit *Und Du Mußt Ins Elend* übersetzten. Ein Chronist kommentiert bitterlich den Einzug des Landgrafen in Regensburg: »Ja, auf'm Ärmel und im Herzen nichts denn Raub, Mord und Brand.«

Die Livree, die Fürsten und Kardinäle den Leuten ihres Gefolges vorschrieben, war eigentlich nur eine Hofuniform, ein Ausdruck des Prestiges, und gab zuweilen zu unerhörtem Luxus Anlaß. Im Bestreben, den extravaganten Prunk aufrecht zu erhalten, den ihr Gatte bei Hof eingeführt hatte, umgab die Zarin Helene ihren Thron mit jungen Adligen, die silberne Äxte, weiße Seidenkaftane und Hermelinmützen trugen, ein wirklich mit der eisigen Pracht des russischen Winters übereinstimmender Stil. Was die Militäruniform betrifft, so beschränkte sie sich häufig auf Details mit Signalwirkung, informell, wie Bänder am Hut, farbige Strümpfe oder billiges Kleiderfutter.

Letzteres entwickelte sich zu Revers und Ärmelaufschlägen, denn um dieses signalgebende Futter zu zeigen, mußte man den Ärmel aufkrempeln oder den Rockrand aufklappen. Die Feuerwaffen hatten das Wesen der Kriege verwandelt, und die Paraderüstung, auf den Harnisch reduziert, hatte nur bei offiziellen Anlässen einen symbolischen Sinn und wurde nur von den großen Herren getragen. Der Kriegsknecht war vor allem Infanterist und seine Bekleidung mußte entsprechend abgeändert werden. Während des Dreißigjährigen Krieges stellte die Feldbinde, die den Rang bezeichnete, das einzige Uniformelement der verschiedenen Regimenter dar. Anfänglich wurde sie diagonal auf der Schulter getragen und an der Hüfte oder auf dem Rücken gebunden. Später trug man sie um die Taille und knüpfte sie auf der Seite zu einer üppigen Schleife. In der Schlacht bei Lützen hatten die Schweden grüne Schärpen, während die kaiserlichen Truppen rote hatten. Freilich hatte Gustav Adolf schon bei der Aushebung der schwedischen Armee die Gelegenheit benützt, eine echte militärische Livree einzuführen, eine Neuerung, die oft Ludwig XIV. zuerkannt wird.

In Frankreich hatte die Expansion der Manufakturen definitv zur Uniformierung der Truppe beigetragen. Koschenille und Indigo waren zu teuer, darum wurden die Soldaten zunächst in Braun eingekleidet, bis dann 1670 die Uniformen der verschiedenen Einheiten nach Stoff, Schnitt, Farbe, Futter und Knöpfen vorgeschrieben wurden. Obligatorisch waren sie freilich nur für die Mannschaften, die Offiziere konnten sich nach eignem Gutdünken kleiden.

Genau wie das alte Rom einer wahren Klassifizierungssucht verfallen, strebte das 18. Jahrhundert danach, die Differenzierung der Kleidung bis ins Äußerste und in allen Details festzulegen. Im Namen der Aufklärung und unter dem Einfluß des Klassizismus versuchte man, in die Sitten Kasernenstrenge und den unmenschlichen Trübsinn der Nivellierung einzuführen. Schon 1773 hatte eine schwedische patriotische Gesellschaft eine Art Referendum über den Vorteil einer nationalen Uniform erstattet. In ganz Europa wurden die Waisenkinder und die Insassen von Pensionaten nun einer sehr viel strengeren Uniformierung unterzogen als in der Vergangenheit. Der Herzog von Württemberg, der sogar die ganze Zivilbevölkerung seines Landes, Männer wie Weiber, uniformieren wollte, mußte schließlich sein Projekt auf die Garderobe seiner Beamten reduzieren. 1783 erließ Katharina II. einen Erlaß, wonach ihre Untertanen in Lettland und Estland gehalten waren, eine Nationaluniform zu tragen. Ein französischer Attaché bei der Botschaft in Sankt-Petersburg sah in diesem Befehl eine besondere Perfidie der Zarin, die dadurch nur ihre Schwiegertochter daran hindern wollte, sich Pariser Moden zu beschaffen. Die Uniformierung war nicht immer so willkürlich, sondern gehorchte manchmal nur dem Gebot der Sparsamkeit. Die Hofuniformen waren, obwohl äußerst kostspielig, wegen der unbeschränkten Dauer ihres Stils geschätzt. Wenn man bedenkt, daß es am Hof des bayerischen Kurfürsten nicht weniger als 36 Galasoiréen gab, bei denen man sich nicht zweimal im selben Kleid oder demselben Frack zeigen durfte, kann man sich die Erleichterung vorstellen, als Max III. Joseph für die Aufenthalte in Nymphenburg eine Hofuniform vorschrieb.

Andere Souveräne, Ludwig XV., Maria-Theresia, Katharina II., uniformierten die Höflinge, die sie in ihre verschiedenen Residenzen begleiteten, und manche hochstehende Persönlichkeiten ahmten sie nach, wie zum Beispiel die Pompadour, die an ihren Hof von Bellevue für die Herren eine Uniform aus rotem Tuch anordnete. Freilich hatte man in diesem Fall mehr an die Augenlust als an die Sparsamkeit gedacht. Friedrich der Große verzichtete sehr früh für sich selbst auf den Luxus ziviler Moden und trug nur die Uniform. Als er starb, bestand seine Garderobe aus 5 Militärjacken, 4 Kniehosen, 6 Paar Stiefeln, 15 Paar Strümpfen und 10 schlechten Hemden, was alles zusammen für 400 Taler losgeschlagen wurde.

Leute, die in der großen Welt glänzen wollten, ohne sich in Unkosten für die Toilette zu stürzen, konnten dazu verschiedene Wege einschlagen. Zunächst gab es das Kostüm eines Abbé. Im 18. Jahrhundert waren die Abbés in Frankreich wie in Italien ohne Zahl, und ihr Stand unterschied sich kaum von dem der Laien. Es war für sie übrigens durchaus nicht obligatorisch, die Weihen empfangen und ein Gelübde geleistet zu haben, um den schwarzen Mantel mit dem kleinen Umhang anzulegen und die runde Perücke aufzusetzen. Da diese Tracht das Tanzen und das Duellieren verbot, stand man vor der Entscheidung, ob die erzielte Einsparung die Mühe wert war. Eine Uniform *de caprice* war gewiß kostspieliger, eröffnete jedoch sehr viel größere Möglichkeiten. Damals war eine derartige Uniform weder betrügerisch noch selten. Bei seiner großen Rundreise auf dem Kontinent bat James Boswell, der Freund und Biograph des Dr. Johnson, den britischen Gesandten, ihn am Dresdner Hof als Offizier vorzustellen. »So steckte ich eine Kokarde an meinen Hut, wickelte eine Schärpe um meinen Arm und wurde dem sächsischen Hof als Offizier beim Regiment Loudun vorgestellt.« Nichts war leichter, wie man sieht. Casanova ließ sich, immer auf Eleganz bedacht, in Bologna eine weiße Uniform mit blauer Jacke machen, »mit einer silbernen und goldenen Schulterschleife und einer entsprechenden Degenschleife«. Eine solche Kleidung gestattete nicht nur die mondänen Vergnügungen, sie weckte sie geradezu. Ganz anders das schwarze Kostüm, Zeichen der Armut oder des Geizes, vorausgesetzt, daß man nicht wirklich Trauer trug; es gab ein Aussehen von Respektabilität, verhinderte aber die Teilnahme an den Festen und verschloß die Tür zu manchen Salons.

Die Revolution und das Kaiserreich verliehen der Uniform eine bis dahin nie gekannte Bedeutung und Emphase, und das 19. Jahrhundert sah nicht nur Kostüme für Staatsräte, sondern auch offizielle Tracht der Notare. Die Epoche zeigte in ihren militärischen Uniformen einen pathetischen Überschwang; Frankreich, Italien, Deutschland, Österreich rivalisierten in Federbüschen, Pferdemähnen und Goldlitzen nach uralter Tradition primitiver Krieger. Als man dann feststellte, daß die grellen Farben ausgezeichnete Zielscheiben abgaben, gingen die kriegführenden Mächte im Ersten Weltkrieg zu neutralen Nuancen bei ihren Felduniformen über. 1915 führte übrigens Paul Poiret vor einer vom Kriegsminister präsidierten Kommission das Modell zu einem Militärmantel vor, »der sechzig Zentimeter weniger Tuch verlangte als das vorgeschriebene Modell und vier Arbeitsstunden einsparte«. Die Wege der Haute Couture sind wahrhaftig undurchdringlich.

Ebenso wie die Uniform, wenn auch aus anderen Quellen schöpfend, gehorcht das Regionalkostüm der Tendenz zur kollektiven Identifizierung. Im 15. Jahrhundert sieht man eine erste große Entwicklung bäuerlicher Kostüme, die sich mehr oder weniger von überkommenen Formen lösten, sich allgemeineren Stilrichtungen anzunähern begannen und sich doch örtlich charakterisierten. Während Klima und Arbeit das alltägliche Kostüm der Landbevölkerung bestimmten, weswegen es von großer Nüchternheit blieb, beginnt die regionale Festtagskleidung autonome Formen zu entwickeln. Es verrät die Freude am Sonntag und die Lebensqualität, die sich mit ihm verbindet, Gemeinschaftssinn und religiösen Traditionalismus.

Während über die Niederlande die burgundischen Moden in den nordrheinischen Städten Eingang fanden, gelang es ihnen nicht, auch in anderen Gegenden Deutschlands Fuß zu fassen. Als der burgundische Hof praktisch zu existieren aufhörte, schufen die Städte, die bis dahin seinem Diktat gefolgt waren, wuchernde Formen: um ihren ursprünglichen Schick gebracht, wurden die Übertreibungen einfach grotesk. Die anderen deutschen Städte übernahmen dagegen Elemente aus der Folklore – den runden Rock, die Schürze, gewisse Formen des Brusttuchs –, die sich zu den puritanischen Moden der Reformation weiterentwickelten.

Die Regionalkostüme Italiens waren im 15. Jahrhundert von ungeheuerer Vielfalt, je nach den geographischen und kommerziellen Einflüssen, denen sie nachgaben. Während Venedig die aus dem Orient gekommenen Stile bewahrte und anglich, hatten die anderen Ortschaften in Norditalien, da enger in den kulturellen Austausch mit den transalpinen Ländern verflochten, die ausländischen Folkloremoden übernommen, die ihrerseits auf das bäuerliche Kostüm abfärbten. Als Ausdruck der ethnischen Zugehörigkeit, des Sich-Einfügens in eine Kollektivstruktur, als regionale Loyalitätserklärung und Anerkennung konservativer Prinzipien nahm diese Art des Kostüms im ganzen Europa des 17. Jahrhunderts einen beträchtlichen Aufschwung. Während der Landadel bereits die internationalen Moden übernahm, waren die wohlhabenden Bauern bestrebt, an Festtagen die alten Galakostüme anzulegen. Dieses stets so reich wie möglich ausgeschmückte Kostüm fand seine stark vereinfachte Replik in der Alltagskleidung, die zwar gröber

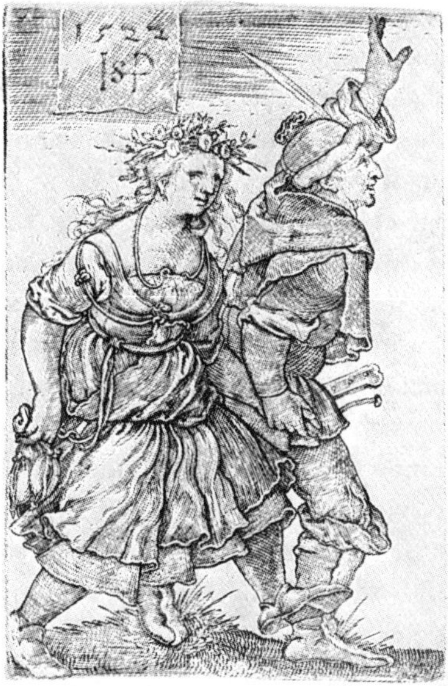

Tanzende Bauern, Stich von H. S. Beham, 1522

und schmuckloser war, ihm in den allgemeinen Proportionen jedoch entsprach. In manchen keltischen Gebieten, die sich dem zentralistischen System widersetzten, wie die Bretagne und vor allem Schottland, hielten der Landadel und die Bürger der kleinen Städte dem Regionalkostüm ostentativ die Treue und verliehen ihm damit den Wert eines Nationalkostüms.

In ganz Europa überdauerten manche sehr alte und in weiten Gebieten verbreitete Formen bis ins 20. Jahrhundert hinein, mit sekundären Varianten wie zum Beispiel der *krzno*, ein ärmelloser, pelzgefütterter Mantel, der seit dem Mittelalter in fast ganz Rußland getragen wurde und den man auf dem Balkan in vielerlei Entsprechung wiederfindet. Indessen war die Welt, wie im übrigen, in geschlossene Zellen abgeschottet; lange blieben die Moden parzelliert, ein Phänomen, das man in Zentraleuropa ebenso wie in den Alpengegenden oder in Skandinavien beobachten kann. Was Straßburg betrifft, so nimmt es in den Moden einen ganz besonderen Platz ein. Obwohl seit 1681 an Frankreich angeschlossen, befolgte es noch im 18. Jahrhundert autonome, aus den alemannischen Kostümen entwickelte Formen, während sonst das Regionalkostüm schon überall im Schwinden war und die wohlhabenden Kreise in den großen Städten die französischen Moden adoptiert hatten. Wahrscheinlich handelte es sich um eine Demonstration analog jener des dem Zentralismus widerstrebenden Landadels. Ein Wandel scheint in der zweiten Hälfte des Jahrhunderts eingetreten zu sein, denn als Goethe in Straßburg war, kleidete sich die gute Gesellschaft der Stadt bereits nach internationalen Moden, während das Regionalkostüm nur noch auf dem Land getragen wurde.

Die philosophische Aufklärungs- und Emanzipationsbewegung, die nach und nach immer breitere Schichten erreichte, brachte die lokalen Trennwände zum Einsturz und begann, eine Kostümart zum Verschwinden zu bringen, deren Todesurteil die industrielle Konfektion bestätigte. Bald schon sollte es dem Regional- oder Nationalkostüm nicht mehr gelingen, sich zu behaupten, außer etwa als Ausnahme die Kopfbedecktung, wie zum Beispiel in Spanien. Die durch die Aufgabe der alten Festtagskostüme gerissene Bresche ließ Platz für einen typischen Ersatz der Akkulturation: die Sonntagskleidung. Auch wenn er über großen oder bescheidenen Wohlstand verfügte, übernahm der Bauer in West-Europa mit wenigen Varianten den Sonntagsanzug des Industrieproletariats. Ohne Tradition, unschön und minderwertig, als Erzeugnis der niedrigsten Konfektion Ausdruck eines kulturellen Bruchs, kann das unweigerlich schwarze Kostüm ohne weiteres auch als Trauerkleidung dienen und erlaubt damit Einsparungen. Die Volksschichten, vor allem ihre älteren Jahrgänge, beweisen ihm bis zum Zweiten Weltkrieg Anhänglichkeit.

Als Rangabzeichen integriert das Kostüm sich in ein ganzes System von Valorisation und Entwertung. Seit der ältesten Antike hat das Ehrenkleid in der sozialen Kultur der Völker eine hervorragende Rolle gespielt. Fast immer gehörte zum Königtum auch ein priesterliches Amt; Zepter und Thron, im alten Rom den Attributen Jupiters entlehnt, bestanden als kaiserliche Insignien weiter fort, als Byzanz den Kaiserkult verchristlichte, und wurden zum traditionellen Zubehör des Königtums. Der Ursprung der Krone dagegen scheint sich in der Nacht der Zeiten zu verlieren.

Im Mittelalter schon hatten besondere Kopfbedeckungen den akademischen Grad ihres Trägers ausgewiesen und die Ritteroden unterschieden sich durch Mäntel und eigene Ornamente. Das 17. Jahrhundert verlieh dann dem offiziellen Kostüm seine ganze Bedeutung und Pracht, wenn es sich in der Form auch aus Überliefertem herleitete.

Venedig vor allem entfaltete einen willentlich autonomen Luxus, pflegte die Differenzierung in manischer Überspitzung. Während die französischen Moden längst Europa beherrschten, gefiel die Serenissima sich ostentativ im Kult der Ehrenkostüme von byzantinischem Anachronismus. Die langen, hinter dem Schritt des Würdenträgers herschleppenden Umhänge waren je nach Jahreszeit mit Moiré oder Pelzwerk gefüttert und die Ausmaße ihrer weiten Ärmel entsprachen der Bedeutung seines Rangs. Bei den großen Festen zog der Doge ein rotes Gewand und einen roten Mantel an, setzte sich den *corno* von goldnem

Tuch auf, einen edlen Vetter der phrygischen Mütze, da beide aus Kleinasien stammen. Die Perücke, zum ersten Mal 1668 als Import aus Frankreich erschienen, wurde sofort von den *Inquisitori di Stato*, Feinden jedweder Neuerung, verboten. Ihre Nachfolger im Amt erlaubten schließlich eine kleine, *calotta* genannte Perücke, die, so bescheiden sie auch war, zwischen ihren Anhängern und Widersachern erbitterte, Gullivers Reisen würdige Kämpfe entfachte. Das hörte erst auf, als 1709 der Doge Giovanni Cornaro den Großen Rat im Schmuck einer imposanten Perücke eröffnet hatte; der Brauch wurde rehabilitiert, und der Adel fügte sich ihm schließlich.

Beim Zusammentritt der Generalstände 1789 verwandte die Monarchie eine besondere Aufmerksamkeit auf das Kostüm der Volksvertreter. Während der Klerus ein Recht auf violettes Moiré hatte, und der Adel sich in gestickten Mänteln zeigte, war der dritte Stand gezwungen, einen schlichten Rock aus schwarzem Tuch zu tragen. In dieser vom Zeremonienmeister Marquis Dreux de Brézé entworfenen Kleiderordnung, die sich auf eine alte Verfügung aus dem Jahre 1614 stützte, wurde von den Vertretern des dritten Standes eine Kränkung gesehen, und die Eröffnung der Debatten war dadurch mit Unzufriedenheit belastet. Diese Atmosphäre war natürlich günstig dafür, daß die Nationalversammlung bei erster Gelegenheit die Bekleidungsunterschiede der Stände abschaffte. Als eines der ersten Privilegien damit gefallen war, sollten andere alsbald folgen. Ohne es zu wollen, hatte Dreux de Brézé dem Schicksalsrad einen beschleunigenden Stups gegeben.

Die verschiedenen weltlichen und religiösen Autoritäten hatten schon sehr früh begriffen, daß das Ehrenkostüm eine latente Frustration denen bedeutete, die es nicht anlegen durften, und so war es von Wichtigkeit, ihnen zum Ausgleich eine neue

Form der Differenzierung zu gewähren, die ihren Status aufwertete, ohne den Privilegien zu schaden. So war es nur noch ein Schritt zur Erfindung des ehrenrührigen Kostüms, das nicht nur die Aussonderung der mit gesellschaftlichem Bann belegten Gruppen bestätigte, sondern auch Strafcharakter hatte. Die Aussätzigen, Opfer des göttlichen Zornes, das Freudenmädchen, Bild der Sünde, der Henker, berechtigt, das zu tun, was viele selbst tun zu können wünschten, wurden also zum Tragen von unterscheidender Kleidung gezwungen. Vor allem waren es die Juden, die am härtesten betroffen waren, als die Kirche zur Sicherung der theologischen, finanziellen und kulturellen Hegemonie 1215 auch durch spezielle Verordnung des Lateran-Konzils ihre Kleidung reglementiert hatte. Gelbe Abzeichen, ein ebenfalls gelber, spitzer Hut sollten sie dem öffentlichen Fanatismus signalisieren. Die alte Königsfarbe des Orients, das Symbol der Sonne, des Goldes, des Ruhms, oder bei den provencalischen Liebeshöfen Zeichen belohnter Beständigkeit wurde brutal zu einer entehrenden Farbe entwürdigt. Auch die Frau des Henkers mußte einen gelben Schleier tragen, den ein von Cosimo I. 1546 erlassenes Gesetz auch den Florentiner Prostituierten aufzwang. Anderswo mußten Dirnen ihrem Mantel breite gelbe Bänder aufnähen. Das Florentiner Gesetz von 1562 erwähnt keinen Schleier mehr, schreibt ihnen aber eine gelbe Mütze vor.

In Deutschland waren die Juden seit 1452 zum Tragen von gelben, aufgenähten Rädern gezwungen, und die Kleiderordnung des Heiligen Römischen Reichs von 1530, die das Kostüm der verschiedenen Stände regelte, präzisierte noch diese Zwangsmaßnahme. Anfang des 17. Jahrhunderts wurde der spitze Hut nach und nach durch die Mütze ersetzt, die gelb, rot oder schwarz und sehr umfangreich war, und die mehr oder weniger abgewandelt bei den deutschen Juden noch bis ins 18. Jahrhundert gebräuchlich blieb. Der alte Kaftan, bis in Kniehöhe verkürzt, mit seinem großen Kragen und seiner Knopfreihe erinnerte an einen Bauernrock. Obwohl längst nicht mehr dazu verpflichtet, trugen die Frankfurter Israeliten einen ärmellosen Pelzrock, der von den Moden der Renaissance inspiriert war, oder auch ein weites Cape. In Nürnberg dagegen, wo die Vorschriften noch von haßerfüllter Strenge waren, zwang man ihnen besondere schwarze Pelerinen auf, die wie ein südamerikanischer Poncho nur eine Öffnung für den Kopf hatten und an den Seiten offen waren. Die Frauen wurden gezwungen, schwarze Capes und schwarze, gelb geränderte Hauben zu tragen. Alle, Männer wie Frauen, mußten auf der Brust ein Herz aus rotem Tuch aufgenäht haben, anstelle des alten Rades. Während um 1700 die männliche Bevölkerung allgemein rasiert war, hatten die Juden den traditionellen Bart beibehalten und vermieden die Perücken.

Die gleiche erfindungsreiche Gewohnheit, die bei der rassischen Diskriminierung waltete, feierte viele Jahrhunderte lang ein ununterbrochenes Festival auf dem Gebiet des Strafvollzugs: Entehrende Kittel und Masken, San-Benito der Ketzer, mit Höllenfiguren bemalte Mitren, rote Hemden und schwarze Schleier für Vatermörder, alle diese Attribute, die Dummheit und Grausamkeit in den Dienst der Moral stellten, finden ihre Darstellung in der Geschichte der Schmach- und Strafkleidung. Was der Verurteilte am Leibe trug, verfiel von rechtens dem Henker, der das Beneficium mit seinen Knechten teilte. Die Revolution hob diesen Brauch auf; von da an wurden die Kleider der Hingerichteten der Hospitalverwaltung zugeführt, um an Notleidende verteilt zu werden. Aufgrund dieser Anordnung wurden Hemd und Kleid Marie-Antoinettes zur Salpétrière gebracht, wo sie von der Person, die sie erhalten hatte, lange Zeit aufgehoben worden sind.

Als bloßes Instrument eines Systems war auch der Henker selbst, der häufig die Funktionen des Scharfrichters mit denen eines Abdeckers vereinigte, zu einer Schandkleidung genötigt, meist einem roten, mit breiten flachen Bändern benähten Rock. Bei besonders hervorgehobenen Gelegenheiten, wie der Hinrichtung von Damiens, der ein Attentat auf Ludwig XV. versucht hatte, kam es vor, daß aus Lust an finsterer Theatralik der Scharfrichter sich seine Toilette etwas kosten ließ und einen weiß-seidenen Rock anlegte. Wahrscheinlich sahen manche einen tieferen Sinn in dieser Maskerade, da Weiß damals das Symbol der bourbonischen Monarchie war.

Mode und Politik

Während die meisten zur Unterscheidung dienenden Kostüme von Behörden oder Traditionen verordnet waren, hingen manche Formen, die als Zeichen der Zugehörigkeit zu einer Gruppe getragen wurden, nur von der persönlichen Initiative ab, sofern sie nicht durch Bedrohung nahegelegt worden waren. Denn mehr als einmal war die Enthaltung von einem Abzeichen mit Todesgefahr verbunden. Die Geschichte Europas und die Kostümgeschichte als politisches Diagramm sind praktisch nicht voneinander zu trennen. Doch das Kostüm als Mittler einer Meinung, als Bekenntnis, hat stets etwas von theatralischer Emphase, von ideologischem Exhibitionismus, der es herabstuft.

Da die Philosophen des alten Griechenlands den männlichen Ernst ihrer Gedanken durch eine betont nüchterne Himation ausgedrückt hatten, bewies Scipio Africanus seine Bewunderung für sie dadurch, daß er ihr Kostüm anlegte. Bewußt trug er auch den kurzen Haarschnitt, den die griechischen Friseure in Rom eingeführt hatten. Der Brauch eines meist viereckigen Bartes dauerte übrigens neben dem der kurzen Haare und der glatt rasierten Wangen an.

Die draußen wie im Haus getragene Tunika war, ob mit langen, kurzen oder ohne Ärmel, eines der Hauptteile des römischen Kostüms. Vom 4. Jahrhundert an sah man weich fließende, nach orientalischer Art bis zu den Füßen reichende Tuniken. Sie galten als Indizium sokratischer Sitten; Cicero brandmarkte sie in seinen Reden gegen Catilina und seine Clique. Die Moden drücken ja nicht nur politische oder religiöse Tendenzen aus, sie dienen auch sexuellen Minoritäten als Sprachelement. Von Anfang an war dieses Sprachelement gleichzeitig okkult und provozierend, attraktiv und repulsiv, gleichzeitig auf ein absichtsvolles Ziel wie auf den Wunsch eines masochistischen Scheiterns gerichtet, ebensosehr ein Bekenntnis wie ein Programm, Schutz wie gefährliche Trotzhaltung. Man kann in dieser Hinsicht den Schluß ziehen, daß sich seit den letzten Tagen des römischen Reiches nicht viel geändert hat.

Während des Hundertjährigen Krieges trugen die Burgunder Hüte aus blauem Tuch mit einem Andreas-Kreuz, während die Armagnacs einen violetten Kasack mit weißem Kreuz und der Devise *Le Droit Chemin* anlegten. Vor allem waren es jedoch die Sendelbinden, die den Parteien als Emblem dienten. Diese langen, nach dem Material benannten Bänder – aus einer von der karolingischen Epoche bis zum 17. Jahrhundert bekannten Seide – hingen vom Hut auf die Schulter herab, rechts bei den Burgundern, links bei den Armagnacs. Statt den *cendal* frei flattern zu lassen, konnte man ihn auch manchmal um den Hut winden wie einen Turban, wobei ein Ende sich wie ein Horn hochrichtete, was nicht leicht zu erreichen sein mochte, da der *cendal* so schmiegsam wie unser heutiger Seidenfoulard war. Immerhin gab er je nach den Einfällen seines Besitzers die Möglichkeit zu zahllosen Variationen. Am Hof von Burgund warf man ihn auf den Rücken und befestigte an seinem Ende einen Hut, während man dabei selbst eine Mütze aufhatte. Auch mehrere Bänder von verschiedener Farbe konnte man tragen. Den Launen der Semantik ebenso wie denen der Mode unterworfen, nahm das Wort *cendal* mit der Zeit einen ganz neuen Sinn an: im 18. Jahrhundert bezeichnete es das Seidentuch, das die Venezianerinnen, wie die Genuesinnen ihren *mezzaro*, als Kapuze trugen. Damals bezweckte er keinerlei andere Politik mehr als die der Verführung.

In den Kämpfen, in denen sich der *Bundschuh* und die Feudalautorität gegenüberstanden, war das Emblem der Bauern der um das Gelenk festgebundene Schuh, der ihrer Vereinigung auch den Namen gab; seine uralte Form ging noch auf das Schuhwerk der Bronzezeit zurück. Aus Angst vor den Aufständischen bemühten sich die privilegierten Schichten von 1524 an um möglichste Einfachheit. Nach dem Sieg über die Bauernheere profitierte die Gegenreformation daraus und propagierte die spanischen Moden, während der protestantische Puritanismus seinerseits der Verbreitung eines bürgerlichen Stils Vorschub leistete, der jeden feudalen Anklang vermied. Besonders in der Art der Haartracht äußerte er sich. Während um 1498 die Männer noch lange, gotische Locken hatten, schnitten sie sich zwanzig Jahre später das Haar rund wie mit Hilfe eines Topfes. Dieser immer kürzer werdende Schnitt ließ schließlich die Ohren unbedeckt und war häufig von einem Bart begleitet, der namentlich bei den Freunden der Reformation in Gunst stand.

Die politische Situation in den Niederlanden war allzu aufgeladen mit gegnerischen Leidenschaften, als daß sie sich nicht auch auf einem so gefühlsbetonten Gebiet wie dem der Mode ausgewirkt hätte. Konservative und Puritaner, reiche Kaufleute, Syndici, die »Regenten«, die das wirtschaftliche und kulturelle Leben bestimmten, kleideten sich ostentativ schwarz, als Gegensatz zur Weltlichkeit des Hauses Oranien und zur Prachtentfaltung der katholischen Kirche. Die Regenten trugen alle den unförmigen, altmodischen weiten Mantel, den das vorangegangene Jahrhundert gebracht hatte. Aus Sympathie imitierte das Volk ihre Strenge, doch trotz persönlicher Tendenzen kamen auch Überlappungen in den Formen vor. In der Regel übernahmen die Mondänen die großen, flachen, reich mit Spitzen garnierten Kragen, während die Puritaner die Halskrause bewahrten, deren gestärkte Falten den Hals verbargen. Diese Halskrause hatte ihre eigne Sprache; ihr Stil und die Art, wie man sie trug, belehrten den Beobachter über die nuancierteste Meinung ihres Trägers. In England war sie nicht weniger beredt, vor allem seit eine gewisse Mrs. Turner das Rezept zu einer gelben Stärke entdeckt hatte, die plötzlich mit der bis dahin benützten blauen rivalisierte. Die Stärke wurde politisiert, blau drückte papistische Gesinnung aus, gelb die hugenottischen Tendenzen, ein chromatischer Kampf, der jählings endete, als Mrs. Turner, öffentlich ihrer letzten Halskrause entkleidet, ihr Haupt auf den Richtblock legen mußte, weil sie bei der Vergiftung Sir Thomas Overburys hilfreich gewesen war; von da an fand alle Welt, daß die Stärke von Mrs. Turner allzu giftig aussah.

Mit rund geschnittenem Haar, in düstere Farben gekleidet,

schwere Stiefel an den Füßen, verkündeten die Puritaner oder *round heads* das Heraufkommen von Keuschheit und Knausertum. Sie affektierten eine körperliche Unsauberkeit, die die ihrer Zeitgenossen noch übertraf. Cromwell sah man in sehr schmutziger Wäsche, Blutflecken auf dem Kragen und Kleider wie von einem Dorfschneider.

Schottland gehört zu den wenigen Ländern Europas, in denen der Adel an der Nationaltracht festhielt. Nachdem am 16. April 1747 Cumberland die Highlanders unter dem Prinzen Charles Edward im Culloden-Moor geschlagen hatte, untersagte der Sieger den Kilt, das Plaid und die Schottenmütze. Doch nicht nur wurde dieser Befehl nicht beachtet, sondern man sah sogar bei Hof das Schottenkostüm mit anderen Kleidungsstücken eine bizarre Synthese eingehen, und Bonnie Prince Charlie kombinierte die französische Weste mit dem kaledonischen Kilt.

Das englische 18. Jahrhundert weist noch andere Eigentümlichkeiten auf. Um ihre geistige Einstellung kenntlich zu machen und die Zugehörigkeit zum literarischen Klub der Elizabeth Robinson Montagu, der *Queen of the Blues*, zu dokumentieren, trugen die jungen intellektuellen Frauen, die den Worten Walpoles oder des Dr. Johnson in ihrem Salon lauschen gingen, alle die gleichen *bluestockings*, sicherlich von einem Blau, das sich von dem ehemaligen Coventry unterschied. Sie waren weit davon entfernt zu ahnen, daß sich alsbald Ironie an das Wort heften würde.

Von den ersten Tagen der französischen Revolution an tauchte die trikolore Kokarde *à la Nation* an allen Kopfbedeckungen auf, und Madame Eloffe, Modistin der Königin, verkaufte welche sogar an die Tanten Ludwigs XVI. Nach der patriotischen Gabe, die die Schatullen zum Nutzen des öffentlichen Schatzes geleert hatte, sah man eine Schwemme von Phantasieschmuckstücken: Ohrringe aus Glas, Armbänder aus vergoldetem Kupfer, aus Bastille-Steinen verfertigte Berlocken, den Knauf am Spazierstock aus Holz oder Zinn. Bis zum Tod Robespierres änderten sich die allgemeinen Formen des Kostüms kaum und die Farbtöne beschränkten sich auf die Folge der Nationalfarben, sehr häufig auch als Streifenmuster gesetzt. Man sah sie überall, an den Schuhen, den Umschlagtüchern, dem Federbusch der Hüte, und von Tag zu Tag wurden sie obligatorischer, sofern einem das Leben lieb war. Farbliche Anspielungen an das Grün des Grafen d'Artois oder das pure Weiß der Monarchie waren völlig verschwunden. Bald kam die Zeit, in der ein gepuderter Schopf, ein zu graziöses Kleid, ein zu gut geschnittener Frack verdächtig wurden und den Kopf kosten konnten. Selbst die Kokarde war nicht mehr aus Seide, sondern aus Kattun. Man wagte kaum sauber zu sein, obwohl Robespierre es war. Die phrygische Mütze der freigelassenen Sklaven und der Galeerensträflinge, die *Carmagnole*, ein Jäckchen aus grober Wolle, die ländlichen Holzschuhe und die lange Hose der Matrosen, die den Revolutionären den Namen Sans-culottes eintrug, bildeten den obligatorischen Anzug des guten Citoyen.

Der Triumph der Jakobiner machte dem Modehandel den Garaus. Da die ganze ehemalige Kundschaft in alle Winde zerstreut war, fanden sich die Näherinnen, die Modistinnen, die Saffiangerber, die Federnverarbeiter, die Kürschner, die Spitzenklöpplerinnen, die Stickerinnen, die Stepperinnen, die Handschuhmacher, die Knopffabrikanten, die Juweliere, die Tressenweber, die Herstellerinnen von künstlichen Blumen allesamt im Elend. Man schickte sie zu den Erdarbeiten auf den Champ de Mars, wo sie ihre Geschicklichkeit einbüßten, die sie nie wieder zurückerwerben würden. Marat sagte selbst: »Es sollte mich nicht wundern, wenn man in zwanzig Jahren in Paris keinen einzigen Arbeiter mehr finden wird, der einen Hut oder ein Paar Schuhe zu machen versteht.« Das im Lauf der Jahrhunderte geduldig herangebildete Luxushandwerk, das so viel zum Prestige Frankreichs beigetragen hatte, war vernichtet.

Die Revolution suchte nach einem Stil und fand ihn nicht trotz der Bemühung des Malers David. Wenn er auch die Chöre der Jungfrauen und der Greise bei den offiziellen Feierlichkeiten *ad hoc* einkleidete, so hatte seine jakobinische Interpretation der Antike für den Kleiderbedarf des *Nouveau Français* nicht den erwarteten Erfolg und diente nur dazu, die Zöglinge der École de Mars zu uniformieren, dann unter dem Directoire die Mitglieder des *Conseil des Anciens* und des *Conseil des Cinq-cents*. Jedoch ohne die Erlaubnis Davids hatte die Frau in der Vorahnung ihrer Emanzipation ihre Moden dem männlichen Kostüm angeglichen, bis auch diese Befreiungsversuche durch einander folgende Dekrete des Konvents wieder zunichte gemacht wurden.

Die neuen Zeiten wirkten sich ebenso wie auf die Kleidung auf die Haartracht aus. Die Zöpfe, die Locken fielen schon 1791 unter der Schere, und der Hof von Weimar zeigte sich schockiert, als Jean Paul sich mit kurzem Haar zu präsentieren wagte. Aristokraten in Nord-Italien gingen sogar soweit, Söhne zu verstoßen, die der neuen Mode gehuldigt hatten, während die eleganten Schulen zopflose Zöglinge nicht zuließen, da sie in ihnen Sans-culottes argwöhnten.

Um 1798 begann man die Haare sehr kurz zu schneiden und sie als »Windstoß« zu bürsten. Nach dem Ende der Schreckensherrschaft hatten übrigens viele Davongekommene die Ereignisse mit vollendet schlechtem Geschmack ironisiert: die jungen Frauen frisierten sich *à la victime* mit plumper Anspielung an die Guillotinierten – man trug sogar einen dünnen, blutroten Faden um den Hals –, während ihre männlichen Gefährten aus der Tiefe ungeheurer Krawatten heraus näselten. Mehr als jemals zuvor dienten die Moden dazu, politische Meinung zu manifestieren. Während die Muscadins der Gegenrevolution sich demonstrativ puderten und den schwarzen Kragen trugen, ließen die Jakobiner ihr Haar natürlich und wählten rote Kragen. Beide Parteien traktierten einander in den Pariser Straßen mit Stockschlägen, und wenn die Truppe eingriff, war es gar nicht selten, daß die Muscadins gewaltsam zur Armee eingezogen wurden. In ganz Europa trug die Reaktion, die die Schreckensherrschaft abgelöst hatte, die seltsamsten Früchte. Noch vor seiner Thronbesteigung hatte der Zar Paul I. in Gatschina alle verfolgen und festnehmen lassen, die dreifach geschlungene Krawatten und runde Hüte trugen, weil er in ihnen »den Schlupfwinkel der Niedertracht und des Verbrechens der heimlichen Jakobiner« sah. Wegen des offenbar mangelhaften Gehorsams erließ der Zar 1798 einen neuen Erlaß, der den Untertanen befahl, die Moden von 1775 zu befolgen. Warum schließlich nicht die von Byzanz?

Das Scheitern auch der deutschen Fürsten in ihrem Kampf gegen die liberalen Moden fand sein Gegenstück in dem Mißerfolg des Nationalkostüms, das aufgeregte Patrioten während der Befreiungskriege einzuführen versucht haten. Während der junge Werther die Empfindsamkeit einer Epoche verkörpert hatte, stellten die Schillerschen Helden das Freiheitsideal des Sturm und Drang dar. Die Ablehnung des mondänen Spitzenjabot und des beengenden Kragens, ein nach Plebejerart weit offener Hemdkragen gaben auch dem Äußeren Schillers einen symbolischen Sinn. Für zahlreiche junge Leute hieß, den »Schillerkragen« übernehmen, Zeugnis für Schillers Ideen ablegen. Die Freiheit, den eigenen Kleiderstil außerhalb des hierarchischen Systems zu wählen, schien bereits die Verheißung aller anderen Freiheiten einzuschließen. Wie Sturm und Drang und wie die Romantik bot der Kampf gegen die napoleonische Unterdückung damit im Verein ein ideales Sprungbrett für das Streben nach kultureller Autarkie. In seiner Abhandlung *Über Sitte, Mode und Kleidermacht* forderte Ernst Moritz Arndt ein Kostüm, das ein Ausdruck für »das Würdige und Menschliche, nicht das Leichtfertige und Äffische« wäre. Er versuchte, eine Nationaltracht einzuführen, die von Archaismen inspiriert, übrigens eigentlich jedoch fremdländisch war: Puffärmel, Stuart-Kragen, spanische Mütze vervollständigten eine Art wamsähnlichen Kittel, der von einem Gürtel umschlossen in breiten Falten bis zum Knie reichte. Die Begeisterung kippte schon in Hysterie über. In anachronistischer Weise wollten die Freunde der Freiheit und des *altdeutschen* Kostüms, wie zum Beispiel Karoline Pichler, Männer und Frauen je nach ihrem Stand uniformieren. Der Geist der Gotik weste noch fort. Doch wenn ein Teil der männlichen Jugend eine Zeitlang Anhänger des patriotischen Kostüms war, zeigten sich die jungen Frauen sehr viel zurückhaltender, vor allem seitdem die französischen Modejournale wieder ins Land kamen.

Sowenig wie den deutschen Moden gelang es den österreichischen, sich gänzlich von der Pariser Diktatur zu emanzipieren. Alle die bizarren, patriotischen Kittel mit ihrer Tendenz, »die traditionellen Tugenden der Ehrlichkeit und Treue, des Glaubens, der Tapferkeit und Keuschheit« auszudrücken, verschwanden zugunsten von Kleidern, die geeigneter waren, einer weniger rigorosen Lebensauffassung Genüge zu tun. Dasselbe galt auch für das Nationalkostüm, das die Polen während des Kosciuszko-Aufstandes adoptiert hatten; diese Mode überlebte nicht die Bewegung.

Die Restauration der Bourbonen und die Regierungszeit Louis-Philippes waren hohe Zeiten für Geheimbündelei und Verschwörungen, für echte oder eingebildete. Die Geschichte der verflossenen Jahre war zu bewegt gewesen, als daß ihr jäher Rhythmuswechsel die Seelen nicht aus dem Gleichgewicht gebracht hätte. In jeder Hinsicht und bei allen Parteien frustriert, übersteigerten sich die Leidenschaften. Jeder Feind der Regierung – das heißt fast jedermann – gab seinen Gefühlen durch bedeutungsschwere Gegenstände ein Ventil, durch trikolore Hosenträger der Jakobiner oder Spazierstöcke der Bonapartisten. Mancher Pariser Händler verkaufte heimlich Gravuren, Nippsachen, Bücher mit aufrührerischem Gehalt, aber auch symbolische Schmuckstücke, die, etwa wie *l'Epingle noire*, den Mitgliedern der vielen Geheimgesellschaften als Erkennungszeichen dienten. Während ein Fabrikant der Rue Saint-Martin Spazierstöcke mit einem Napoleonsbild am Knauf verkaufte, konnten Juweliere Ringe mit wendbarem Stein, Berlocken mit unterschiedlicher Kopfseite, Medaillons mit doppeltem Boden beschaffen, die heimlich dem Gedächtnis des Kaisers oder der Revolution gewidmet waren. Indessen lancierte die elegante und energische Herzogin de Berry Moden von romantischem Historizismus, die mit ihren korsettierten Kleidern und gebauschten Röcken endgültig die Tuniken *à la grecque* ausschalteten und damit auch die bonapartistischen Erinnerungen wegfegten. Eine parallele Geschichte Frankreichs begleitete den Ablauf der großen Ereignisse, ein Reflex, ein Echo, bei dem Tüll und Moiré den Verträgen und den Verfassungen entsprachen. Die Gesellschaftstheorien fanden ihren Ausdruck auch in den Moden: in Gehrock und Steghose rauchte George Sand die Zigarre, das junge Frankreich erschreckte den Bürger mit roten Westen und in ihrem Refugium von Ménilmontant schlüpften die Saint-Simonisten in ein wunderliches Kostüm, um das Heraufkommen einer regenerierten Gesellschaft vorzubereiten.

Da den Saint-Simonisten ihre Theorie verbot, Dienstboten zu haben, erledigten sie selbst die niedrigsten Verrichtungen, ohne sich ihrer merkwürdigen Einheitskleidung zu entledigen. Sie bestand aus einer Mütze, einer blauen Tunika mit Faltenschößen, vorn herzförmig offen, einer hinten geschnürten weißen Weste – zum Zeichen der Solidarität, denn man konnte sie nicht selbst zuschnüren –, einem Ledergürtel und einer im Winter roten, im Sommer blauen Hose. In diesem Aufzug veranstalteten die Saint-Simonisten Aufmärsche, Versammlungen und sogar Bälle, bei denen ihre Bärte ebenso Aufsehen erregten wie ihr Kostüm.

Der Bart als Anzeichen demagogischer Gesinnung und Unterscheidungsmerkmal der Opposition setzte seinen Träger dem Argwohn der Regierung aus. In manchen Ländern wurde er verboten, in Modena rasierte man die Zuwiderhandelnden gewaltsam, und bis in die vierziger Jahre des 19. Jahrhunderts war den preußischen Postangestellten und Referandaren sogar der Schnurrbart untersagt. Auch in Österreich galt der Schnurrbart als revolutionär und bis zum Tod des Kaisers Franz II. war den Beamten, den Militärs und allen zum Hof gehörenden Männern das Tragen eines Bartes verboten. In Paris wagte als erster der Graf Walewski nach der Julirevolution den Bart zu tragen, bald folgte ihm darin die ganze fortschrittliche, männliche Jugend, die Träger der roten Weste, die Hernani-Begeisterten, die demokratischen *lions*. In Deutschland blieb der Bart bis 1848 sehr ungewöhnlich, wenn nicht verdächtig und Felix

Mendelssohn war auf seiner Reise nach Rom höchst schockiert, als er im Café Greco seine Landsleute bärtig und struwwelköpfig sah.

Da seit je die Kopfbedeckung ein Hauptbestandteil der verschiedenen ideologischen Ausstaffierungen war, ergänzten die Demagogen, diesem Brauch getreu, ihren Bart mit einem entsprechenden Hut. Der republikanische Kalabreser, von den Liberalen, den Intellektuellen, den Künstlern, von allen getragen, die in der Habsburger Monarchie in Opposition standen, brachte eine Wiener Variante hervor, indem die Krempe einseitig hochgeklappt wurde. Die deutschen Liberalen adoptierten 1848 den *Heckerhut*, er wurde zum Erkennungszeichen, dem die Arbeiter die proletarische Kappe entgegensetzten. Während der Zylinder die Konservativen und die Nicht-Engagierten kennzeichnete, ersetzten die bürgerlichen Revolutionäre den *Heckerhut* gelegentlich durch Barette, die mit schwarz-rot-goldenen Kokarden oder Federn geschmückt waren. Alle diese Symbole verschwanden, als die Revolution erstickt worden war. Die aufrührerischen Schnurrbärte hingegen verbürgerlichten sich gewaltig; lackiert, gewichst, aufgezwirbelt dienten sie sogar als Ausdruck der Loyalität gegenüber der monarchischen Gewalt. Die Koteletten Franz-Josephs, der Kinn- und Schnurrbart Napoleons III. und der Bart Kaiser Friedrichs III. hatten diese Art Gesichtsschmuck rehabilitiert.

Da der Erste Weltkrieg auf dem Markt der Färbemittel eine Krise gebracht hatte, tauchten neutrale Farben auf. Der Mangel an Wolle veranlaßte die britische Regierung einen wirtschaftlichen *national standard dress* anzuregen. Ein sehr vereinfachtes Modell gestattete sogar mit demselben Schnittmuster ein Straßenkleid, ein Hauskleid, eine Nachmittagsrobe, eine Robe fürs *dinner*, ein Abendkleid und ein Nachthemd zu schneidern.

Manche Engländerinnen indessen, die ihren Patriotismus beweisen wollten, wählten für ihr Schneiderkostüm ein Blau, das an die Uniform der Royal Air Force erinnerte. In Großbritannien wie in Frankreich lief diese Militarisierung der Damenmode parallel mit einer ausgesprochenen Verweiblichung, die sich ebenfalls zeigte. Bei den meisten kriegführenden Nationen blühte der nationalistische Kitsch auf, und man erlebte alberne, hurrapatriotische Anspielungen, während sogar Künstler wie Barbier in seiner *Guirlande des Mois* oder Lepape in manchen Illustrationen von *Modes et Manières d'Aujourd'hui* mit geschniegelten Kriegern und ultraschicken Krankenschwestern ohne Hemmung dem schlechten Geschmack huldigten. Der Krieg hatte in die zivilen Moden jedoch auch den Gebrauch des praktischsten Mantels eingeführt, den die menschliche Intelligenz je erdacht hat. Aus wasserdichtem Leinen und wirklich gegen alle meteorologischen Umstände gefeit, sollte der *Trench-coat* der britischen Armee der Reisemantel *par excellence* werden, der Mantel der Automobilisten und der praktischen Leute. Auch ohne ihre ursprüngliche Bestimmung, nämlich Anbringung der Gradabzeichen auf der Schulter, hielten sich die geknöpften Schulterklappen bei den meisten zivilen *Trench-coats* als reines Stilelement.

Die ideologischen Moden brachten zahlreiche Früchte hervor, von denen einige hinter der Bizarrerie der Saint-Simonisten-Kostüme keineswegs zurückstehen. Man braucht nur die des Kibbo Kift Kindred zu erwähnen, das um 1920 in Großbritannien gegründet wurde. Die Vereinigung, die ursprünglich den Naturismus, die Brüderlichkeit und die Rückkehr zum Handwerk gepredigt hatte und deren Uniform sich gleichzeitig an die Tracht der Boy-scouts und an eine exotische Folklore anlehnte, nahm schließlich unumwunden paramilitärische Formen an, bevor sie Ende der dreißiger Jahre verboten wurde.

Jede Mode, wie sie auch sei, stellt ein *Politikum* dar, doch ihre Eleganz steht immer im umgekehrten Verhältnis zu ihrer bewußten und engagierten Politisierung. Kein Wunder, daß alle totalitären Regime auf eine Abschaffung der Eleganz bedacht sind. Eine Frage der Vorstellungen und eine Frage des Geldes. Das eiserne Geld der Spartaner war nicht allzu attraktiv, darum sah man, wie Plutarch berichtet, keinerlei fremde Moden in Sparta und kein Kauffahrteischiff besuchte die lakedämonischen Häfen.

Opportunismus, Aktualität, Entwertung

Die Aspekte der Schmeichelei sind kaum weniger zahlreich als die der Opposition. Monarchisch oder republikanisch, die Regime fordern ihren Tribut an Applaus, die der Opportunismus ihnen zu zollen sich beeilt. Jupiter runzelt die Stirn und schon verdüstert sich der Himmel, darum bot etwa der Absolutismus der Bourbonen ein besonders günstiges Feld für Schmeichelei. Die Nachahmung verlangte eine spezifische Nomenklatur, die je nach den Umständen in der königlichen Umgebung entstand, um sich in konzentrischen Kreisen bis in die Salons des oberen Bürgertums zu verbreiten. Doch das Anekdotische, quasi Legendäre daran entäußerte sie oft der Glaubwürdigkeit und ließ sie ins Willkürliche des bloßen *Gag* absinken.

Indem sie ihr Hemd vom 12. Juni 1601 bis zum 22. September 1604 nicht wechselte, hatte die Infantin Isabella Clara Eugenia nicht nur den Himmel erweicht, sondern auch eine

Farbnuance lanciert, auf die näher einzugehen das Feingefühl verbietet. Ostende war ein Hemde wert. Die *Rhingraves* waren von weniger heiklem Ursprung. Diese seltsamen, bebänderten Röcke, in Holland um die Mitte des 17. Jahrhunderts entstanden, bedeckten zunächst beinahe das Oberteil der Hose, um sie fünfzig Jahre später tatsächlich dann ganz zu verbergen. Unter dem Namen *Petticoat breeches* eroberten sie England und machten ebenso in Paris Furore. Ganz Versailles hatte sie übernommen, nachdem ihr Erfinder, der Rheingraf von Salm, Botschafter der Niederlande, sich in dieser Aufmachung vor Ludwig XIV. präsentiert hatte. Nicht nur erfreuten sich diese Rockhosen eines riesigen Erfolgs bei den französischen und britischen Kavalieren, sondern auch einige adlige Damen konnten dem Wunsch nicht widerstehen, sich in einem so phantastisch androgynen Kostüm zu zeigen. Ein Porträt der Herzogin of Richmond, auf dem sie mit *rhingraves* behost ist, befindet sich in den Sammlungen des Buckingham-Palace, und auch die Rechnung des Schneiders wird aufbewahrt, der 1672 für die Herzogin of Portsmouth ein Männerkostüm angefertigt hat, dessen *rhingraves* 108 Ellen feuerfarbener Seidenbänder, 22 Ellen Silberspitzen und 6 Dutzend silberner Knöpfe nötig machten.

In Versailles verpaßte der Hof keine Gelegenheit, den Sonnenkönig zu verherrlichen. Der vom Marschall von Luxemburg über Wilhelm von Oranien bei Steinkerque errungene Sieg gab nicht nur Anlaß zu der berühmten Sonate, sondern fand auch Eingang in die Moden auf dem Umweg einer nachlässig durch das Knopfloch des Rockes gesteckten Spitzenkrawatte. In der Hast des »Klar-zum-Gefecht« hatten die französischen Offiziere, sagt man, dieses eilige Mittel, ihr Jabot zu befestigen, gewählt. Wieder einmal bemächtigten die Frauen sich einer männlichen Mode, und alsbald sollte die Steinkerque mit schaumiger Spitze die breite Fläche des Décolleté unterbrechen. Diese Krawattenform gab es in Wirklichkeit schon vor der Schlacht, deren Namen sie entlehnte . . ., um die Liebhaber von Anekdoten desto besser an der Nase herumzuführen. Dagegen kennt man sehr genau die Umstände, die zum Aufkommen der Fontange führten. Während ihrer kurzen Liaison mit Ludwig XIV. wurde Marie-Angélique de Fontanges einmal auf einer Jagdpartie vom Wind völlig zerstruwwelt; sie band ihr Haar mit Hilfe des Strumpfbandes oben auf dem Kopf zusammen. Das Strumpfband war mit Edelsteinen bestickt, die Amazone jung und schön, und der König war über den improvisierten Kopfschmuck entzückt, so daß ihn tags darauf alle Damen nachahmten. Zunächst in Versailles *en vogue* eroberte die Fontange andere europäische Städte. Anfänglich war sie verhältnismäßig niedrig und weich; später entwickelte sie sich zu einem phantastischen Gebilde aus Draht, zu Orgelpfeifen gerollter Leinwand, aus Spitzen, Bändern und echten oder falschen Haaren, das die doppelte Höhe des Kopfes erreichte. Die Engländer verliehen ihm darum den Namen *tower*. Es gab übrigens eine *à commode* genannte Variante, die sich im Gegenteil ganz in die Breite ausdehnte und an die Flügel irgendeines monströsen Schmetterlings denken ließ.

Die Mode der Fontange fiel mit dem Gebrauch der *mouches* zusammen, mit denen die Damen ihr Gesicht verzierten. Es war die Wiederaufnahme einer sehr alten Erfindung, denn bereits Aristophanes führt sie unter dem Akzessorium der Hetären auf, die sich ihrer bedienten, um den Teint milchiger erscheinen zu lassen oder um Hautunreinheiten zu verstecken. Im 17. Jahrhundert hatte jede elegante Frau stets sieben oder acht *mouches* im Gesicht, ohne die anderen, die sie in einem Etui mit sich führte, um noch weitere hinzuzufügen oder abgefallene ersetzen zu können. »Erfinderinnen der Moden und der neuen Wörter sind die Koketten«, sagte der Dramenautor Dufresny, wobei er vielleicht an die *mouches* dachte und an ihre verblüffenden Namen und Formen; sie stellten Monde, Sonnen, Halbmonde, Sterne, Kometen und sogar Tiere dar. Die *galante* saß in der Mitte der Wange, die *passionnée* im Augenwinkel, die *effrontée* auf der Nase, die *coquette* nahe den Lippen und die *receleuse*, wo man wollte, da sie einen Pickel verstecken sollte.

Das 18. Jahrhundert war an bizarren und absurden Namen unerschöpflich. Neben denen, die aus Schmeichelei entstanden wie *yeux du roi* (Augen des Königs), *cheveux de la reine* (Haare der Königin), *caca-Dauphin* für bestimmte Farben, gab es andere wie *boue de Paris* (Pariser Schlamm), *soupir étouffé* (unterdrückter Seufzer), *entrailles de procureur* (Eingeweide des Staatsanwalts), *cuisse de nymphe* (Nymphenschenkel) und alle denkbaren Variationen von Flohbraun: *puce joyeuse, puce malade, jeune puce, vieille puce, dos de puce, tête de puce* (froher, kranker, junger, alter Floh, Flohrücken, Flohkopf). Das Lied von Marlborough wurde wieder Mode, als es die Königin geträllert hatte. »Seit dem Lied«, liest man in den *Mémoires secrets* von Bachaumont, »ist Marlborough der Held aller Moden geworden; alles wird heute *à la Marlborough* gemacht; es gibt Bänder, Haartrachten, Westen, aber vor allem Hüte à la Marlborough, und man sieht alle Damen auf der Straße, auf den Promenaden, in den Theatern mit dieser grotesken Kopfbedeckung herausgeputzt herumlaufen.«

Absolut phantastisch und fast täglich wechselnd, schmückten sich Haartracht und Hüte mit Namen aus der politischen, theatralischen, mondänen Aktualität und oft auch aus der Mythologie. Man sah aufgetürmte Frisuren *à l'Insurgente* (Empörerin), *à la Boston, à la Philadelphie, au glorieux d'Estaing* (nach einem Kolonialhelden), *à la Belle Poule* (nach einem Schiff der königlichen Marine, einer Fregatte, die sich in einem Seegefecht ausgezeichnet hatte). Und den *cerf-volant* (Hirschkäfer) und *la Sylphide* und *la Harpie* und *l'Argus* und *la Junon* und *le Bandeau-d'Amour* (Liebesband) und *le Parterre galant* (das artige Beet) ... Diese wechselnde Nomenklatur basierte auf einem magischen Ritual, auf abwehrender Beschwörung des Unheils, das die Übersteigerungen einer Kultur herabziehen konnten, die den Hedonismus über die Grenzen hinaustrieb, denn wenn die Moral gewiß auch wenig befolgt wurde, so hatte sie doch ihre säkularen Wurzeln im Kollektivgewissen. Allein im Jahre 1779 boten die Pariser Modistinnen 200 verschiedene Mützenformen an, von denen jede ihren spezifischen Namen trug und deren Preis von 10 bis 100 Livres variierte.

Es kam vor, daß mehrere Begriffe sich unter dem gleichen Namen sammelten, wie es der Fall war für *la polonaise*, deren Bedeutung sich je nach der Epoche wandelte. Während der zweiten Hälfte des 18. Jahrhunderts nannte man so eine ziemlich kurze, mit Passementerie oder auch mit Pelz garnierte Redingote, doch alsbald wurde die Bezeichnung auch für eine Art in dreifacher Raffung drapiertes Kleid verwendet. Fünfzig Jahre später gewann die Kopfbedeckung *à la polonaise* bei der mit den polnischen Aufständischen sympathisierenden Jugend größte Beliebtheit, also wieder einmal eine bewußte Politisierung der Mode. Auf gleiche Weise beeinflußte der griechische Freiheitskampf das Kostüm im Abendland; der Krimkrieg brachte die mit Bommeln und Fransen verzierten türkischen Kleider in Mode, und im Jahre 1860 verkleidete Garibaldis rote Jacke Männer von sechs Jahren, die in den Kampf gegen das Alphabet zogen, in lauter Helden.

Das Kaiserreich Napoleons erbte vom 18. Jahrhundert seinen besonderen Sinn für die Nomenklatur. Das Wortspiel mußte mit dem Spiel der Formen übereinstimmen. Um 1810 fühlten sich die Pariser *petits-maîtres* wahrscheinlich von dem offiziellen Heroismus zu sehr bedroht, um seinen Stil zu übernehmen. Man schmückte sich mit einem Hut *en barque* oder *à la magicienne* (barkenförmig oder nach Art der Magierin) und vervollkommnete den Schick des Rockes *couleur crottin* (pferdemist-farben) oder *couleur douteuse* (von trüber Farbe) mit einer Petschaft aus Sardonyx, auf der eingraviert war: *un diable qui emporte l'amour* (Ein Teufel, wer die Liebe stiehlt). Im selben Jahr versuchten ein paar junge Stutzer, freilich erfolglos, die Brille der Incroyables wieder in Mode zu bringen.

Selbstverständlich bot die Bühne ein reiches Repertoire an Anspielungen. In Wien frisierten die Frauen sich nach Grillparzer *à la Sappho*, in Paris trugen sie Helme *à la Clorinde* zum Gedächtnis des *Befreiten Jerusalem*, aus dem man eine erfolgreiche Oper gemacht hatte. Einige Jahre später setzten sich Männer verwirrende Hüte *à la Buridan* auf, aus Bewunderung für Dumas' *Tour de Nesle*, bis dann die *Judith* von Halévy die Modistinnen zu Turbans *à la juive* (nach Jüdinnenart) inspirierte. Da es manchmal Schauspielerinnen, Sängerinnen oder Tänzerinnen waren, die bewußt oder unbewußt mithalfen, eine Mode zu lancieren, sah man Gazekleider *à la Fanny Elssler* und Toiletten *à la fille du régiment* (Regimentstochter), Kopien jener, die Jenny Lind trug. Häufig nahmen auch Konfektionsgeschäfte den Namen von gerade beliebten Theaterstücken an, und so wurden 1830 die Pariser darüber informiert, daß *la Fille mal gardée* (Das schlecht bewachte Mädchen) mit dem *Diable boîteux* (hinkenden Teufel) fusionierte.

Die Mode ließ sich keine Gelegenheit entgehen, die Aktualität auszubeuten. Im Jahre 1922 rief die sensationelle Entdeckung des Grabes von Tut-ench-Amun das Aufsprießen eines Stil *à l'égyptienne* hervor. Hieroglyphen, Skarabäen, Geierflügel tauchten auf den Stoffen und Schmuckstücken auf. Man schminkte die Lider mit einem breiten, bis zur Schläfe ausgezogenen Farbstrich, eine seit damals häufig wieder aufgenommene Form. »Nichts ist neu, außer daß man es vergessen hat«, hatte schon Rose Bertin gesagt. Der *gag*, die plötzliche Eingebung, die frappierende Analogie sollten gleichfalls ihre Macht auf das Vokabular der Haute Couture und sogar auf manche ihrer Richtungen ausüben. Durch die Zeichnungen von Bakst beeinflußten die *Ballets russes* ein ganzes Gebiet der Damenkleider und Stoffmuster, und es ist kein Zweifel möglich, daß auch der Circus Barnum & Bailey seinen Stil einer ganzen Kollektion von Schiaparelli gegeben hat.

Flüchtige Aktualität. Mit den alten Journalen wird Kohl eingewickelt, und die alten Kleider wandern zum Trödler. Im 18. Jahrhundert war das städtische Proletariat schon in sich höchst abgestuft und bestand aus mehreren Schichten, die mit mehr oder weniger Erfolg sich die abgelegten Kleider eines Bürgertums zu eigen machen konnten, das sich seinerseits teilweise das beim Adel Abgängige verschaffte. Ein Kleidungsstück konnte auf diese Weise über die ganze soziale Stufenleiter absinken, von einer Klasse zur anderen bis zur völligen Untragbarkeit. Handwerker, Verkäufer kleideten sich als Herren und versuchten die petits-maîtres zu imitieren. Wenn sie nicht das Kleid der *grisette* trugen, einen aus Baumwolle und Seide gemischten Stoff, der einen gewissen Frauentyp charakterisierte, versuchten die jungen Pariser Arbeiterinnen hübsche Gelegenheiten auf dem Altkleidermarkt, dem Carreau du Temple, zu entdecken. Hier fanden die Transaktionen zwischen den ambulanten Kleidertrödlern und den einen Marktstand besitzenden

Althändlern statt. Von 1811 an ersetzte eine Halle den ehemaligen Markt für alte Wäsche und für Lumpen, der bis dahin auf dem Charnier-des-Innocents abgehalten worden war, und überdeckte die ehemalige Kirche und ein paar Baulichkeiten auf dem Grundstück des Temple. Sie war in mehrere Pavillons unterteilt; *la Forêt Noire* (der Schwarzwald) diente dem Verkauf alter Schuhe, *le Palais-Royal* dem der Bänder, Hüte und Frivolitäten, *Le Pou Volant* (die fliegende Laus) war der Platz, wo alte Kleider und sogar altes Eisen verhökert wurden.

In London hatten die Armen ihre Kleider immer aus zweiter Hand erworben, vor allem bei den Trödlern von Long Lane und von Houndsditch, die sich ihrerseits bei fliegenden Händlern eindeckten; der Ruf *O'clo* (old clothes) ließ sich noch bis in unser Jahrhundert in den Londoner Straßen hören, und die Illustrationen von Catnach stellen den Ausrufer mit drei oder vier Hüten übereinander auf dem Kopf dar. Die Art, wie sie sich ihre Ware beschafften, war nicht immer legal, vor allem wenn es sich um Perücken handelte, die man Vorüberkommenden geschickt im Nu stehlen konnte, ein blühender Geschäftszweig. Heruntergekommen, verblichen, seines Wohlstandsglanzes und seines Standeswertes beraubt, vermochte das Kleidungsstück nicht länger das zu bedeuten, was auszudrücken ihm ursprünglich beigelegt worden war. Es illustrierte nur noch die Hinfälligkeit der Konventionen.

DAS SEKUNDÄRE KOSTÜM

»Der Mann im Okzident hat wirklich viel verloren, als er das Kleid aufgab, das, wenn es einfach und reich ist, eine ganz natürliche Autorität und sogar Majestät besitzt. Das Kleid ist herrscherlich.« Rémy de Gourmont

Die Hauskleidung

Auf dem Gipfel seiner Macht hatte Holland im 17. Jahrhundert einen typischen, stets von gesunder Vernunft geprägten Luxus entwickelt. Wohlbefinden und Prunk schlossen in keiner Weise einander aus; die reichen Stadtbewohner fanden in ihren winzigen Gärten noch Platz für eine Orangerie und würzten ihren Schokoladentrunk mit javanischem Muskat. In der häuslichen Intimität vertauschten die Frauen oft das Korsett oder das fischbeingestützte Leibchen mit einer *matinée*, einer losen, pelzgesäumten Samtjacke, die alsbald auch im Ausland Verbreitung fand. Man trug sie über einem bequemen Rock meist von dunkler Farbe und schlüpfte in Pantöffelchen aus Seide oder feinem Leder.

In Frankreich förderte der elegante Ritus des *petit lever*, den das 18. Jahrhundert mit unbeschreiblicher Raffinesse zelebrierte, die Mode der morgendlichen Négligés, weiche, mit Spitzen besetzte Morgengewänder, die weniger verdeckten als verrieten. Der ganze Vormittag der Frauen *à la mode* war dem *petit lever* gewidmet. Sie empfingen dabei ihre Freunde, ihre Liebhaber, ihre Bewunderer, die Bittsteller, Kommanditäre und Lieferanten. Unter dem Vorwand, Kleider oder Schuhe anzuprobieren, übten sie vor den Besuchern abgefeimt-galante Entkleidungsszenen, ohne auch nur eine Sekunde lang die politischen, mondänen und literarischen Intrigen außer acht zu lassen, die sich rund um den Toilettetisch knüpften. Neben diesen morgendlichen Négligés, die sehr offenherzig waren, gab es unzählige Typen von *déshabillés*, eine Bezeichnung, die meist im Gegensatz zur *grande parure* für jedes informelle Kostüm galt und sich unterschiedslos auf die beim Reisen oder beim Landaufenthalt getragene Kleidung, ebenso auch auf manche Stadtkleidung bezog. Während das Galakostüm immer prächtiger wurde, gewann das Négligé oder Déshabillé – das ebenso oft den Namen wie die Form wechselte – in gleichem Maß die Gunst der privilegierten Klassen. Man verwendete meistens gestreifte oder mit Girlanden gemusterte Stoffe für das weibliche Négligé. Zu Beginn des Jahrhunderts sah man eine besonders graziöse und bequeme Form, die *Adrienne* – oder genauer eigentlich *Andrienne* – nach einer von Terenz inspirierten Komödie von Baron, in der die damals beliebte Schauspielerin Marie Dancourt für die Rolle einer jungen Schwangeren dieses offne, lose Kleid eingeführt hatte, das man auch *robe volante* nannte. Doch die letzten Jahre der Regierungszeit Ludwigs XIV. waren dieser Art von Freiheiten nicht günstig, und so mußte die Adrienne auf die Régence warten, um ihre Triumphe unter den Namen *contouche, innocente* oder auch *Hollandaise*, nach der Gattin des Malers Pater, feiern zu können. In Deutschland Kontusche oder Schlender, in England *sack* oder *trollopie* genannt, wurde dieses flatternde Kleid, das dabei doch Korsett und Paniers verlangte, zunächst als wenig respektabel angesehen und in Wien noch 1730 als absolut unanständig verboten. Mieder und Rock halb verdeckend, fiel die Kontusche, eine

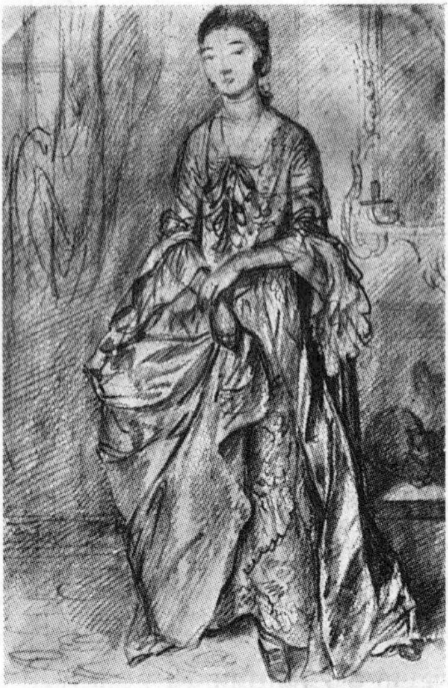

Frauenstudie, von Th. Gainsborough

Variante des bis dahin *manteau* genannten Rückenteiles in jenen breiten, lockeren Falten herab, die Watteau so schön wiedergegeben hat. Die Form des Kleides und die Gestik der Frau drückten, unzertrennlich, einen Wunsch nach Bequemlichkeit aus, eine Ablehnung der archaischen Zwänge. Es gab auch eine Art kurzer Kontusche, ein Kamisol, das nur bis Hüfthöhe reichte, und das auch die Frauen des Volkes übernahmen. Die eigentliche *robe volante* hingegen entwickelte sich zum Hemdkleid oder der *lévite*, Formen, die Marie-Antoinette und ihre Nachahmerinnen als Umstandskleider schätzten und die in gleicher Weise wie die englischen Moden bereits das Kostüm des Klassizismus präfigurierten.

Außer in einigen abwegigen Moden bildete die Schwangerschaft nicht mehr wie im Mittelalter Anlaß zur besonderen Schaustellung. Einerseits verlangten die wissenschaftlichen Fortschritte, die Prinzipien Rousseaus, die Entwicklung der Hygiene und der Eugenik, daß die Gravidität nicht mehr in einen einengenden Panzer eingezwängt werde, während man andererseits in Distanzierung von den patriarchalischen Vorstellungen der Maternität einen sehr viel geringeren emphatischen Wert als in der Vergangenheit beimaß. Weit und bequem, sollte das Umstandskleid doch auch möglichst elegant sein, damit seine Trägerin noch am sozialen und mondänen Leben teilnehmen konnte. In seinem intimen Tagebuch von 1882 erwähnt Edmond de Goncourt sogar ein Mannequin, das bei Worth speziell zur Vorführung dieser Art Kleider vorgesehen war. Das 18. und das 19. Jahrhundert schufen delikate Kleider aus besticktem Batist, plissiertem Organdi, spitzenbesetztem Perkal, die die Wöchnerinnen anlegten, um die Glückwünsche entgegenzunehmen. Die Zeremonie bei der Geburt war in Europa immer um so aufwandreicher je höher der soziale Rang war. In bescheideneren Milieus fehlte sie beinahe ganz und beschränkte sich auf die Taufzeremonie.

Da die unbequemen und steifen Kleider das Bedürfnis nach weniger strengen geweckt hatten, begünstigte die elegante Sinnenfreude des 18. Jahrhunderts das Aufkommen von parallelen Moden, die allein für die Intimität bestimmt waren, eine Intimität, die freilich großzügiger aufgefaßt wurde als heute. Zu Hause legte der wohlhabende Herr die Perücke ab und schützte den Schädel mit Mütze, Seidenturban oder einem Tuch von Mazulipatam, während seine Gefährtin sich seidene *cornettes* aufsetzte oder die kleine Mantille umlegte. Es war vor allem eine hohe Zeit für den Hausrock. Er konnte sogar aus Brokat oder goldglaciertem Stoff sein, und Casanova erwähnt den Morgenrock für eine Dame, der aus indischem Musselin und mit goldenen Blumen bestickt war. Das britische Vordringen in Indien hatte dazu beigetragen, den Geschmack an Exotischem zu verbreiten. Um Freunde in seinem Lackkabinett zu empfangen oder um beim Pfeiferauchen zu lesen, legte der Gentleman den Rock ab und zog einen *banyan* oder *Indian gown* an, ein Kleidungsstück, das Dr. Johnson in seinem Wörterbuch als *a loose gown worn before one is formally dressed* beschreibt. Dieser *banyan* oft aus heller Seide, konnte auch die assortierte Weste umfassen, die dasselbe Blumenmuster aufwies. Der *Indian gown* des 18. Jahrhunderts, der übrigens sein französisches Äquivalent hatte, entwickelte sich zum Hausrock des romantischen Dandy. Manchmal, ganz von Delacroix inspiriert, schmückte sich der *lion* mit einem Kleidungsstück, das an die Türkei denken ließ, obwohl er auch aus Sympathie mit dem hellenischen Unabhängigkeitskampf sich eine griechische *calotte* aufstülpte. Diese griechische *calotte* verbürgerlichte mehr und mehr, um schließlich Ende des Jahrhunderts zu den Attributen des Philisters zu gehören. Was den Hausrock betrifft, wie er auch sein mochte, so war die einzige Unabhängigkeit, die er noch ausdrückte, finanzieller Natur. Bis zum Zweiten Weltkrieg pflegte der Franzose der privilegierten Schichten daheim Jacke oder Morgenrock aus Kaschmirwolle oder dicker Seide anzuziehen, deren Revers einen sorgfältig über Kreuz gelegten weißen Seidenshawl einrahmten. Zu diesem Hauskostüm gehörten unweigerlich eine schwarze Hose und Lacklederpantoffeln.

Das weibliche Déshabillé des 20. Jahrhunderts entlieh seinen Stil eher Asien als dem Vorderen Orient; wohl durch den russisch-japanischen Krieg inspiriert, erschienen um 1907 Kimonoärmel und japanisierende Hauskleider in den europäischen Moden.

Die Unterkleidung

Die Geschichte des Hemdes ist eine lange Geschichte und sein Ursprung ist sogar ungewiß. Die Griechen kannten keine Wäsche in unserem Sinn. Dagegen scheinen die Römer, die sehr früh schon die orientalische Tunika übernahmen, an die Möglichkeit eines Hemdes gedacht zu haben. Wenn die lose fallenden und schleppenden Tuniken als zu effeminiert angesehen wurden und ein zweideutiges Licht auf ihre Träger warfen, dienten andere ziemlich anliegende Formen als Unterkleidung. Augustus – sicherlich ebensowenig Libertiner wie *arbiter elegantiarum* – trug bis zu vier dieser Tuniken übereinander, um sich gegen Kälte zu schützen. Dieses seit dem 4. Jahrhundert immer aus Linnen bestehende Kleidungsstück kam vielleicht sogar nicht aus dem Orient; es konnte auch durch die Moden der Barbaren inspiriert sein; es ist darum nicht unmöglich, daß das von der Tunika abgeleitete Hemd germanischen Ursprungs ist. Auf jeden Fall waren Tunika und Hemd für die Frau immer länger und weiter als für den Mann.

Byzanz hatte für die unmittelbar auf der Haut getragene Tunika feinere Stoffe empfohlen, aber der Brauch bürgerte sich nicht ein. Bis zum 16. Jahrhundert sah man im Hemd einen überflüssigen Luxus. Im 11. Jahrhundert hatte die männliche Tunika sich beträchtlich verlängert und nahm die Funktion eines wirklichen Kleides an, das, je mehr es die Beinlinge bedeckte, sie auf die Stufe einer Unterkleidung, einer Unterhose, drängte. Klerus und Adel begannen damals eine Untertunika zu tragen, ein langärmeliges Hemd, das unter dem eigentlichen Rock herausragte. Immerhin war das Hemd noch selten und viele große Damen entbehrten es. Erst im 15. Jahrhundert wagte es Isabeau de Bavière während der Moden der eng geschnürten Mieder und des großen Décolleté den unerhörten Luxus der *robe-linge* zu lancieren, ein Hemd aus feiner Leinwand, das die Neigung hatte, sich sehen zu lassen. Alsbald nachgeahmt, gab diese Koketterie Anlaß zu trügerischen Kunstgriffen: die sichtbaren Teile der *robe-linge* waren aus feinem Linnen, während das übrige aus grobem Hanf bestand. Die Verfeinerungen der mittelalterlichen Kultur wirkten sich auf eine uns heute sehr willkürlich erscheinende, sehr partielle Weise aus: Kopfbedeckung und Kleidung erfreuten sich größter Aufmerksamkeit, doch die Wäsche kam sehr zu kurz. In dieser Hinsicht brachte die Renaissance einen großen Fortschritt, und wenn das Hemd auch weiterhin noch Luxus blieb, so verbreitete es sich doch weitgehend in den privilegierten Schichten von England, Frankreich, der Schweiz, Deutschland und vor allem Italien. Meist aus sehr feiner Leinwand oder sogar Seide, wurden die reich verzierten Hemden nur selten gewaschen. Der Vert-Galant besaß davon zwölf, was für einen König wenig ist, während der Graf of Rutland 19 mit Spitzen garnierte und 21 Hemden ohne Spitzen hatte. In England kannte man auch Trikothemden, und als Karl der Erste zum Richtplatz geführt wurde, war ein Unterhemd aus blauem Seidentrikot die einzige Bekleidung, die seinen Oberkörper bedeckte.

Die Verbreitung des Hemdes war in Europa sehr unterschiedlich. Im Wien des 17. Jahrhunderts war es Brauch, daß die Braut dem Bräutigam eine Brautgabe mitbrachte, die unter anderem 6 Paar Manschetten, 6 Kragen, 6 Taschentücher und 6 Hemden umfaßte, während noch zur gleichen Zeit die mehr als drei Millionen Spanier Unterkleidung nicht kannten. Die Frauen legten überall kaum mehr Wert als die Männer auf die Frische der Wäsche, wechselten das Hemd höchstens einmal im

Monat und fühlten kein Bedürfnis, einen Wäschevorrat zu besitzen. Ein schönes Hemd vertrug zwar nicht, in den Wäschetrog gesteckt zu werden, genoß jedoch ein größeres Prestige als eines aus säuberlichem Linnen. Im Ungeziefer sah man halt nur eine kleine Unannehmlichkeit, die es mit Humor und Geduld zu ertragen galt.

Das 18. Jahrhundert war weniger barbarisch, vor allem in England, wo man sich sehr viel öfter als auf dem Kontinent wusch und die Wäsche wechselte. Bald zelebrierten die eleganten Leute dort sogar einen wahren Kult der Wäsche. Kragen, Jabots und Manschetten sollten, mehrfach täglich gewechselt, durch ihre Frische mit der Strenge des dunklen Tuchrocks kontrastieren. Wäscherei und Stärken kosteten ein Vermögen; man überschätzte den Einfluß der Qualität des Wassers, der Seife, der Stärke und gewaltig auch die Talente der Büglerin. Solche Beliebtheit der Wäsche war freilich nicht England allein vorbehalten. Die Kaiserin Joséphine zum Beispiel hatte aus ihrer Jugendzeit in den Tropen den Brauch beibehalten, drei oder vier Mal pro Tag das Hemd zu wechseln und niemals dieselben Strümpfe noch einmal anzuziehen.

Lange Zeit unterschied sich das Nachthemd für Mann und Frau kaum vom Taghemde. Die Antike und das Mittelalter kannte es überhaupt nicht. Man schlief ganz nackt, sofern man sich nicht in der Tageskleidung hinlegte. Im 16. Jahrhundert führte Italien den Gebrauch des Nachthemdes oder Betthemdes ein, *camisa di letto*, eine Replik des Tageshemdes, nur sehr viel voluminöser. Europa übernahm allmählich den Brauch, wenn auch in einigen Gegenden das Kamisol oder der Herzwärmer an die Stelle trat, ein Wäschejäckchen, das die Frauen einfach über das Taghemd anzogen. Der Luxus beim Nachthemd entsprach dem des Taghemdes. Zu Beginn des 17. Jahrhunderts waren auch die »Bett«-Hemden aus Brokat und mit teueren venezianischen Spitzen besetzt oder wie das der Maria von Medici aus goldbestickter roter Seide.

Einfallsreich gestaltete die italienische Renaissance auch die weiblichen Beinkleider. Aus Seide, Linnen oder sogar Samt waren sie bereits 1510 in den großen Städten der Halbinsel aufgetaucht. Diese Unterhosen, die bis zum Knie reichten und wie die Hemden einen mit bunter Seide oder metallbestickten Saum hatten, waren vor allem bei den Kurtisanen beliebt. Die Kirche war empört und warf ein Anathema auf das so anstößige Kleidungsstück, das übrigens am Hof der Valois sehr in Gunst stand; nach Brantôme trugen die Damen *de belles chausses ou caleçon de velours*, unterm Knie mit Strumpfbändern befestigt. Deutschland kannte diese perverse Neuerung nicht und noch im 18. Jahrhundert standen weibliche Schlüpferhosen in Mißkredit. Sie waren verfrorenen alten oder kranken Frauen vorbehalten, aber auch die Mägde in Amsterdam griffen zu diesem Schutz, wenn sie die Fenster putzten. Beim Schlittschuhlaufen auf den Grachten zogen die Holländerinnen übrigens unter ihren Röcken Unterhosen aus schwarzem Samt an. Auch in Spanien war den Tänzerinnen vorgeschrieben, welche zu tragen, aber unter Androhung von Strafe mußten sie darauf achten, daß man sie nicht sah. Kurz, es gab allerlei Unterhosen für Frauen, und die Verbreitung der Wäsche trug im 19. Jahrhundert dazu bei, daß man gegenüber einem doch eigentlich recht unschuldigen Kleidungsstück eine weniger dramatische Haltung einnahm. Unter dem Directoire waren die weiblichen Unterhosen aus einfachem rosa Trikot und reichten bis zum Knie; Joséphine besaß nur zwei, während weniger als 15 Jahre später Marie Louise 24 davon hatte sowie 22 Baumwollschlüpfer. Die Romantik verlängerte die weiblichen Beinkleider, die als Unterwäsche die ärmeren Volksschichten erst gegen Ende des Jahrhunderts eroberten. Um diese Zeit hatten sich die schönen *culottes* bis zur Wade oder sogar bis zum Knie verkürzt. Die begüterte Frau leistete sich mit Spitzen und Bändern verzierten Batist, während die Bäuerinnen eine Ausführung aus grobem Leinen oder Kaliko kannten, ein langes und breites Stück aus zwei selbständigen Beinlingen, durch ein Baumwollband miteinander verbunden. Noch in den dreißiger Jahren sah man manchmal solche archaischen Exemplare vor bretonischen Bauernhöfen auf der Leine flattern.

Es waren nicht die weiblichen Unterhosen, sondern der sehr viel ältere Unterrock, der im erotischen Kollektivbewußtsein den ersten Platz einnahm. Schon im hohen Mittelalter galt das Unterkleid, das aus dem Rock hervorragte, als besonders anzüglich; die Frauen der Kapetinger-Epoche pflegten ihm kontrastierende Farben zu geben. Dieses Schema tauchte im Verlauf der Jahrhunderte mehrfach auf, verschwand und kam wieder in zahllosen Modeformen zum Vorschein.

Die spanischen Kleider erforderten, da sie der Gestalt eine strenge Kegelform gaben, keinen großen Luxus an Unterröcken, während das Frankreich des 16. Jahrhunderts dem Frauenkostüm schon einen geschmeidigeren Stil verlieh und den Brauch einführte, den Rock über dem Unterrock hochzuschlagen. Gabrielle d'Estrée besaß Unterröcke aus Goldbrokat, die mit Rosen geblümt waren; Maria von Medici hatte bei ihrer Vorliebe für den Luxus der Dessous einen Unterrock aus weißem Atlas mit grünem Taftfutter, einen anderen aus gelbem Atlas mit rotem Seidenfutter und einen dritten aus schwarzem, mit Goldblumen besticktem Atlas. Zu Beginn des 17. Jahrhunderts mußte jede elegante Französin drei verschiedenfarbige Unterröcke übereinander tragen: den *modeste*, den *honnête* und schließlich den *secret* direkt über dem Hemd. Höchste Geschicklichkeit einer Koketten war es, alle drei durch die Art ihres Schreitens aufblitzen zu lassen. Das war aber noch gar nichts im Vergleich zu den Unterröcken in Spanien, wo die Damen, um die Verspätung einzuholen, nun einen unvorstellbaren Luxus in ihren Dessous entwickelten. Ihre Unterröcke waren aus den kostbarsten Stoffen, außer dem *sabenque* aus grobem Leinen, der dem Körper am nächsten war. Da es üblich war, daß man nur einen einzigen *sabenque* besaß, blieb man an dem Tag, an dem er ausnahmsweise in die Wäsche ging, im Bett liegen. Im Winter trug man manchmal mehr als zwölf kostbare Unterröcke unter dem weiten tonnenförmigen Rock, und während des glutheißen Sommers mußte man noch sieben bis acht anbehalten, denn Spanien hat es immer sehr gut verstanden, diese Welt in eine Hölle zu verwandeln.

Diese prunkenden Monumente schmeichelten übrigens der Eitelkeit sehr viel mehr, als daß sie die Phantasie ansprachen, während die Dessous des 18. Jahrhunderts beiden gerecht zu werden wußten. Vorn offen, ließ der Rock den obersten Unterrock sehen, den man in Österreich und in Deutschland *Appetitröckl* nannte und dessen Ausschmückung mit der des Rockes übereinstimmte. Oft aus Seide, war dieser volant-besetzte Unterrock mit Stickerei, Bändern und Litzen geschmückt, deren horizontale Wirkung die vertikale oder schräge Linie der Rockfalten ausglich. Als in der zweiten Hälfte des Jahrhunderts die Musselinkleider *en vogue* waren, trug man Unterröcke aus dem gleichen Material übereinander; ihre Leichtigkeit gestattete einen halbdurchsichtigen Effekt, doch ihre Fülle bot dem Rock dennoch eine Stütze. Diese ganze Galanterie sollte mit der Revolution verschwinden. Die Romantik aber, mit der eine ostentativ schamhafte Epoche heraufkam, hatte zu den Dessous

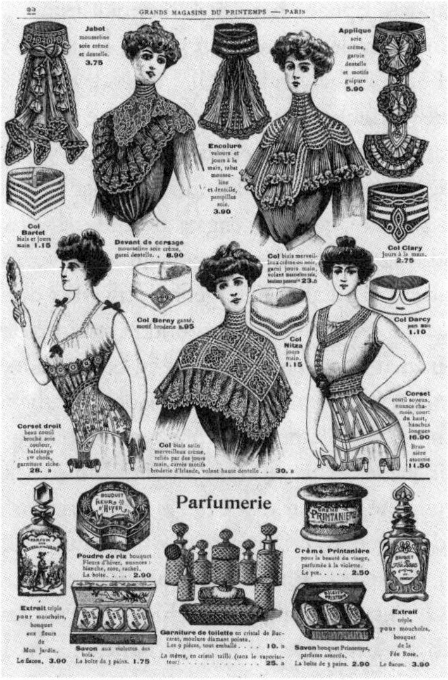

Wäscheanzeige, aus dem »Catalogue des Grands Magasins du Printemps«, 1904

eine ganz andere Einstellung als die vorausgegangenen Jahrhunderte. Nach einer meist ziemlich summarischen Toilette zogen die Frauen ein langes Hemd, ein Fischbeinkorsett, eine Art Kamisol mit kurzen Ärmeln, cache-corset genannt, und ein bis zu den Knöcheln reichendes Beinkleid an, das auch nur zu erwähnen der gute Ton verbot. Bunte Wäsche galt als unmoralisch und die Unterröcke, deren Anzahl sehr genau festgelegt war, mußten vor allem dem Kleid elegante Fülle geben.

Keine andere Epoche hat den Unterrock jemals so erotisiert wie das Fin-de-siècle und niemals wurde soviel Seide für Wäsche und Futter aufgewendet. Alles, was dazu hätte beitragen können, die Silhouette plumper zu machen, mußte zugunsten eines Schlankheitsideals verschwinden, so daß sich der Unterrock von der Mehrzahl in die Einzahl reduzierte. Von der Taille bis zu den Knien lag er aufs engste an und behielt sich Breite, Luxus und Suggestivkraft nur für die unteren Volants vor. Bei jedem Wetter und zu allen Gelegenheiten verriet die Geste, wie der Rock gerafft wurde, Charakter und Absichten der Frau, die damit die in den Rang eines Fetischs erhobenen Dessous sehen ließ. Frauen, die nicht mit Grazie den Rock anzuheben verstanden, halfen sich mit einem patentierten Häkchensystem. Ein schöner Unterrock, ein wirklich schöner Unterrock, war ausgearbeitet wie die Architektur eines *gopuram*. Er war in mehrere übereinanderliegende Volants aus *crêpe lisse* und Tüll abgestuft, in Spitzen, Rüschen, Plissee, Samtbändern oder Atlasborten über den *balayeuses* aus Taft, die geschickt gegeneinander gesetzt waren, daß sie beim Gehen ein Rauschen hören ließen, das charakteristische *frou-frou*, dessen erotische Bewertung dem Geklingel der Glöckchen entsprach, das den Tanz der Bajaderen begleitet. Der Mann hatte eine ganze Mythologie darauf aufgebaut, ein ganzes Vokabular, ein Phantasmengebäude, das zusammenbrach, als die Mode der kurzen Röcke kam. Die Sitten wurden freier, doch Adam verlor seine Illusionen.

Die Wäsche mußte sich dem Schnitt des Kleides anpassen, um nicht die Linie zu verderben. Poiret, der das Verschwinden des Korsetts und der archaischen Dessous eingeleitet hatte, tolerierte nur ein viereckig dekolletiertes, leicht tailliertes Unterkleid, das von zwei Schulterbändern aus Spitze gehalten wurde. Durch den Schlüpfer und den Büstenhalter ergänzt, hat dieses

Modell im Grunde seit damals nur sekundäre Varianten erlebt. In den zwanziger Jahren war diese neue Unterwäsche zwar schematisiert und reduziert, jedoch mit der größten Raffinesse fassoniert, namentlich in Frankreich und Italien. Festons, Plissés, Pariser Stich, *point de cocotte, point d'épine*, Applikationen und durchbrochene Einsätze bereicherten den Saum und die Zusammensetzung der verschiedenen Teile, die ihrerseits manchmal mit Kontrastwirkung von Glänzend und Matt der jeweils recht- oder kehrseitig verarbeiteten Stoffe, rechnete. Der elastische Hüftgürtel, dafür vorgesehen, die Formen zu korrigieren, oder der Strumpfhalter, mit dem er meist kombiniert war, waren zwei Neukömmlinge in der Unterwäsche der Garçonne. Man hatte endlich entdeckt, daß die Strumpfbänder die Blutzirkulation abschnürten und Krampfadern hervorriefen. Es stimmte zwar, war dennoch aber schade. In der elisabethanischen Epoche hatten beide Geschlechter die Strümpfe mit Strumpfbändern befestigt, die Anlaß zu galantem Kult ebenso wie zu unbegrenztem Kitsch gaben. Der Kontinent stand darin nicht zurück, und wir sahen bereits, zu welchem Zweck später Mademoiselle de Fontanges ihr Strumpfband benützte. Als im 18. Jahrhundert der Fuß und das Bein im erotischen Zusammenhang eine außerordentliche Wichtigkeit errangen, konkurrierte die Eleganz des Strumpfbandes durchaus mit der des reizendsten Schuhs und des feinst bestickten Strumpfes. Es gab Strumpfbänder aus Samt, aus Atlas, aus Brokat, aus Spitze; die einfachsten wurden durch ein Band, die reicheren durch kostbare Schnallen oder sogar durch Medaillons mit einer Miniatur geschlossen. Die Natur schien zwei Beine nur gegeben zu haben, um das Distichon zu inspirieren und zu rechtfertigen: *D'Amour vos yeux ont la finesse* sagte zum Beispiel das rechte Bein. *De Venus ayez la tendresse* erwiderte darauf das linke Bein, es sei denn, man habe an dem Tag gerade aus Zerstreutheit ein *tue-puces*-Strumpfband gewählt. Casanova, der berichtet, er habe in einem Laden nahe von San Marco »weiße Handschuhe, ein Dutzend Seidenstrümpfe und bestickte Strumpfbänder mit Goldagraffen« gekauft, belehrt uns bei der Gelegenheit, daß man im Winter »innen gezupfte Seidenstrümpfe (*bas de soie épluchés*)« trug. Das 18. Jahrhundert, eine galante Epoche, wenn nicht sogar Epoche des gelehrt organisierten Bacchanals, widmete größte Sorgfalt dem Studium der Schamhaftigkeit als einem Stimulanz. Die Frauen hatten damals wenig Prinzipien, doch mit Grazie zu erröten verstanden sie mittels eines *mouchoir de Venus*, das mit einer sehr starken Essenz getränkt war und dadurch das Blut in die Wangen trieb, sobald man daran roch. Doch das Taschentuch – von Venus oder nicht – hat keine sehr lange Geschichte.

Im italienischen Quattrocento erschienen, diente das Taschentuch oder *fazzoletto* vor allem als schmückendes Beiwerk, das man, um sich Haltung zu geben, in der Hand trug. Bis zum 17. Jahrhundert fuhr man fort, sich mit zwei Fingern zu schneuzen. Erasmus von Rotterdam, in dieser Hinsicht eine seltene Ausnahme, empfahl zum Naseputzen das Taschentuch und hinterließ 53 Taschentücher, darunter 35 bestickte. Oft sehr kostbar, konnten Taschentücher Gegenstand einer besonderen Erwähnung in einem Testament sein, und in Dresden zog ihr unverschämter Preis den Erlaß eines Dekretes nach sich, das sie für den gemeinen Mann verbot. Im 17. Jahrhundert nahmen die Taschentücher in Spanien das Ausmaß eines Handtuches an. Nach und nach wurden sie kleiner, ohne freilich viel diskreter zu werden. Zu Beginn des 19. Jahrhunderts waren sie häufig mit Landkarten bedruckt, dann mischte sich die Politik ein, und Napoleons Sturz stellte sie in den Dienst der volkstümlichen Karikaturen. Unter Louis-Philippe gehörten Taschentücher zum Arsenal der Koketterie; Madame de Girardin beschreibt ihren »unwiderstehlichen« Charakter: »Das durchbrochene Band, das sie vergangenes Jahr säumte, ist dieses Jahr (1836) durch einen Einsatz mit ... erlesener, fast unsichtbarer, feiner, leichter, graziöser Stickerei getrennt, einem Relief voller Vögel, Pfauen, Papageien, die in wunderbarer Arbeit gestickt sind.« Natürlich waren Taschentücher für den Mann viel nüchterner; immerhin galt in Deutschland um die Jahrhundertmitte nur das farbige Seidentuch als elegant; eines aus weißem Linnen war für den Herrn von Welt nicht zumutbar.

Die Geschichte der Leibwäsche ist eng mit der Geschichte der Spitze verknüpft. Den griechischen Inseln entstammend, nach der Legende von den Arabesken einer Koralle inspiriert, tauchte die erste Spitze im 13. Jahrhundert unter der Bezeichnung *punto in aria* zu Venedig auf. Es war eine flache Nadelspitze, von der alle anderen sich herleiten. Sofort eroberte die Kunst der Spitzen England, Frankreich, die Schweiz, die Niederlande; man sah die Klöppelblüten von Mecheln, die Valenciennes, die schon früh als Borte benutzt wurden, den aus dem *punto a groppo* entwickelten geknüpften Makramee, den *point de fée*, der das Luftigste darstellt, was je erfunden wurde, während eine sehr lockere Klöppelspitze, *torchon* genannt, schon bald bei allen Bauern Europas hoch in Gunst stand. Niccolò d'Aristotile, mit dem Beinamen Zappino, hatte 1529 ein Werk veröffentlicht, das eine reichhaltige Sammlung von Modellen darstellt, und Cesare Vecellio imitierte ihn schon sehr bald. Gleich den Edelsteinen ein Anzeichen von Prestige ließen die Spitzen auch an den Zauber der Luftgenien und die Geheimnisse der Spinne denken. Queen Bess, die phantastische Königin, war auf Spitzenkragen und -manschetten ganz versessen.

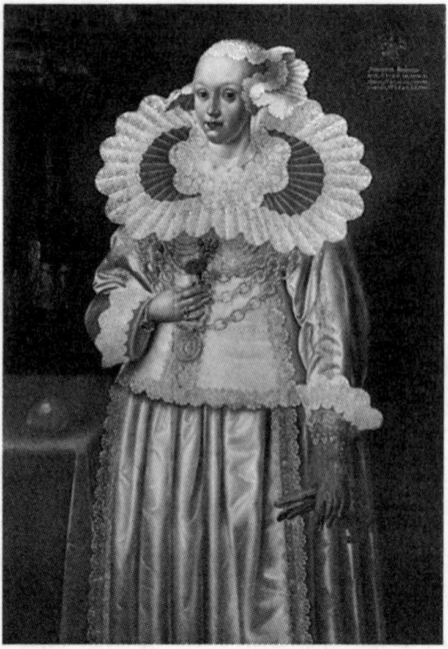

Bild der Margaretha Bromsen, 1641

Und durch eine merkwürdige Ironie wurde Cromwell, wie man sagt, in einem prachtvoll mit Spitzen verzierten Kostüm begraben. Zur gleichen Zeit waren die spanischen Halskrausen so breit, daß man die Löffelstiele länger machen mußte, während die prunkvollen *blondes* aus schwarzer Seide sogar noch in Amerika die mexikanischen Altardecken schmückten. Das Paris Ludwigs XIII. feierte eine wahre Orgie in weißen und schwarzen Gold- und Silberspitzen. Die Kragen und Manschetten der Männer und Frauen waren damals in der Gesamtheit der europäischen Mode einander so ähnlich, daß Gustav Adolf 1632 bei einem Ball seinen Kragen der hübschesten der Tänzerinnen schenkte. Die Analogie währte noch bis ins 18. Jahrhundert, das seinerseits einen außerordentlichen Luxus in

Spitzen entfaltete. Das Jabot des Mannes entsprach dem Motiv der Manschetten, das Kleid der Dame war mit den *engageantes* verziert, die den Unterarm mit ihren übereinanderfallenden Volants umrahmten. Mercier meint ironisch, es wäre nicht nötig, ein Hemd zu haben, wenn man nur Manschetten hätte, diese Pleureusen, deren Flut über die Hand fiel. Die ersten maschinell hergestellten Spitzen erschienen in der zweiten Hälfte des 18. Jahrhunderts, und dank des Vorsprungs, den die Erfindungen von James Hargreaves und Richard Arkwright Großbritannien verschafften, war es als erstes Land in der Lage, sie in den Fabriken von Nottingham in großer Anzahl zu fertigen. Die Klöppelspitze freilich ließ sich erst seit 1813 maschinell herstellen. Doch sogar bei manueller Endbearbeitung konnte die Spitze ihr Prestige nicht länger bewahren. Für jedermann erreichbar, konnte sie in der Mode niemals mehr den Platz einnehmen, den sie so lange Zeit innegehabt hatte.

Die britischen Moden hatten in ganz Europa eine neue Form der männlichen Wäsche propagiert, die völlig verschieden von dem war, was bis dahin, von einigen Varianten abgesehen, für beide Geschlechter ungefähr dasselbe gewesen war. Die Krawatte – zuweilen so groß wie eine Serviette –, die Hosenträger, die, nachdem sie nur von kleinen Kindern getragen worden waren, nun dazu dienten, die Hosen des *muscadin* bis unter die Achseln zu halten, sollten nun ein Zubehör ausschließlich für Adam werden. Jetzt würde er auch Unterhosen nicht verschmähen, die bis zum Ende des Ancien-Régime dem eleganten Herrn nicht gestattet waren, da die Kniehosen so fest wie eine zweite Haut anlagen. Der Graf d'Artois konnte in die seinen nur mit Hilfe mehrerer Diener schlüpfen und der Herzog de Guînes pflegte sich für jeden Rock zwei Paar Kniehosen fertigen zu lassen, von denen ein Paar ihm sich zu setzen erlaubte, während das andere es ihm nicht gestattete.

England hatte auch den Gebrauch von wollener Unterkleidung verbreitet und um 1796 hielt der britische Flanell, bestens von einigen renommierten Ärzten empfohlen, seinen Einzug auf dem Kontinent. Das 19. Jahrhundert, von einem Wunsch nach Reformen beseelt, der seinerseits aus starkem Neuigkeitstrieb erwachsen war, widmete der prophylaktischen und therapeutischen Unterkleidung großes Interesse und verfiel dabei nicht selten in das Gegenteil der Hygiene. Der Mann war während der ganzen zweiten Hälfte des Jahrhunderts viel zu sehr bekleidet und die Frau übrigens ebenso, wenn man von dem großen Décolleté der Abendtoiletten absieht. Die Hemdkragen der Belle Epoque waren noch steife Kragen, doch nach und nach gab man das Modell mit umgekniffenen Ecken zugunsten einer sich über die Krawatte stülpenden Form auf. Das Flanellunterhemd verschwand seinerseits, ersetzt durch ein Baumwolltrikot, dessen Ärmel immer kürzer wurden. Von 1930 an gab es feine Hemden in Wollstoff oder in Jersey von kräftiger Farbe, nachdem die Royal Navy für den Winter dunkle Flanellhemden eingeführt hatte.

Das 20. Jahrhundert hat für beide Geschlechter ein Stück Leibwäsche lanciert, das Europa bis dahin nicht gekannt hatte, den Pyjama, einen Artikel von einfacher Architektur, doch von komplexer Mythologie. Vom hindustanischen pāējāma hergenommen, war er von Europäern in Asien rasch adoptiert worden, als einzig vernünftige Bekleidung zu Haus und für die Nacht. Edmond de Goncourt sah in ihm eine *tenue de souteneur*, eine Zuhältertracht, vielleicht als Anspielung auf die Leichtigkeit, mit der man ihn abwerfen kann, oder auf eine Vorstellung von Disponibilität, die er wachzurufen scheint. Ein androgynes

Kleidungsstück, tauchte er zu einer Zeit der Frauenemanzipation auf, die zweifellos Fortschritte machte, wenn auch nach Art eines Seiltänzers. In einer Zeit moralischer Unsicherheit ist jede Neuerung doppelt verwirrend. Die Kokotten des Fin-de-siècle taten sich ebenso mit der frechen Zigarette wie mit dem Pyjama hervor, dessen Möglichkeit einer Zweiteilung neue Freiheiten bot, und dessen Exotik zu einer im bürgerlichen Konformismus befangenen Kundschaft von Abenteuer sprach. Das eheliche Nachthemd konnte mit dem mehr oder weniger skandalösen Pyjama nicht konkurrieren. Der männliche Pyjama war zudem in seiner großgestreiften Version bizarr und häßlich, manchmal war er mit Husarenschnüren verziert, die aufs lästigste die Aufgabe der Büglerinnen komplizieren mußte. Allerdings würden die letzteren ja alsbald zu den Legendengestalten einer nebelverhangenen Vergangenheit gehören. Die Jerseys, die Krepp, die synthetischen Stoffe und die Vereinfachung der Fasson verminderten mehr und mehr die Notwendigkeit des Bügelns, das der modernen Frau nicht sehr liegt. Allerdings sollte das 1939 in den Laboratorien von Dupont de Nemours entdeckte Nylon Europa erst nach dem Zweiten Weltkrieg erobern.

Einfluß des Sports

In der Kostümgeschichte ist es also nicht selten, daß ein Kleidungsstück beiden Geschlechtern gemeinsam ist. Unabhängig von den in der griechischen und römischen Antike geläufigen Analogien kann man vor allem den Mantel als typisches Beispiel erwähnen. Bis zum 12. Jahrhundert ausschließlich männlich, wird er in der Folge auch von der Frau adoptiert, wenn sie reitet. Er ist gewissermaßen ein Sport- und Reisekostüm, ein

Zeichen der Emanzipation. Er nimmt den halbkreisförmigen Cape-Schnitt an, zu dem manchmal auch ein Kragen gehört. Auf der Seite ist er nicht mehr, wie in der Vergangenheit, geschlossen, wird aber vorn mit Hilfe von Tasseln oder Schnallen befestigt.

Die phantastischen, beim Turnier getragenen Kleider gehören kaum zur Sportbekleidung, sondern eher in den Bereich der magischen Vermummung, Kostüme jenseits des Kostüms. Die Miniaturen im *Livre des Tournois du Roi René* zeigen eine außerordentliche Verschiedenheit der Formen, die für sich schon ein spezielles Studium verlangen würden: Helme mit Hörnern oder als Drachenköpfe gestaltet, heraldische Waffenröcke mit passenden Schabracken der Pferde, geflügelte Kronen, seltsam zerfetzte Schärpen und Behänge.

Die Jagd und die Reisen verlangten besondere Kostüme, bei denen der Faktor Bequemlichkeit entscheidend mitsprach. Im 16. Jahrhundert vor allem waren die körperlichen Übungen Anlaß zu einer sorgfältig ausgedachten Sportkleidung: britische Tennisjacken oder ärmellose Wämser, die vorn zugeschnürt wurden, wie die jungen Männer der italienischen Renaissance sie beim Ballspiel und anderen Spielen trugen.

Namentlich das Reiten übte einen einschneidenden Einfluß auf die Moden aus. Die von Katharina von Medici in Frankreich eingeführte Art änderte den Amazonensitz vollkommen; statt beide Füße auf ein Brettchen zu stellen, schlug man das rechte Bein über das Sattelhorn. Es war neu und ungewöhnlich, doch da die Röcke dabei im Winde flatterten, wurde eine Hose aus Samt oder Wildleder nötig, die bis zum Knie reichte. Bereits hundert Jahre später adoptierten die Amazonen die Stiefel, den Federhut und den Justaucorps des Kavaliers.

Diese Reitjacke verschwand dann im 18. Jahrhundert, um

der englischen Redingote Platz zu machen, wie überhaupt der englische Stil sich in der späteren Entwicklung des männlichen Kostüms durchsetzte. Die mit Leder eingesetzten Reithosen, die Gerte, die leichten, geschmeidigen Stiefel gehörten bald zur Garderobe des Reiters, und auch der junge Werther war mit der kurzen Weste und dem runden Hut bekleidet.

Die Amazonen, die ihr Pferd zwischen Hyde Park und Kensington Gardens traben ließen, hatten gleichfalls ihren Stil gefunden, einen Stil, den man auf dem Kontinent nachahmte: Kniehosen und Stiefel unter einem breiten geschlitzten Rock, immer in dunkler Farbe, helle Weste, Wäscheplastron, Handschuhe aus Gemsenleder. Der lange Schleier, der die Kontur des Zylinderhuts milderte, schien das einzige Zugeständnis an die Weiblichkeit der Amazonen zu sein, die übrigens oft im Herrensitz ritten. Zwischen 1820 und 1835 wurde es auch auf dem Kontinent üblich und schick, daß die Dame ihr Reitpferd tummelte. Man sprach von *sport*, ein magisches und mysteriöses Wort, das in der eleganten Welt Furore machte. In Deutschland wird es zum ersten Mal 1828 erwähnt in den *Briefen eines Verstorbenen* von Pückler-Muskau, während man es bereits 1815 in verschiedenen französischen Texten findet. Doch mehr als ein eigentlicher Sport war das Reiten der Frauen in der Zeit der Romantik ein mondäner Vorwand der Koketterie: die schöne Amazone zeigte sich niemals, ohne von zwei oder drei Kavalieren begleitet zu sein, während der Stallknecht im Abstand von ein paar hundert Metern hinterherritt. Ende der siebziger Jahre war das Oberteil des Reitkleides so eng, daß es manchmal direkt auf der nackten Haut angepaßt werden mußte. Dagegen war es von 1890 bis 1900 erlaubt, statt dessen eine weiße Hemdbluse zu tragen, deren 6 cm hoher, steifer Kragen aufs sorgfältigste dunkel krawattiert war. Die Fasanenfedern und die Schleier waren verschwunden, der Hut strikter denn je, und unter ihm war das Haar als Knoten oder in einen Mozartzopf gebunden. Der Kragen wurde weniger steif, doch die Gesamtheit des Kostüms änderte sich bis zum Ersten Weltkrieg kaum. Schon Marie-Antoinette war, noch *Dauphine*, à l'anglaise in einem gemsfarbenen Tuchrock und grünen Samthosen geritten, zum Entzücken des alten Königs; im 20. Jahrhundert verbannten viele jungen Frauen den Damensattel und ritten im Herrensitz. Es war emanzipierter, aber auch leichter. Zuerst verdeckte man die Hosen mit einem geschlitzten Rock, auf den man später verzichtete. Wenn in der Stadt Amazonen der dreißiger Jahre noch das Jackett, den weißen Shawl und die traditionelle kleine Melone trugen, so zogen es die jungen Mädchen auf dem Lande vor, barhaupt oder mit einer Baskenmütze, in Pullover und *jodhpurs* zu reiten.

Die Verbreitung des Sports brachte die Entwicklung von speziell für jede Art sportlicher Tätigkeit geeigneten Kostümen mit sich. Bis ins 18. Jahrhundert hatte man nackt in den Flüssen gebadet; doch England führte Badekostüme ein, als es den Thermalkuren einen absolut mondänen Charakter verlieh. Es waren durchaus phantastische Badekostüme, obwohl sich kaum Gelegenheit bot, sie zu erblicken, denn die Kurgäste in Bath oder Turnbridge Wells promenierten mit kleinen Schritten im Wasser, aus dem nur der Kopf hervorsah. Allenfalls streckte sich ein triefender Ärmel aus pomponverzierter roter Seide nach den Erfrischungen aus, den Leckerbissen, die auf schwimmenden Tabletts serviert wurden. Doch die Schamhaftigkeit war nur scheinbar, man hielt sich schadlos durch verschiedene Vertraulichkeiten, von denen die geringste darin bestand, die Damen in den Hintern zu kneifen, ein Scherz, der im Schutz des trüben Wassers unbemerkt bleiben konnte, sofern das Opfer

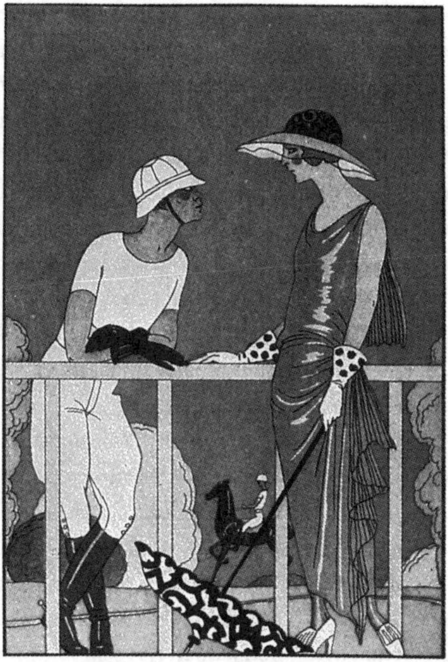

»Au Polo«. Schablone von Barbier, 1924

es vermied, aufzukreischen. Vielleicht boten auch die Bizarrheit der Kostüme und die seltsamen Kopfbedeckungen einen zusätzlichen Reiz des Distanzierungseffekts.

Ein paar Seebäder gab es bereits im 18. Jahrhundert, doch sie waren noch sehr selten; erst gegen 1820 begann man schüchtern, den Charme der Meeresstrände zu entdecken. Noch 1821 konnte Alexandre Dumas père sich am Ufer bei Trouville im Adamskostüm ergehen, ohne irgendeiner Seele zu begegnen. Im Jahr darauf weihte der Graf de Brancas, Sous-préfet von Dieppe, vor den Toren der Stadt die erste Badeanstalt am Meere ein und die Herzogin de Berry, immer auf Neuigkeiten erpicht, lancierte die Mode eines so originellen Vergnügens. Sie erschien bei dieser Gelegenheit auf dem Deck ihrer Yacht mit einem Zylinder aus gekochtem Leder, in großen gelben Stiefeln und in einem verblüffenden Kittel aus schwarzer Seide, der, in der Taille zusammengeschnürt, in breiten Falten bis zu den Knien fiel. Ein paar Tage darauf war der gesamte Gotha in Dieppe. Als Madame ins Wasser ging, ließ der Bürgermeister die Kanone abfeuern, und nach dieser einfachen Formalität hatten die Höflinge das Recht, zusammen mit der königlichen Hoheit zu planschen. Die Bademeister in marineblauem Anzug wiesen den Titel *baigneur juré* in goldnen Lettern auf ihrem Lederhut auf. Die Damen trugen gummierte Taftmützen, schwarze Strümpfe und Korsetts, unter einem deprimierenden Glockenrock dazu plumpe Hosen aus dunklem Merino. Nach 1830 verlor Dieppe die Gunst des Hofes, doch der Faubourg Saint-Germain besuchte es auch weiterhin. Andere Badeorte entstanden an der Atlantikküste, am Ärmelkanal und am Mittelmeer. Die Moden liberalisierten sich jedoch nur sehr langsam, und bis etwa 1875 bestand das weibliche Badekostüm aus mehr oder weniger unförmigen Beinkleidern, einem locker fallenden Kittel und einer Rüschenmütze, wenn nicht sogar einem Hut. Dann begann es sich zu vermenschlichen, die Puffhosen, die oft noch Volants hatten, reduzierten ihr enormes Volumen; man wagte die Arme zu entblößen, das Korsett blieb, doch die schwarzen Strümpfe verschwanden und – unglaubliche Kühnheit – man zeigte nackte Waden. Allerdings brachten von Pferden gezogene Kabinenwagen die Badenymphen bis ins Meer hinaus, um es ihnen zu ersparen, in einem so indezenten Kostüm gesehen zu werden. In den angelsächsischen Ländern, wo Schwimmen als wirklicher Sport weiter verbreitet war als an den Küsten des

Kontinents, rationalisierten sich die Bademoden weniger schüchtern, und 1905 erregte eine Australierin, Miss Kellermann, Aufsehen, als sie ganz Paris durchschwamm: statt der herkömmlichen Rüschen trug sie ein ärmelloses, rund dekolletiertes Trikot und eine Art Shorts unter einem Röckchen. Sehr rasch adoptierte die sportliche Jugend diese Art Wolltrikot. Der Badeanzug und sein Röckchen, das noch bis in die dreißiger Jahre überlebte, wurden nach und nach kürzer und waren von 1920 an auch aus immer leichteren elastischen Geweben gefertigt, um mehr Bewegungsfreiheit zu lassen. Unter einer engen, weißen Gummikappe schützten die Frauen ihre Dauerwelle. Charles Nessler, ein Londoner Friseur, hatte sie bereits 1910 erfunden, doch da sie äußerst kostspielig und kompliziert war, fanden sich noch zwei Jahre später in New York nur 18 Kundinnen, die bereit waren, tausend Dollar für eine zwölfstündige Tortur zu zahlen. Erst 1920 machten technische Vereinfachungen die Dauerwelle für ein größeres Publikum erreichbar, allgemein durchgesetzt hat sie sich schließlich 1925. Für sportliche Frauen ein großes Problem weniger.

Hatte der eigentliche Badeanzug sich reduziert und schematisiert, so entwickelte sich mit den Strandkleidern eine neue Garderobe: Pyjamas, deren Muster den nautischen Sports entnommen waren, Bademäntel aus Frotteestoffen oder Kreppkleider, Shorts und große Strohhüte oder Matrosenmützen. Die Nacktheit brachte ein neues Körperbewußtsein mit sich, das sich auch auf die Hygiene auswirkte: rasierte Achselhöhlen, enthaarte Beine, bronzierte Haut. Die wirkliche Sauberkeit, der Gebrauch von Depilationsprodukten, Crèmes und Désodorants drang in immer breitere Schichten ein.

Schon um 1880 hatten Schwimmen und Rudersport in die männlichen Moden quergestreifte Trikots, Leinenhosen, Matrosenblusen, bunte Hemden und Strohhüte eingeführt, letztere wurden als *canotiers* populär, im Deutschen scherzhaft als »Kreissäge« bekannt. Es handelte sich weniger um eigentliche Sportkostüme, als vielmehr um Freizeitkleidung für die sonntäglichen Lustpartien und Sommerfeste in den Strandlokalen am Marneufer, die durch die Bilder der Impressionisten unsterblich geworden sind. Nicht nur beim Schwimmen, sondern auch beim Turnen trug der Mann des Fin-de-siècle das Trikot mit halblangen Ärmeln und Beinen, das üblicherweise blau-weiß gestreift war. Nur Extravagante bevorzugten es in Rot-Weiß. Der Turnanzug der Frauen war meistens schwarz. Elisabeth von Österreich, »Sissi«, übte sich regelmäßig in einem speziell hergerichteten Saal der Hermes-Villa in einem sehr strikten Turnen und rehabilitierte diese Sportart, die seit der Turnerbewegung des Turnvaters Jahn noch immer als verdächtig und »staatsgefährdend« gegolten hatte. Das Kostüm, das sie dabei trug, ähnelte sehr dem der Reformgesellschaften. Das war kein Zufall – unsere Kleidung ist es nie –, sondern es gab in ihr ein Ferment, das sie durch zähe, sportliche Übung aufzulösen und zu vernichten trachtete. Jedenfalls gelang es den Vorkämpferinnen der Emanzipation erst um 1922, den Badeanzug beim Turnen durchzusetzen.

Vom Ende des 19. Jahrhunderts an begann sich eine Symbiose zwischen dem sportlichen und dem informellen Stil einzustellen. Der Sport sollte dazu beitragen, die Moden von jeder überflüssigen Ausschmückung zu befreien und die Kleidung zu rationalisieren. Das 1870 in Großbritannien erschienene Tenniskleid blieb lang bis 1912, dann verkürzte es sich bis auf die halbe Wade, adoptierte den kurzen Ärmel und ein spitzes Décolleté.

Die Ausstattung für den Wintersport hatte sich in ihrem Stil zunächst mehr oder weniger nach der Damenmode gerichtet, die sie jedoch in Trikot abwandelte. Die Männer dagegen wählten beim Schilaufen enganliegende Kniehosen und Wikkelgamaschen, einen dicken Pullover und eine Mütze mit Bommel. Vom Ende der zwanziger Jahre an trugen die Frauen Schihosen und den Jumper mit Rollkragen, und die Olympischen Spiele führten alsbald den Anorak in die Mode ein.

Das Fahrrad, eine vom Fürsten de Sagan, dem damaligen *arbiter elegantiarum*, lancierte sensationelle Neuerung, wurde zunächst von den Snobs des Fin-de-siècle gefahren, ehe es seine ungeheuere Verbreitung erlebte. Namentlich die Jugend begeisterte sich dafür; es stellte sich ganz natürlich ein Sinnzusammenhang zwischen den Begriffen Sport und Jugend ein. Die *petite reine*, wie man das Fahrrad mit einem Ehrennamen bezeichnete, rief jedoch ein heftiges Für und Wider hervor, eine leidenschaftliche Polemik zwischen Widersachern und Bewunderern. Sarah Bernhardt – die wahrhaftig besser daran getan hätte, sich nicht als Sittenrichterin aufzuspielen – griff im Namen der Moral wütend die jungen Mädchen an, die auf dem Stahlroß »den Raum verschlangen«, während Gyp, dessen Texten es nicht an Humor mangelt, einfach behauptete, »zu Rad sei alles schicklich, weil sowieso alles häßlich sei«. Das Fahrrad verlangte vor allem neue Proportionen der Kleidung. Die Keulenärmel verschwanden, da sie der Luft zu viel Widerstand entgegensetzten, und die Büste fand ihre Fülle in einfachen Schulterkissen; der große Hut machte dem weiblichen *canotier* Platz, der mit dem Typ der Gibson Girls aus Amerika gekommen war; noch höchst unbequem, obwohl stark verkürzt, wurde der Rock abgeschafft und man ersetzte ihn durch Pluderhosen von unisexem Stil. Das Fahrrad trug sehr viel mehr als die anderen Sportarten dazu bei, einen Geist der Kameradschaft zwischen Jungen und Mädchen zu schaffen. »Schicklich und häßlich« brachte das Fahrradkostüm, das die Frau von ihren Mythen befreite, sie in ein neues Wertsystem. Das Automobil übrigens ebenfalls, da Adam und Eva wie zu einer Nordpolexpedition vermummt, offensichtlich gemeinsam die gleiche Gefahr liefen. Um das ungeheure Abenteuer einer Automobilfahrt zu bestehen, kleideten beide sich in Staubmäntel, unförmige, sackartige Gebilde aus imprägniertem Stoff, an deren Stelle man im Winter einen Pelzmantel meist aus Ziegenfell wählte. Ein dichter Schleier umschlang den Hut der Dame, die Mütze des waghalsigen Chauffeurs war sorglich mit Pelz gefüttert und mit Ohrenschützern versehen, es sei denn, er zog eine Ledermütze vor, die unter dem Kinn zugeknöpft wurde. Handschuhe, Shawls und riesige runde, auf Gummiringen liegende Brillen vervollkommneten die Ausstattung. Die Fortschritte des Automobils machten dem Staubmantel den Garaus, man ersetzte ihn um 1909 durch einen Reisemantel, der hochgeschlossen war. Das Fliegerkostüm dagegen bestand lange Zeit für beide Geschlechter aus einem dicken Pullover, einer Kniehose, Wickelgamaschen, einem Lederhelm und einem Mantel, ebenfalls aus Leder. Das war noch schicklicher und noch häßlicher als die Aufmachung der Radler und Radlerinnen.

Kindermoden

Jahrhundertelang und sogar teilweise noch bis zum Zweiten Weltkrieg sah man im Kind kein Individuum, sondern ein notwendiges Übel, das für die Armen Arbeitskapital und für die Reichen dynastische Kontinuität darstellte. Die ungeheuer große Geburtenzahl, die den Prozentsatz der Kindersterblichkeit wettmachen mußte, und eine Aufeinanderfolge von fünf oder sechs Gattinnen, die für einen Mann durchaus nicht selten war, depersonalisierten das Kind und machten aus ihm ein im Grunde austauschbares Wesen. Zudem erforderten die häuslichen Strukturen ein bedeutendes Kontingent an Dienerschaft und die Pflege des Nachwuchses oblag Ammen, Kindermädchen und Gouvernanten. Trotz Rousseau, trotz Pestalozzi überließ das wohlhabende und mondäne Bürgertum des 20. Jahrhunderts das Kind, häufig übrigens einen einzigen Nachkommen, allein der gekauften Sorgfalt des Lohnpersonals. Wenigstens wurde es nun bequem angezogen, was nicht immer der Fall gewesen war.

Die mittelalterliche Ikonographie weist zahlreiche Beispiele von Neugeborenen auf, die so eng gewickelt sind, daß sie Mumien gleichen, sofern sie nicht sogar in ein Etui gepreßt wie Insektenpuppen aussehen. Die Glückspilze, denen es gelang, das Kap des ersten Geburtstages zu erreichen, hatten nun Anrecht auf ein Kleid, das sie aber nur kurze Zeit behielten, denn schon mit drei Jahren staffierte man sie mit Kostümen aus, die denen der Erwachsenen ihrer sozialen Klasse entsprachen. Andere Kostüme gab es nicht. Die Kinder der armen Leute waren mit dem gleichen Ungenügen gekleidet wie die älteren Generationen. Wie sie, ohne Schuhe und oft ohne Strümpfe, trugen sie Kittel, Kapuzen, derbe Röcke, wenn sie auf dem Land lebten; waren sie Stadtbewohner, gab es für sie Trödlerware und die Lumpen zweiter Hand. Immer dem schrecklichen Wettlauf zwischen Wachstum und dem Zu-kurz-Werden der Kleidung unterworfen, waren sie in ein »rollendes« Garderobe-System eingespannt, bei dem ein Kleidungsstück immer abgetragener, immer dürftiger wurde, wenn es von einem Bruder zum nächstjüngeren wechselte. Die Kinder der privilegier-

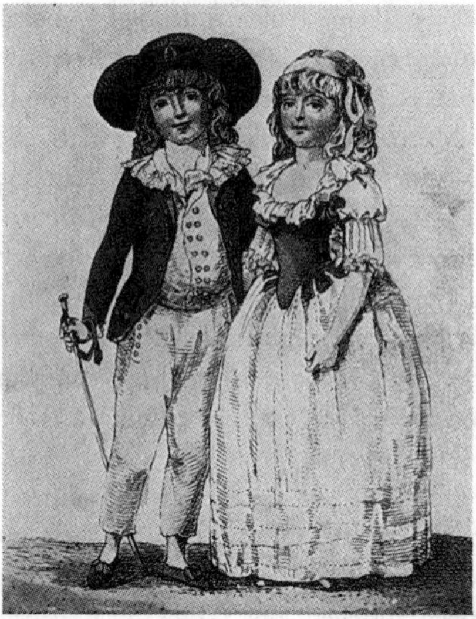

Bequeme Kinderkleider. Aus dem »Journal des Luxus und der Moden«, 1787

ten Klassen waren kaum besser daran: sie erstickten buchstäblich in ihren schwer bestickten Hemden, ihren eng anliegenden Jacken und ihren Spitzenkrausen. Im Alter von vier Jahren mußten die Mädchen zudem den Zwang des Fischbeinkorsetts erdulden und oft schon auf hohen Absätzen stöckeln. Das 18. Jahrhundert ergänzte diesen Aufputz noch mit *paniers* und hohen, gepuderten Frisuren, die für adlige kleine Mädchen obligatorisch waren.

Wieder einmal kam der befreiende Impuls aus England mit den Theorien von John Locke über Kindererziehung. 1693 erschienen, nahmen sie zum Teil schon die Gedanken von Rousseau und seiner pädagogischen Reform vorweg. Diese neue Bewegung für geistige und körperliche Hygiene antwortete nur auf längst latent existierende Sehnsüchte, die schon dem Humanismus der Renaissance nicht fremd gewesen waren.

Man befreite zunächst die Kleinsten aus ihrer Zwangskleidung, den Wickeln, Windeln, Polstermützen, dann kam die Reihe an die Größeren. Abermals fanden konvergierende Entwicklungen ihren Ausdruck in der *Pamela* von Richardson, die zur Verbreitung der Ideen von Locke beitrug, und in den rationellen Kleidern, die Katharina II. für ihre Enkel entwarf. England kleidete seine Kinder schon seit etwa 1770 bequemer. Die lockeren Hosen, die mit einer Schärpe leicht gegürteten Blusen oder für die Mädchen die frei auf die Füße fallenden Faltenröcke und die flachen Schuhe tauchten erst zehn Jahre später auch auf dem Kontinent auf. In den letzten Jahren des Jahrhunderts und noch zu Beginn des Empire waren die Moden für Erwachsene und für Kinder gleicherweise luftig und bequem, aber die Restauration der Bourbonen, die das Korsett wieder einführte, ersparte es auch nicht den jüngeren Jahrgängen. In der Romantik unterschied sich das Kostüm der kleinen Mädchen vom Kostüm der Erwachsenen durch größere Einfachheit und durch den kürzeren Rock, oft aus schottischem Stoff, aus dem eine lange Linnenunterhose hervorragte. Die Autorin der *Petites Filles Modèles* berichtet, daß sie einfache weiße Perkalkleider, plissierte Unterhosen und Stiefeletten aus Chevreauleder trugen, selbstverständlich auch eine kleine Krinoline. In den höchst stilvollen Pensionaten, in denen der Adel seine Töchter erziehen ließ, waren die Kinder ebenso schlecht gekleidet wie karg ernährt, trugen zu jeder Jahreszeit ein Merinokleid, um das Haar ein enges Netz und eine Bandschärpe, deren Farbe je nach der Schulklasse variierte. Spiegel gab es keine, außer in der Sakristei, man frisierte sich blindlings und ebenso wusch man sich auch; die Erzieherinnen bemühten sich, den Mädchen die Verachtung ihrer Körperlichkeit einzuflößen.

Die in der Familie aufwachsenden Kinder waren nicht so drakonischen Regeln unterzogen und das zweite Kaiserreich hat reizende Kleider aus weißem Pikee, mit Litzen gesäumte Pelerinen und Samtröcke im Neo-Renaissance-Stil für die kleinen Knaben gekannt. 1863 trugen sie bis zum Alter von 5 oder sogar 6 Jahren ein Kleid, während man es ihnen zu Beginn unseres Jahrhunderts nur im ersten Lebensjahr anzog, ein Brauch, der alsbald ganz verschwand. Man liebte es auch, sie als Zuaven, Polen, Schotten einzukleiden – letzteres sehr *en vogue* seit *Quentin Durward* und dem Ballet *La Sylphide* – oder in moskowitisches Kostüm, übereinandergetragene Blusen von verschiedener Farbe, eine breite Hose, Stiefel und eine Mütze. Die historischen oder folkloristischen Reminiszenzen, die literarischen Anspielungen oder die Anleihe bei irgendeiner Uniform charakterisierten um die Mitte des 19. Jahrhunderts vor allem die Kindermode. 1846 für den Prinzen von Wales, den späteren Edward VII. gefertigt, erlebte der Matrosenanzug zwanzig Jahre später eine Beliebtheit, die bis Mitte der dreißiger Jahre unseres Jahrhunderts dauerte. Seit Ende der neunziger Jahre durften ihn auch die Mädchen anlegen, ein erster Schritt auf eine Unisex-Mode zu; mit der Bluse, ihrem flachen, viereckigen Kragen, der kurzen Krawatte und dem spitzen Décolleté, das ein quergestreiftes Trikot sehen ließ, war das Matrosenkostüm für sie sogar sehr graziös; sie trugen dazu einen bis zum Knie oder je nach Zeitgeschmack bis zur halben Wade reichenden plissierten Rock. War der Anzug marineblau, so war er weiß-paspeliert, war er weiß, marineblau-paspeliert. Den großen

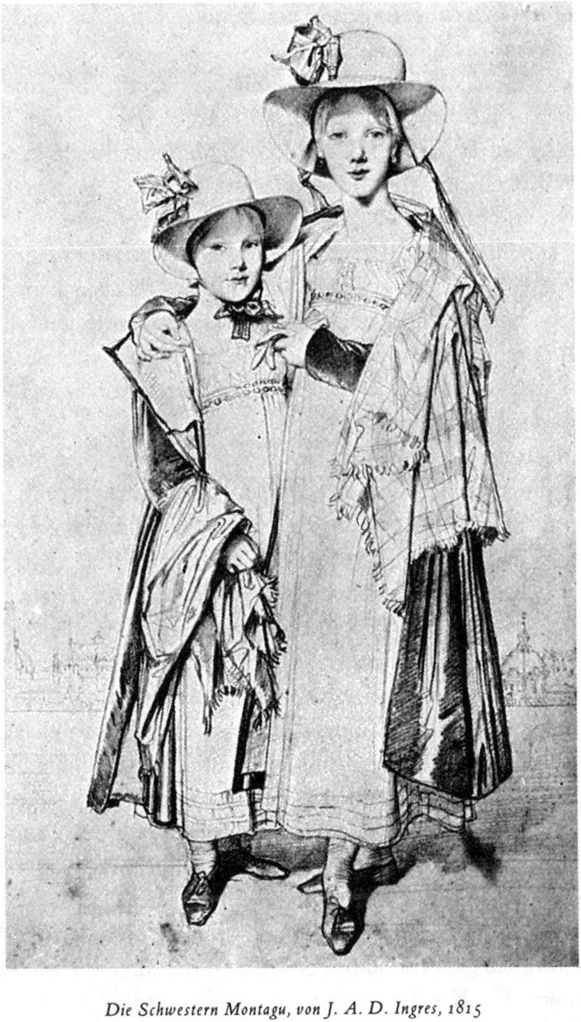

Die Schwestern Montagu, von J. A. D. Ingres, 1815

Strohhut ersetzte später eine Matrosenmütze, auf deren Band der Name eines Schiffes stand.

Die Gesellschaft des Fin-de-siècle hatte spezifische Kindermoden geschaffen und nichts wäre abwegiger gewesen, als Kinder wie Erwachsene anzukleiden. Man unterstrich im Gegenteil den kindlichen Charakter des Kostüms, was freilich keineswegs besagen will, daß es auch immer bequem war. Man trug geschlossene Stiefeletten, die langen Locken der Mädchen fielen bis zum Spitzenkragen und für die Knaben kam die kurze Hose gegen 1912 auf. Die Röcke indessen waren schon 1905 sehr viel kürzer geworden und ließen weiße Strümpfe oder sogar Söckchen in Lackschuhen oder Stiefeletten aus weißem Chevreauleder sehen.

Nach dem Ersten Weltkrieg vereinfachten sich die Moden und die Befreiung des Körpers kam nun auch dem Kind zugute: kurzes Haar, kurze Kleider, lockere Gürtel boten mehr Bewegungsmöglichkeit. Die von Poiret initiierten lebhaften und grellen Farben verschwanden um die Mitte der zwanziger Jahre, außer bei den noch nicht schulpflichtigen Kindern. Um 1930 wurde die Krawatte abgeschafft; der von Eton inspirierte Anzug für Jungen, die kurze Jacke, die lange helle Hose, die kleine zur Schleife gebundene Krawatte, wurde nur noch bei festlichen Gelegenheiten getragen. Der Sport beeinflußte übrigens auch die Kindermoden in noch stärkerem Maß als die der Erwachsenen. Der Matrosenanzug wurde durch eine neutrale Hose und einen Pullover ersetzt. Der Schottenrock blieb noch sehr beliebt, plissiert oder auch nicht-plissiert. Die Kleidung war um so nüchterner, je höher die soziale Klasse des Kindes war; der Luxus bestand in der Qualität des Materials und des Schnitts. Die Kopfbedeckung war häufig eine Baskenmütze in Frankreich, während sie sich diesseits des Rheins erst sehr viel später sehen ließ. Zu jeder Jahreszeit waren für ein wohlerzogenes französisches Kind Handschuhe obligatorisch, eine Regel, die noch bis in die fünfziger Jahre galt. Die bei den Angelsachsen gebräuchliche Schuluniform war in den romanischen Ländern so gut wie verschwunden und nur die religiösen Anstalten bildeten in dieser Hinsicht eine Ausnahme.

Eigentlich war die Kinderkleidung bis zum Ersten Weltkrieg mit ganz wenigen Ausnahmen fast immer ziemlich vernunftwidrig. Als Auswirkung eines Zwangs einerseits, andererseits einer passiven Hinnahme, war sie allzuoft in beiden Richtungen Träger von heimlich negativen oder hysterisch übersteigerten Emotionen gewesen.

DAS ERNSTE SPIEL DER VERKLEIDUNG

»Eine gefärbte Schlange ist am Morgen
Eine Luftschlange.
Die Schlange der Farben hängt am wilden Rosenstock den Hut, die Stiefelchen auf. Man erkennt sie nicht mehr. Es ist kindlich.«
Jean Cocteau

Notwendigkeit des Ungewöhnlichen

Ein verändertes Aussehen vermag die Identität zu erweitern, es kann die subjektive Empfindung von Zeit und Raum verschieben und, als Maskierung, den Menschen sogar außerhalb seiner Gattung versetzen. Es gibt eine Allmacht der Kleidung, die gleichzeitig auf Osmose und Distanzierung beruht. Die Magier aller Zeiten haben es gewußt, jener, der auf den Wänden der *Grotte des Trois-Frères* läuft, die Oranten, die bei den Mysterien von Eleusis die Göttin darstellten – sogar die Breite der Säume war vorgeschrieben – oder noch die Tänzer, die als Hirsch oder Kuh gekleidet Janus feierten, obwohl das Konzil von Auxerre es verboten hatte. Denn der Kampf zwischen Heidentum und Christentum fand weitgehend auch auf dem Gebiet des Kostümes statt. Schon sehr früh hatte die Kirche ihre Ornamente gewählt, dann hatte Byzanz das Ritual und die liturgische Kleidung festgelegt, bis die Trennung zwischen Rom und dem Orient autonome Entwicklungen mit sich brachte.

Brautkleid und -schleier, die Kleidung zur ersten Kommunion für die mystische Hochzeit mit dem Lamm, sie stellten heraus, was die Situation Einzigartiges hatte und standen für einen Opferschmuck. Von einfachem Spiel oder reiner Konvention war man weit entfernt. Sogar die Maskerade ist keineswegs ein Spiel. Während Tausenden von Jahren bildete sie mit dem rituellen Kostüm und dem Bühnenkostüm eine unzertrennliche Triade. Die Komparsen der antiken Frühlings- und Vegetations-Feste, die Wilden Männer, deren mysteriöser Tanz am Hof Karls VI. von Frankreich so schrecklich endete, erleben eine Auferstehung in der Baseler Fasnacht. Manchmal kann es auch vorkommen, daß die Maske statt einer Substitution der Persönlichkeit nur eine Auflösung des Wesens vollbringt. Das ist der Fall beim *loup* aus schwarzem Samt als Bild des Nichts oder bei der venezianischen *bauta*, die die Identität durch ein Nichts ersetzt, jedoch freien Raum für Beunruhigung und Angst schafft. Das Incognito ist auch die Lizenz in ihrer allererklügeltsten Form. Das Fehlen der Maske und sogar das Fehlen von Bekleidung wäre das Bild vollkommener Unschuld. Gerade das wollte vielleicht das Paar zum Ausdruck bringen, das 1799 bei einer Maskerade in Bückeburg als Adam und Eva »allein nur mit seiner Unschuld bekleidet« erschien.

In Krisenzeiten hat der Mensch immer das Bedürfnis nach einer Tarnung empfunden, einer schützenden Entpersönlichung, die die Fatalität abzulenken vermöchte. Mimikry der vom Vogel bedrohten Raupe. Es kommt darauf an, in eine Rolle zu schlüpfen. Es kommt darauf an, den Gegner zu verwirren. Die Krise kann politisch oder sozial sein, was die Inszenierungen erklärt, die Ende des 18. und Anfang des 19. Jahrhundert so beliebt waren. Sie kann privat oder zum mindesten der private Reflex eines allgemeinen Zustandes sein. Auf jeden Fall wird die Verkleidung sie zu überstehen helfen. Trotz eines alten Indianer-Gesetzes, das jeden mit dem Tod bedroht,

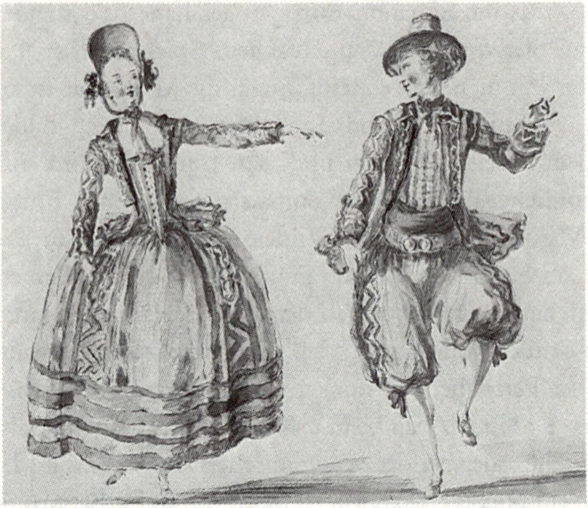

Bühnentänzer. Zeichnung eines anonymen Künstlers, um 1745

der die Kleidung des anderen Geschlechtes trägt, trotz des Anathemas des Alten Testaments, trotz der kirchlichen Mißbilligung und ihrer Verbote und Strafen haben Mann und Frau niemals auf den Wunsch verzichtet, gegenseitig die Kleidung auszutauschen. Die tiefen Gründe dafür sind jeweils ebenso mannigfach wie die Individuen. Da ist Achill in Frauenkleidern; da ist Ulrich von Liechtenstein, die ästhetische Wesenheit von Frau Venus darstellend; da ist Jeanne d'Arc, die in Beinkleidern und Wams die goldene, mit Brennesselblättern übersäte Heuke trägt, eine Gabe ihres Königs. Da sind die *mignons* Heinrichs III., die auf einem Ball als Frauen tanzen, während die Frauen als Männer gekleidet sind, und alle in Grün. Da sind die Italienerinnen derselben Epoche, Ehefrauen, Kurtisanen und sogar Nonnen, die alle Augenblicke in Männerkleidung schlüpfen. In Venedig namentlich sind die als Männer verkleideten Dirnen so zahlreich, daß sie Ziel eines neuerlichen Verbotes werden, das freilich so wenig wirksam ist wie die anderen. In den Balletts der Renaissance-Höfe wurden alle weiblichen Rollen von jungen Männern gegeben, das gleiche galt auch für das elizabethanische Theater.

Die Niederländerinnen fallen einem ein, die sich kühn den großen Männerhut auf ihre Spitzenhauben stülpten. Wenn alle Welt das Beispiel der Christine von Schweden kennt, so ist das des Abbé de Choisy weniger bekannt: immer als Frau gekleidet, außer während einer diplomatischen Mission in Siam, hat er faszinierende Memoiren hinterlassen, mit einer ins einzelne gehenden Beschreibung seiner Toiletten, seiner Fächer, seiner *mouches* und der Schuhe mit hohem Absatz, die ihm sogar ihren Namen verdanken. Nicht alle Beweggründe für die Travestierung sind so trivial wie bei dem bigotten Jansenisten, der nach dem *Journal de Barbier* die Klamotten seiner Großmutter anzog, um unerkannt die Komödie besuchen zu können. Was die verführerische M. M. betrifft, die in Kavalierskleidung Casanova beim Colleoni-Standbild traf, so hatte sie zweifellos gute Gründe, den Neugierigen ein Schnippchen zu schlagen. »Die Maske geht herum, nähert sich mir, streckt mir eine friedliche Hand hin, die keinen Zweifel mehr übrig läßt. Ich erkenne meinen Engel in der Männerkleidung.« Der Engel hatte weder die flachen Pistolen englischer Machart noch die Taschenuhren vergessen – es war üblich, gleichzeitig mehrere bei sich zu haben –, auch nicht die Kette mit Berlocken, noch die Diamantschnallen. Wenn Goethe in seinem *Römischen Karneval* den gefälligen Austausch des Kostüms zwischen Männern und Frauen erwähnt, so könnte man darin eine Reminiszenz der antiken Bacchanalien sehen. Doch eine sehr unterschiedliche Bedeutung bekommt mit der Emanzipationsbewegung der

Kleidertausch. Vereinzelt schon zu Beginn der Revolution vorgenommen, greift er absichtsvoll mit den *lionnes* der Romantik um sich. Die Mode der Restauration, ihre langen Röcke, ihre Hüte mit den Scheuklappen von Fiakerpferden, schlossen die Frau »wie in ein Etui« ein, sagt uns George Sand. In Steghose und englischer Redingote, die Reitgerte in der Hand und den Zylinder auf dem halblang geschnittenen Haar, bewies George Sand, daß eine Frau auch in Männerkleidern graziös sein kann. Manche ihrer Zeitgenossen lehnten es strikt ab, den Beweis zu akzeptieren, und wie stets bei solchem Anlaß prallten die Meinungen aufeinander. Uns entgeht sicher das Wesentliche, denn wie soll man den tieferen Geist eines Kostüms erfassen, da der Phönix Mode unaufhörlich stirbt und aufersteht? Keine Studie, kein noch so treues Abbild können wiedergeben, was sie an Unwägbarem hat, ihre Atmosphäre, ihren Duft, könnte man sagen. Vielleicht weil – wie Oscar Wilde behauptet – die Kunst gleichzeitig Symbol und Oberfläche ist.

BIBLIOGRAPHIE

Allem, Maurice: La vie quotidienne sous le Second Empire – Paris, 1948

Alméras, Henri d': La vie parisienne sous le Consulat et l'Empire

La vie parisienne sous la Restauration

La vie parisienne sous Louis-Philippe

La vie parisienne sous le Second Empire

Aretz, Gertrude: Die elegante Frau – Leipzig/Zürich, 1929

Beaton, Cecil: The Glass of Fashion – London, 1954

Bizet, René: La Mode – Paris, 1925

Boehn, Max von: Bekleidungskunst und Mode – München, 1928

Die Mode. (Menschen und Moden usw. . . .) München, 1913, 1923, 1924, 1925, 1939, 1963, 1964

Puppen – München, 1929

Boucher, François: Histoire du Costume – Paris, 1965

Brantôme, Pierre de: Les Dames Galantes – Paris. o. J.

Brooks Picken, Mary: The Fashion Dictionary – New York, 1957

Burckhardt, Jacob: Die Kultur der Renaissance in Italien (2 Bände) – Leipzig, 1904

Burnand, Robert: La Vie quotidienne en France, en 1830 – Paris, 1943

Casanova de Seingalt, Jacques: Histoire de ma Vie – Wiesbaden/Paris, 1960

Corson, Richard: Fashion in Hair – London, 1965

Crouzet, Maurice: Histoire générale des Civilisations – Paris, 1955, 1956, 1957, 1961

Cunnington, C. W. and Phillis: The History of Underclothes – London, 1951

Deslandres, Yvonne: Le Costume, Image de l'Homme – Paris, 1976

Ellis, Havelock: Studies in the Psychology of Sex – Paris, 1923

Floerke, Hanns: Die Moden der Renaissance – München, 1924

Gibbs – Smith, Charles H.: The Fashionable Lady in the 19th Century – London, 1960

Ginsburg, Madeleine: An Introduction to Fashion Illustration – London, 1980

The Art of Fashion 1600-1939 – London, 1978

Goethe, Johann Wolfgang von: Das Römische Karneval – Bern, 1955

Halls, Zillah: Men's Costume, 1750-1800 – London, 1973

Hansen, Henny Harald: Knaurs Kostümbuch in Farben – München/Zürich, 1956

Harrison, M.: The History of the Hat – London, 1960
Hobsbawm, E. J.: Industry and Empire – U. K. 1980
Hottenroth, Friedrich: Deutsche Volkstrachten vom 16. bis 19. Jahrhundert – Frankfurt, 1898
Kybalova, Ludmila: Das Große Bilderlexikon der Mode – 1966
La Baume, Wolfgang: Die Entwicklung des Textilhandwerks in Alteuropa – Bonn, 1955
Lacroix, Paul: Le XVIII° Siècle: Institutions, Usages et Costumes – Paris, 1875
Laver, James: A Concise History of Costume – London, 1969
Lederer, Mia: Vom Feigenblatt zum Frack – Berlin, 1955
Leloir, Maurice: Dictionnaire du Costume – Paris, 1951
Lester, Katherine: Historic Costume – Peoria, Ill., 1942
Machiavelli, Niccolo: Opere complete di N. M. con aggiunte e correzione tratte dai manoscritti originali – Firenze, 1843
Mead, Margaret: Male and Female – New York, 1949
Pisetzky, Rosita Levi: Storia del Costume in Italia – Milano, 1969
Poiret, Paul: En habillant l'Europe – Paris, 1930
Robinson, Julian: The Golden Age of Style – London, 1976
Robiquet, Jean: La vie quotidienne au temps de la Révolution – Paris, 1938
La vie quotidienne au temps de Napoléon – Paris, 1942
Roselle, Bruno du: La Mode – Paris, 1980
Schakovskoy, Princesse Zinaïda: Ma Russie habillée en URSS – Paris, 1958
Stekel, W.: Der Mantel als Symbol – 1913
Stockar, Jürgen: Kultur und Kleidung der Barockzeit – Zürich/Stuttgart, 1964
Thiel, Erika: Geschichte des Kostüms – Wilhelmshaven, 1980
Uzanne, Octave: La Femme et la Mode; Métamorphose de la Parisienne de 1792 à 1893 – Paris, 1893
Vocinc, Michele: Storia del Costume – Roma, 1952
Wagner, Jutta: Die Mode im Wandel von vier Jahrhunderten – Berlin/Chemnitz
Wilcox, R. Turner: The Mode in Footwear – New York, 1948
Wilhelm, Jacques: Histoire de la Mode – Paris, 1955

Kataloge, Zeitschriften usw.

Aftalion, Albert: Le Dévelopement de la Fabrique et le Travail à domicile dans les Industries de l'Habillement – Paris, 1906

Bruhn, Wolfgang von: Das Frauenkleid in Mode und Malerei seit zwei Jahrhunderten. Velhagen & Klasings Monatshefte, 1926/1927

Le Conseiller des Dames: Paris, 1848/1849

Denyer, Christopher: Golden Fleeces – Ciba-Geigy Journal, 2/73

Fémina: Paris, avril 1919

Hartlaub, Dr. Gustav F.: Fastnacht und Kunst. Velhagen & Klasings Monatshefte, 1926/1927

The History of Little Fanny, exemplified in a Serie of Figures – London, 1830

Katalog, Heft 6. Deutsches Schuhmuseum. (Ledermuseum) Offenbach, 1980

Le Miroir de la Femme: Paris, 1958

La Mode Chic: Paris, septembre 1935

La Mode au Parc Monceau: Epoque Napoléon III. Catalogue, Musée Nissim de Camondo – Paris, 1981

Pechel, Rudolf u. Poppenberg, Felix: Rokoko, das galante Zeitalter, in Briefen, Memoiren, Tagebüchern – Berlin, 1913

Poiret-le-Magnifique: Catalogue. Musée Jacquemart-André – Paris, 1974

Spotlight: Four Centuries of Ballet Costume. Catalogue. Victoria & Albert Museum – London, 1981

200 Jahre Mode in Wien: Aus den Modesammlungen des Historischen Museums der Stadt Wien – Wien, 1976

BILDNACHWEIS

British Museum, London: 17, 19
Collection Comte de Sandwich, Paris: 245
Deutsches Ledermuseum/Deutsches Schuhmuseum, Offenbach: 185
Harenberg Kommunikation, Dortmund: 53, 59, 64, 155
Mary Evans Picture Library, London: 49
Musée Carnevalet, Paris: 126
Musée de Louvre, Paris: 157
Musée du Petit-Palais, Genf: 118
National Gallery, London: 31
Privatsammlung der Autorin: 43, 46, 61, 67, 78, 81, 95, 102, 111, 116, 121, 128, 140, 163, 167, 174, 223, 235
St. Annen-Museum, Lübeck: 228
The British Library, London: 242
The Museum of London: 160
Victoria and Albert Museum, London: 36, 44, 55, 133, 214, 250

REGISTER

INHALT

Das Kostüm als Unterscheidungsmerkmal

Das sekundäre Kostüm

Das ernste Spiel der Verkleidung

Ästhetik, Kunst, Musik, Religion, Geschichte

Allgemeine Erklärung der Menschenrechte
Mit 30 Radierungen von Christoph Meckel. it 682

Jost Amman. Das Frauentrachtenbuch
Mit kolorierten Holzschnitten und einem Begleittext von Manfred Lemmer. it 717

Arcimboldo. Figurinen
Kostüme und Entwürfe höfischer Feste. Herausgegeben von Andreas Beyer. Mit farbigen Illustrationen. it 680

Heinrich Bornkamm. Das Jahrhundert der Reformation. Gestalten und Kräfte. it 713

Otto Borst. Alltagsleben im Mittelalter
Mit zeitgenössischen Abbildungen. it 513

Honoré Daumier. Antike Geschichte
Übersetzt, kommentiert und herausgegeben von Karl Riha und Wolfgang Drost. it 560

Gerhard Ebeling. Martin Luthers Weg und Wort. it 439

Caspar David Friedrich. Auge und Landschaft
Zeugnisse in Wort und Bild. Mit farbigen Abbildungen. Interpretation von G. Eimer und Zeugnisse von Carus, Körner, Tieck, Runge, Kleist. it 62

Paul Gauguin. Noa-Noa
Mit vierfarbigen Abbildungen. it 478

Julius Eduard Hitzig. E. T. A. Hoffmanns Leben und Nachlaß
Mit einem Nachwort von Wolfgang Held. it 755

Johann Heinrich Jung-Stilling. Lebensgeschichte. it 709

Harald Keller. Die Kunstlandschaften Italiens
Mit 188 Abbildungen. it 627

Aus der Kunst des polnischen Volkes
Stücke der Sammlung Ludwig Zimmerer in Warschau. Herausgegeben von W. Fleckhaus. it 448

Ästhetik, Kunst, Musik, Religion, Geschichte

Monique Lange. Edith Piaf
Ihr Leben in Texten und Bildern. Aus dem Französischen von Hugo Beyer. it 516

Claude Lévi-Strauss. Der Weg der Masken
Aus dem Französischen von Eva Moldenhauer. Mit zum Teil farbigen Illustrationen. it 288

Martin Luther. Die Auslegung von Jona und Habakuk
Herausgegeben von Gerhard Krause. it 688

Luther im Gespräch
Aufzeichnungen seiner Freunde und Tischgenossen. Übertragen und herausgegeben von Reinhard Buchwald. it 670

Luthers Vorreden zur Bibel
Herausgegeben von Heinrich Bornkamm. it 677

Michelangelo. Leben und Werk in Daten und Bildern
Herausgeber H. Keller. Mit farbigen Abbildungen. it 148
– Zeichnungen und Dichtungen
Ausgewählt und kommentiert von Harald Keller. Übertragung der Dichtungen von Rainer Maria Rilke. Mit einem Essay von Thomas Mann. Mit Abbildungen. it 147

Jules Michelet. Die Frauen der Revolution
Herausgegeben und übersetzt von Gisela Etzel. Mit zahlreichen Abbildungen. it 726

Friedrich Nietzsche. Der Fall Wagner
Schriften und Aufzeichnungen über Richard Wagner. Herausgegeben und mit einem Nachwort versehen von Dieter Borchmeyer. it 686

Jacques Offenbach. Pariser Leben
Unter Mitarbeit von Meilhac und Halévy. Libretto in der klassischen Übersetzung von Carl Treumann. Mit zeitgenössischen Dokumenten und Illustrationen. Herausgegeben von Josef Heinzelmann. it 543

Ludwig Richter. Familienschatz
50 Holzschnitte. it 34

Ästhetik, Kunst, Musik, Religion, Geschichte

Rainer Maria Rilke. Briefe über Cézanne
Herausgegeben von Clara Rilke und mit einem Nachwort von H. W. Petzet. it 672
– Worpswede. Mit farbigen Abbildungen. it 539

Philipp Otto Runge. Leben und Werk in Daten und Bildern
Herausgeber Stella Wega Mathieu. Mit farbigen Abbildungen. it 316

Dolf Sternberger. Über Jugendstil
Mit farbigen Abbildungen. it 274

Teresa von Avila. Von der Liebe Gottes
Mit zahlreichen Abbildungen und einem Nachwort von André Stoll. it 741

Konrad Vogels Neues Tierleben fürs deutsche Heim
In Auswahl bearbeitet und neu herausgegeben von Friedrich C. Heller und Walter Schmögner. Mit zahlreichen Illustrationen. it 698

Richard Wagner. Ausgewählte Schriften
Herausgegeben von Dietrich Mack. Mit einem Essay von Ernst Bloch. it 66
– Die Feen. Text und Dokumente. Herausgegeben und mit einem Nachwort versehen von Michael von Soden. it 580
– Lohengrin. Herausgegeben von Michael von Soden. it 455
– Die Meistersinger von Nürnberg. Text und Dokumente. Herausgegeben von Michael von Soden. it 579
– Parsifal. Ein Bühnenweihfestspiel. Text und Dokumente. Herausgegeben von Michael von Soden. it 684
– Tannhäuser. Mit farbigen Figurinen aus dem 19. Jahrhundert. Herausgegeben von Dietrich Mack. it 378

Wagner-Parodien. Parodien auf Richard Wagner. Ausgewählt und mit einem Nachwort versehen von Dieter Borchmeyer und Stephan Kohler. it 687

Klaus Winter. Kinderbahnhof Lokomotive
Kunsterfahrung, Kommunikation, Spiel. Ein Modell. Nachwort von Hans H. Halbey. it 662

Essays. Betrachtende Prosa

Honoré de Balzac. Über die Liebe
Sein Weltbild aus seinen Werken. Zusammengestellt und mit einem Essay herausgegeben von Stefan Zweig. it 715

Franz Blei. Das große Bestiarium der Literatur
Mit farbigen Karikaturen von Rudolf Großmann, Olaf Gulbransson und Th. Th. Heine. it 660

Seigneur de Brantôme. Das Leben der galanten Damen
Mit zeitgenössischen Portraits. Zwei Bände. it 586

Christop Columbus. Das Bordbuch
Mit einem Nachwort von Fraucke Gewecke und zeitgenössischen Abbildungen. it 476

Hernán Cortés. Die Eroberung Mexikos
Drei Berichte an den Kaiser Karl V. Herausgegeben von Claus Litterscheid. Übersetzungen von Mario Spiro und C. W. Kloppe. Mit 112 Federlithographien von Max Slevogt. it 393

Europa. Analysen und Visionen der Romantiker
Herausgegeben und eingeleitet von Paul Michael Lützeler. Mit zeitgenössischen Portraits. it 638

Paul Anselm Feuerbach. Merkwürdige Verbrechen
Herausgegeben von Rainer Schrage. Mit zeitgenössischen Illustrationen. it 512

Idyllen der Deutschen. Texte und Illustrationen
Herausgegeben von Helmut J. Schneider. it 551

Adolph Freiherr von Knigge. Über den Umgang mit Menschen
Herausgegeben von Gert Ueding. Mit Illustrationen von Chodowiecki. it 273

Bartholomé de Las Casas. Kurzgefaßter Bericht von der Verwüstung der Westindischen Länder
Herausgegeben von Hans Magnus Enzensberger. it 553

Carl von Linné. Lappländische Reise
Aus dem Schwedischen von H. C. Artmann. Mit Zeichnungen des Autors. it 102